明日への日本歴史—2

戦国の社会と天下人の国家

五味文彦
Gomi Fumihiko

山川出版社

はじめに

日本の歴史については、津田左右吉の『文学に現はれたる我が国民思想の研究』があり、続いて井上清『日本の歴史』、網野善彦『日本社会の歴史』が著されてきたが、本シリーズはこれら先学の著書とは違い、時代の思潮あるいは時代精神に注目して、縄文時代から現代に至るまでを、百年ないしは五十年を単位に捉えて著した。

第一巻は、「古代国家と中世社会」と題し、縄文・弥生時代に続き、「文明化」「制度化」「習合」「開発」「文化」「家」「身体」「職能」「型」をキーワードに、都市史や武士論、さらに学校・疫病・演劇史に力点を置いた。

第二巻は、「戦国の社会と天下人の国家」と題して、「自立」「所帯」をキーワードに、都市と学校・疫病史に力点を置き描いた。

第三巻では、「近世の政治と文化の世界」と題し、「制度」「世界」をキーワードに、学芸・疫病史に力点を置いた。

最終の第四巻では、「近代社会と近現代国家」と題し、「改革」「文明」「経済」「環境」をキーワードに、政治・社会・文化の流れを、総合的に記したが、これらを書くなか、ロシアによるウクライナ侵略が始まり、それに憂いつつ筆を進めてきた。いずれの巻も現代への関わりに注目しつつ書いており、本書によって、縄文期から現代にかけて時代の動きがよくわかるばかりか、未来に向かっての動きをも知るに違いない。

なお本書は、『文学で読む日本の歴史』全五巻に多くを負っていることを付記しておく。その際、十世紀から十一世紀にかけてのキーワードの「風景」を「文化」と改めた。

二〇二三年一月

明日への日本歴史2　戦国の社会と天下人の国家——目次

装　幀　水戸部 功
本文組版　角谷 剛
図版作成　曽根田栄夫

第Ⅰ部　戦国の世

一　応仁・文明の乱

乱世の京都

寛正《かんしょう》五年（一四六四）、隠居を考えていた足利義政は、富子《とみこ》との間に子が恵まれなかったため、実弟の義尋《ぎじん》を還俗させ、足利義視《よしみ》と名乗らせて養子となし、次期将軍への道を開いた。しかし、その翌六年に富子に男児が誕生したため（後の足利義尚《よしひさ》）、家督相続争いが起き、富子は将軍後継を望んで山名宗全《やまなそうぜん》に協力を頼み、義視は管領の細川勝元《ほそかわかつもと》と手を結んだ。

その一方では大名の家で内紛がおきていた。管領《かんれい》家の畠山《はたけやま》氏では、持国《もちくに》から家督を譲られた義就《よしなり》と、反義就派の家臣が一族の政長《まさなが》を擁立して対立、斯波《しば》氏でも義健《よしたけ》が後継ぎのないままに亡くなり、一族から迎えられた義敏《よしとし》と、九州探題渋川氏から迎えた義廉《よしかど》が家督を争った。そこに山名宗全と細川勝元が幕府の実権を狙って勢力を拡大していた。

文正《ぶんしょう》元年（一四六六）十一月、将軍義政に退けられていた畠山義就が、山名宗全の支援をうけ大軍を率いて上洛、千本地蔵院に陣を構えたのが乱の発端であった。翌年正月、義就支持に転じた義政が、管領の畠山政長や細川勝元に諮《はか》らず御所に義就を招き、義視とともに宗全邸に向かい、義就を畠山氏の惣領と認め、政長の管領職を罷免して屋敷の明け渡しを求め、正月八日に斯波義廉を管領とした。

このため政長・勝元らが御所に押し寄せ、義就討伐命令を引き出そうとするが、計画が漏れ、宗全が大名三十余人を集めて御所を囲み、政長・勝元らの追放を求めた。将軍家が分裂し、諸大名家も分裂するなか、分裂の少ない細川・山名氏を中心とする争いとなった。義政が宗全の要求に応じ政長への攻撃を認めたので、政長は自邸に火を放ち、上御霊《かみごりょう》神社に陣を取った。

義政は山名・細川に軍事介入を禁じるが、義就は宗全や義廉、山名政豊《まさとよ》、朝倉孝景《あさくらたかかげ》らの加勢を得て、釈迦堂から出兵して政長を攻撃（御霊合戦）、政長は勝元邸に逃げこんだ。勝元は自邸に一族や被官、与力《よりき》の大名を集めて打開策を練り、軍勢催促状を発給、四国など分国の兵を集めると、各地から上洛した軍兵による小競り合いが続いた。

改元されて応仁《おうにん》元年（一四六七）五月、勝元方の元播磨守護の赤松政則《あかまつまさのり》が、播磨に侵攻して山名方から播磨を奪還、武田信賢《たけだのぶかた》・細川成之《なりゆき》らが若狭に、斯波義敏が越前に侵攻、美濃土岐《とき》氏一門の世保《よやす》政康《まさやす》も伊勢を攻撃した。宗全は五月二十日に評定を開いて、五辻《いつつじ》大宮東に本陣を置くと、五月二十六日に勝元方が一色義直《いっしきよしなお》邸近くの幕府御倉正実坊《みくらしょうじつぼう》や実相院《じっそういん》を占拠、続いて武田信賢・細川成之らが義直の屋敷を襲撃して、京都での戦いが本格化した（上京《かみぎょう》の戦い）。

勝元は室町殿《むろまちどの》を押さえて義政・義尚・義視を確保して、今出川邸に本陣を置き、山名方の幕府奉行人の責任を追及、六月に恩賞方《おんしょうがた》の飯尾為数《いいのおためかず》を殺害し、八月に後土御門《ごつちみかど》天皇・後花園《ごはなぞの》院を室町殿に迎えた。両者の本陣の位置から細川方を「東軍」、山名方を「西軍」と呼び、東軍優位で合戦が広がった。

ところが、宗全の娘婿の大内政弘《おおうちまさひろ》が三万の軍勢を率いて上洛、西軍に合流してから情勢が一変して、伊勢貞親《いせさだちか》が復帰し、足利義視が伊勢から上洛するなど西軍が盛り返した。『応仁記』によれば、東軍が十六万、西軍が十一万以上、合戦に集った兵は、両陣あわせて三十万にのぼったという。相国寺《しょうこくじ》が焼かれ、室町殿が半焼するなど、都は荒廃し、多くの公家や僧が乱を避けて京から離れていった。阿波細川氏の家臣飯尾彦六左衛門尉《ひころくさえもんのじょう》常房《つねふさ》は「汝《なれ》や知る都は野辺の夕雲雀《ひばり》　あがるを見ても落つる涙は」と詠じた。

乱を牽引した勝元について、天文《てんぶん》二十一年（一五五二）十一月の識語《しきご》を有する『塵塚物語《ちりづかものがたり》』は、「応永よりこのかた管領三職の人々は以ての外に威を増し、四海挙《こぞ》りて崇敬する事、将軍にまされり」と、応永年間から有力大名の威が将軍に勝るようになった状況を語り、そうなったのは大小となく公方が耳をよそに聞いていたからである、と指摘する。宗全については、大臣家に参り、大臣殿は一切を昔の例に任せて行なわれてきたというが、建武・元弘から当代まで、法をただし改められてきており、例はその時々に変化してくるものであり、「例というはその時が例なり」と、大法や不易の政道は例によるが、今の時代は時を知って動くもの、例に泥《なず》んで時を知らぬ故に、公家は衰微し、武家に恥かしめられ、天下を奪われた、と言い放ったという。有力大名の威が将軍に勝るようになった状況から、時の流れに沿って大名が動いたのが応仁の乱であった。

乱の長引いた一因には足軽の活動もあった。一条兼良《かねよし》が将軍義尚に献じた『樵談治要《しょうだんちよう》』は「超過したる悪党也」と記し、洛中洛外の諸社、諸寺、五山十刹、公家、門跡の滅亡は、彼らの所行であると、「足軽」の停止を求めている。彼らは敵の立て籠る所に力はないのに、「さもなき所々を打ちやぶり」、昼強盗のようで、このままでは「下剋上の世」になると記した。その足軽の一人の骨皮道《ほねかわどう》賢《けん》は、幕府侍所の目付であったが、乱勃発とともに東軍方に属し、三百余人の配下を従え西軍方の補給路を断ち、街に火を放ち、稲荷山に陣取って戦った末、討死したという。『応仁記』は「浦上が小者一若といふ足軽」が、紫野の正伝寺《しょうでんじ》の脇から五、六十人、船岡山の後ろに回ったと記している。

奈良の郷民の活動

後花園院が、応仁の乱の混乱の責任は義政にあると、その不徳を漢詩で記し、出家して諫めたが、その跡を継承した後土御門天皇は、内裏が乱で損傷、朝廷経済も窮乏して節会や公事が行なわれないなど、意に沿わない政治に五度も退位を表明しつつも、朝儀の再興に取り組んだ。

乱勃発で関白に還任《げんにん》した一条兼良は、一条室町邸や膨大な蔵書を収める文庫の桃華坊《とうかぼう》を焼かれたため、六十合の書物を携え、子の尋尊《じんそん》がいる奈良大乗院に避難して関白を辞退、『源氏物語』の注釈書『花鳥余情《かちょうよせい》』を著すなど古典学に力を注いだ。

奈良では、乱前から「地下の堂」とよばれる辻堂が町の拠点となっていた。尋尊はそのうちの大乗院郷の薬師堂郷と薬師堂について、「毎事、惣郷のこと、刀禰相催して薬師堂を集会所に沙汰せしめ、会合評定するなり」と記しており、鵲《かささぎ》郷では、郷の若衆が涅槃図を買い求め、二月十五日の釈迦入滅の日に地蔵堂に掛けて涅槃会を行ない、鹿を描いた春日曼荼羅の掛軸を飾り、神事と宴会を行なう春日講を定期的に行なっていた。幸郷の郷民は、地蔵堂で大酒盛りして、大乗院から譴責《けんせき》を受けており、吐田《はんだ》郷の吐田堂では春日山の木を盗んだ泥棒を拷問している。

辻堂は死の間際に運ばれる無常堂として使われ、憑支《たのもし》（頼母子）も行なわれていた。新薬師寺郷の憑支は、掛け金が一口二百文、毎月一度、八日が集会・抽選日であり、八十回まで記録されている。「とり足」（当選金）は少なくとも十六貫文であった。参加した郷民は、北は東大寺郷の転害《てがい》郷、西は一乗院郷の北一、南は大乗院郷の川上郷にまで広がっていた。郷民の職業は青い染物が名物の紺屋が目立ち、酒の名産地もあって酒屋が三人、魚屋が四人、簾《すだれ》屋、鍋屋、昆布屋、紙屋、薬屋、鞘巻《さやまき》屋、茶臼屋、蒟蒻《こんにゃく》屋、塗師《ぬし》屋などがあり、簾屋の二人は「衛門三郎殿」「四郎殿」という殿原《とのばら》の有徳人であった。

乱以前から曲舞《くせまい》が流行をみせ、京では応永《おうえい》三十年（一四二三）十月の六角堂の曲舞に与八が舞い、近江・河内・美濃・八幡の声聞衆が上洛し、所々で桟敷を構えて舞が行なわれたとあるが（『康富記』）、奈良でも踊りが流行し、文明《ぶんめい》元年（一四六九）七月に禁じられても、「地下人《じげにん》」を中心に踊りが行なわれた。

文明三年（一四七一）には中御門郷が、祇園祭に「守屋」の山を出している。これは物部守屋に追われた聖徳太子が春日明神に助けられて守屋を滅ぼすという謡曲に基づくもので、文明九年には転害郷が秦の始皇帝が刺客に襲われ、夫人が琴の演奏をしている隙に刺客を討ったという謡曲「咸陽《かんよう》宮《きゅう》」による山を、同十一年には今小路郷が「橋弁慶」を出した。山のほか舞車が郷々から出され、舞車の上では子どもが八撥《やつばち》（鞨鼓《かっこ》）を打ち、山や舞車のない年は笠鉾《かさほこ》が出された。

文明四年に「南北郷民等、南円堂三万度これを沙汰す」、文明七年に「南北郷、祈雨一万度これを果たす」と、奈良の郷民は雨乞いのために興福寺の南円堂から春日社の社頭の間の沿道に、郷々が灯籠を掲げ、郷民は直垂《ひたたれ》・道服《どうふく》で往復した。奈良は雨が少なく、雨乞いのため興福寺の僧が祈禱を行ない、郷民が万度・三万度や相撲を行なっていた。

文明五年に興福寺では除病延命の「薬師図絵供養」を行なうため、寺僧に人別に銭を課し、病患倍増の「祭事」として「簺《すごろく》」を三度打ち、その目数の費用を出して赤飯と三木打ち《さんぼく》を用意し、伊勢大神宮に手向け、「祝着の者は、病災無し」となる、と祈った。その三木を供える時には、神歌「冥土より蒙古の牛ぞきたりける　はまふき風返せ伊勢の神風」を唱えた、という。

乱の終息と復興

応仁の乱も文明五年（一四七三）三月に宗全が、五月に勝元が「疫癘《えきれい》」で死去、この二人の死によって厭戦気分が漂いはじめ、義政が義尚に将軍職を譲って翌六年に小河の新邸に移り、日野富子と義尚が室町邸に同居した。この事態について、尋尊は自嘲気味に「天下公事修り《くじ》、女中は御計《おんはからい》、公方《ぼう》は大御酒《おおごしゅ》、諸大名は犬笠懸、天下泰平の時の如くなり」と、天下泰平が到来し、「女中」富子が実権を掌握した、と記している（『大乗院寺社雑事記』）。

文明六年四月、宗全の後継者の山名政豊《まさとよ》と、勝元の跡を継いだ細川政元《まさもと》の間で和睦が成立、政豊が東軍の細川方に加わって、義就や大内政弘らへの攻撃に転じ、西軍の一色義直の子義春《よしはる》が義政の許に出仕、丹後一色氏も東軍に帰順する。とはいえ、その後も東軍の細川政元・畠山政長・赤松政則、西軍の畠山義就・大内政弘らを中心に小競り合いが続いた。

そうしたなか、西軍の美濃守護の土岐成頼《なりより》の家臣斎藤妙椿《みょうちん》が活発な軍事活動を行なって、美濃・近江・伊勢へと出兵した。越前の斯波義廉の重臣甲斐敏光《としみつ》と朝倉孝景との間では和睦が成立するが、敏光が翌七年（一四七五）に遠江守護代に任じられ、西軍から東軍に寝返ると、孤立した義廉は十一月に尾張に下り、守護代の織田敏広《としひろ》を頼むも、斯波義敏派の又守護代《またしゅごだい》織田敏定《としさだ》と衝突した末に没落する。

文明八年（一四七六）に和睦の動きが加速化し、義視が恭順を誓ったので、義政は義視の行為を不問に付す旨を返答し、大内政弘に「世上無為」の御内書を送った。翌九年に主戦派の義就が、政長追討を名目に河内に下ると、十一月に大内政弘や畠山義統《よしむね》らも帰国して西軍は解体、京都での戦闘が収束し、義視も土岐成頼と美濃に退いた。十一月二十日、幕府では「天下静謐」の祝宴が催され、十一年に及ぶ大乱は終わった。

尋尊は「天下の事、さらに以て目出度き子細これなし」と、喜んで記している。近江・美濃・尾張・遠江・三河・飛驒・能登・加賀・越前・大和・河内、「これら皆、御下知に応ぜず、年貢など一向進上せざる国々なり」と語り、他の紀州・摂州・越中・和泉の国々も国中が乱れて年貢が入ってこず、「公方下知の国々」の播磨・備前・美作・備中・備後・伊勢・伊賀・淡路・四国も、表向きは命令に従う返事をしても、守護代などが承引《しょういん》しないので、日本国は「悉く以て御下知に応ぜざる」と、幕府の威令が届かなくなった、と断じている（『大乗院寺社雑事記』）。

これら以外の諸国、遠江・信濃・越後以東の東国や、丹後以西の山陰道、安芸・周防・長門・九州などの西国は、もとより幕府の支配秩序から脱しつつあったので、京や山城・丹波・若狭だけが、どうにか幕府の直接の支配下にあった。

京が応仁の乱の荒廃から立ち直ったのは、町人の力によっていた。延徳《えんとく》二年（一四九〇）閏八月の土一揆には、鐘をついて町々が警戒し（『親長卿記《ちかながきょうき》』）、明応《めいおう》四年（一四九五）十月の土一揆の蜂起には「町人幷土倉方衆」が高辻室町で一揆勢数十人を討ち取っている。その翌年から祇園祭の再興の話が出て、四年後の明応九年（一五〇〇）に中絶していた祇園祭が復活した。『祇園会山鉾次第鬮《くじ》を以てこれを定《さだむ》』の記録によれば、一番の長刀鉾が四条東洞院と烏丸との間の町から、二番の天神山が五条坊門綾小路の町からという具合で、最後の二十七番の船鉾は四条綾小路町から出るとされた。復活にあたって町人間で相論が起き、侍所開闔《かいこう》の布施頼涼《よりすけ》邸で鬮改めが行なわれた。

東山文化

『塵塚物語』は、義政が「世の政務思召すままならねば、人々のふるまひうとましく、あぢきなくおはして、東山一庭の月に心をすまし」て乱世をよそに、「大位小職《たいいしょうしょく》」の人々を集めて茶の湯や連歌を友とし風雅な生活を送った、と記すが、文明十二年（一四八〇）に大病を患って隠遁を考えると、同十五年に東山山荘（「東山殿」）に移り、東求堂《とうぐどう》・観音殿《かんのんでん》（銀閣）を設け、ここで暮らすようになった。「はかなくもなお収まれと思ふかな　かく乱れたる世をばいとはで」と歌を詠むなど、わずかな希望を抱きつつ、隠遁の心を深く持ち、東山山荘を自立の拠点としていった。

義政は東山殿を構えるにあたり、夢窓疎石《むそうそせき》の西芳寺《さいほうじ》を参考にして庭園を構想、作庭には室町殿や奈良の大乗院庭園、さらに内裏学問所の庭園を造った善阿弥《ぜんあみ》らの河原者を起用した。観音殿は義満の北山金閣を先例に建てられ、一階は和風、二階は禅宗様の組合せからなる。常の御所や持仏堂の東求堂には、宋・元の画家の「筆様《ふでよう》」になる唐絵の襖、会所に嵯峨や石山の名所絵の襖が設えられた。

小栗宗湛《おぐりそうたん》の跡を継いで御用絵師となった狩野正信《まさのぶ》が、唐絵の『瀟湘《しょうしょう》八景図』を描き、文明元年（一四六九）に宮廷の絵所預《えどころあずかり》となった土佐光信《みつのぶ》がやまと絵を描いた。山荘の御殿を飾る唐物や唐絵は、座敷飾りのマニュアル『君台観左右帳記《くんだいかんそうちょうき》』に基づくが、この書は同朋衆の能阿弥《のうあみ》・芸阿弥《げいあみ》父子らによって編まれ、能阿弥は幕府の北野連歌会所の奉行にも任じられていた。奈良の村田杢市《もくいち》の子村田珠光《じゅこう》は義政に茶の道を教えた。義満に始まる唐物蒐集は義政に継承されたが、幕府財政の破綻から唐物の御物が売られ、『君台観左右帳記』はその売立目録の観があり、放出された唐物は、文化の地方伝搬をもたらした。

義政とその同朋衆の目利きにより、さまざまな芸術作品が生まれた。美濃出身の後藤祐乗《ゆうじょう》は金工で義政に仕え、高肉彫による刀剣装飾にすぐれ、小柄《こづか》・笄《こうがい》・目貫《めぬき》の三所物《みところもの》を得意とした。蒔絵では幸阿弥道長《こうあみどうちょう》が義政に仕えて頭角を現し、染織の領域では日明貿易や南蛮貿易などの唐織物がもてはやされたが、国産化も試みられるようになった。

これらの耽美主義的傾向に対し、神秘主義的傾向も認められ、能では音阿弥《おんあみ》が「稀代の上手」「神変奇特の達人」の評を得て活躍し、世阿弥の娘婿の金春禅竹《こんぱるぜんちく》は、和歌や神仏の道の考えを取り入れ、『六輪一露之記《ろくりんいちろのき》』を著し、能の本質や芸位について、六つの輪（寿輪・竪輪・住輪・像輪・破輪・空輪）と一本の利剣（一露）の図で表現する世界観を提示した。

この『六輪一露之記』に注記を加えた一条兼良も、源氏物語研究の成果を『花鳥余情』にまとめ、秘事五条を「唯一子に伝ふる書なり」と『源語秘訣《げんごひけつ》』に記して子の冬良《ふゆよし》に与えた。秘儀伝授は和歌では古今伝授という形をとった。吉田兼倶《かねとも》は唯一神道を提唱、天地に先立って陰陽を超越する存在として神を位置づけ、森羅万象が神の所為であると説き、教義を秘儀として伝えた。

後土御門天皇は、朝儀の復活に取り組み、文明十一年（一四七九）に修理の成った土御門内裏に入って一条兼良とともに公事の再興を図り、殿上淵酔《てんじょうえんずい》や乞巧奠《きこうでん》を再興した。学を好み、吉田兼倶や一条兼良・清原宗賢《むねかた》らに和漢の学を講じさせ、多くの絵巻を三条西実隆《さねたか》に誂《あつら》えさせた。幕府の援助が期待できないなか、諸国に廷臣を派遣して禁裏料所の年貢運上を求めるなど、朝廷経済の建て直しにも意を注ぎ、美濃の斎藤妙椿の申請で善恵寺を勅願寺と認めたように、地方の寺を勅願寺になすとともに、地方武士の官位昇進をはかった。禁中の御湯殿の間で天皇の動静を記す『御湯殿上日《おゆどののうえのにっ》記《き》』が、文明九年（一四七七）から残存するのは、天皇が自ら動くようになったからである。

公家の学問

『十輪院内府記《じゅうりんいんないふき》』に「五百年以来の才人」と謡われた五摂家の一条兼良は、文明五年（一四七三）には奈良から美濃に赴き（『藤河《ふじかわ》の記』）、斎藤妙椿の歓待を受け、歌会や連歌会に出たり、猿楽や鵜飼を楽しんだりしたが、五月十一日に「東軍の棟梁」細川勝元が死去した報に接し、同九年に上洛すると、「一日は公家衆、一日は武家衆」と、公家衆や武家衆に招かれて『源氏物語』の談義を行ない、将軍義尚と母富子の求めに応じて、政道の教訓書『樵談治要』を著し、守護や奉行人、近習などはよく選ぶよう、『文明一統記《ぶんめいいっとうき》』では、芸能や政道に心がけ、孝行・正直・慈悲を専らにするようすすめた。

兼良に次ぐ古典学者の三条西実隆は、閑院流の三条家の流れにあり、朝廷の公事が衰退するなか、文明八年に諸公事の再興にあたり、四方拝《しほうはい》を中将として勤めて、「一天昇平よろしく今春に在るものか」と喜び、翌年の四方拝に蔵人頭として臨み、「鶏鳴き、紫階星落つ。朱欄曙色にして誠に新しきものなり」と、感慨に耽った（『実隆公記』）。文明七年に和歌を飛鳥井雅親《まさちか》に学び、連歌師の牡丹花《ぼたんか》肖柏《しょうはく》や宗祇《そうぎ》には連歌を学び、宗祇から受けた古今伝授を後世に伝え、天皇や将軍の求めに応じて日記や和歌書などの古典作品を書写、『源氏物語』や『伊勢物語』を講じた。

多くの貴族が地方に下ってゆくなか、都に留まって地方武士の求めに応じて、書物の書写や古典の注釈書を記すなど幅広く活動し、その地方武士や僧との交流は、北は奥州、南は薩摩・大隅に至る列島全般に及ぶようになり、宮廷文化の精髄である『源氏物語』『伊勢物語』『古今和歌集』の古典学の教えを伝えた。

飛鳥井雅親は、後花園天皇から勅撰和歌集の撰進を命じられ、将軍義尚の要請で文明十四年(一四八二)に「将軍家歌合」の判者を務めたが、これには将軍・大館《おおだち》尚氏《ひさうじ》・二階堂政行《まさゆき》・杉原賢盛《かたもり》ら武家四人と前関白二条持通《もちみち》・関白近衛政家《まさいえ》、三条西実隆・甘露寺《かんろじ》親長《ちかなが》の公家十五人、歌人の正広《しょうこう》らが出詠した。文明十六年に義尚が雅親に相談して、万葉風体の和歌を詠む歌合を開いた時には、後土御門天皇を筆頭に公武僧二十人が出詠している。

清原宣賢《のぶかた》は、後奈良天皇の侍読《じどく》から公卿に昇進し、儒学の書を講じ、能登の畠山氏や若狭の武田氏、越前の朝倉氏の館に下って講じ、清原学の経学を大成、辞書『塵芥』や『御成敗式目』の注釈書『貞永式目抄』を著した。

こうした公家や武家、芸能者との交わりのなかで東山文化の花が開かれたのであり、僧の一休について『塵塚物語』が、「わが朝にならびなき道人」「その身風感軽遽の人にて、欲する所の作業一としてとげずといふ事なし」と評し、播磨に赴いた時の話を記している。

立花《りっか》では六角堂池坊の専慶《せんけい》・専応《せんおう》が出て、花瓶には美しい花をのみ愛でて挿すのではない、と語り、『専応口伝《せんおうくでん》』に我が一流は、「野山水辺をおのづからなる姿を居上にあらはし、花葉をかざり、よろしき面影をもととし」、先祖がさし初めてから一道が世にひろまり、都鄙のもてあそびとなった、と記し、大永《だいえい》三年（一五二三）の口伝では「唯、小水尺樹《しょうすいしゃくじゅ》を以て、江山数程の勝概《しょうがい》をあらはし、暫時頃剋の間に千変万の佳興をもよおす。あたかも仙家の妙術ともいひつべし」と、その立花の芸の美を語っている。

大内氏と山口

文明九年（一四七七）に大内に下った大内政弘は、父教弘の死をうけて家督を相続、周防・長門・豊前・筑前守護を継承、日明貿易では博多商人と連携して、堺商人と組む細川氏と対抗、遣明船派遣で大きな富を築いた。『大乗院寺社雑事記』は、政弘について「百済国聖明《せいめい》王の末なりと云々。先祖日本国に来るの時、多々良浜《たたらはま》に着岸の故、則ち末流は多々良氏を称し大内郡に住む故、大内と号するなり」と記しており、文明七年に『新撰姓氏録』を写させている（『続群書類従』）。

文明八年、足利義政からの東西和睦周旋への要請を受諾し、翌年十月に新将軍義尚から周防・長門・豊前・筑前四か国の守護職を安堵されて帰国すると、同十年に山口の今八幡《いまはちまん》社の神領を定め、徳政令を発し、九州の少弐氏と戦って豊前・筑前を確保、安芸・石見の国人を従え、北九州や瀬戸内海の海賊衆をも従え、領域支配権確立に力を尽くした。

分国統治は、袖判下文《そではんくだしぶみ》で給地の安堵や宛行状《あてがいじょう》を発給し、家臣団掌握に向かった。文明十年に筑前の高鳥居《たかとりい》城の塀・櫓の造営にあたっては、御家人の給地分限を書き出させ、給地の高に応じて公役を勤めさせた。御内・近習・外様系列による軍事編成を行ない（『正任記《まさとうき》』）、評定衆・奉行人の官僚機構を整備、文明十二年には検地を部分的ながら実施し、家臣の所領を石高で統一的に把握する分限帳「惣名帳」を作成して、軍役や段銭を賦課する体制をつくり上げた。

文明十四年に重臣の陶弘護《すえひろもり》を殺害して家中を掌握すると、十五年八月に「兵船渡海関役」、翌七年に撰銭《えりぜに》の禁制、「諸役人掟」を定め、十八年四月には、山口の夜中の大道往来や諸職人の寄宿・逗留の禁制など都市法令を出した。同年十月二十七日、興隆寺が勅願寺に認められたことを喜んで大内氏の由緒書を作成し、守護する妙見大菩薩の信仰、日本に仏法を興隆させた聖徳太子との関わりなどを記したが、その由緒を探るにあたっては、朝鮮に「国史」の賜与を要求した(『朝鮮王朝実録』)。

整備された山口の館の西、一ノ坂川に沿う形で南北にのびる「竪小路」と東西の道「石州往還」を軸に町が形成され、館の南東部には大きな池を有する庭園があり、土塁・西門などがあった。館の北側には別邸として築山館(築山御殿)が築かれ、迎賓館的役割を果たした。東北には文亀《ぶんき》三年(一五〇三)に朝倉八幡宮を勧請した今八幡を館の鎮守とした。

町は竪小路に沿って民家が並び、竪小路にある祇園社には、下の大町から祭の鉾が出され、その大町には民家が広がっていた。竪小路に沿って惣門が開く香積寺《こうしゃくじ》は大内義弘が建立し、弟盛見《もりみ》が五重塔を建設、嘉吉《かきつ》二年(一四四二)頃に完成した(現瑠璃光寺《るりこうじ》五重塔)。高さ三十一メートル強で、檜皮葺で二層にのみ回縁《まわりぶち》がつき、大内氏の権威を示す存在となった。

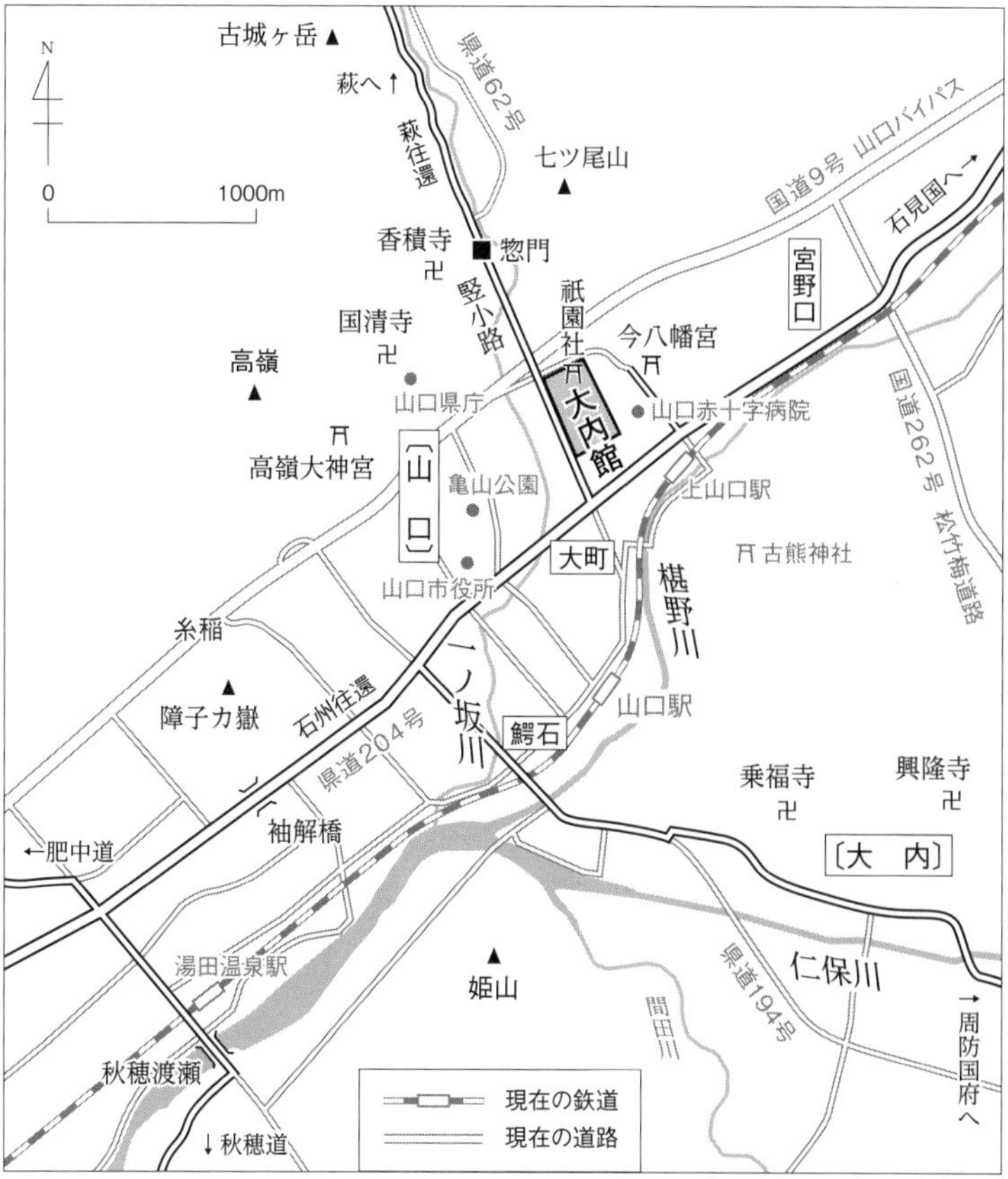

山口と大内館　南北にのびる「竪小路」と東西の道「石州往還」を軸に町が形成された。

地方大名の文化

政弘は雪舟《せっしゅう》に常栄寺《じょうえいじ》に築庭させたが、雪舟は応仁元年（一四六七）の遣明船の大内船に便乗して、中国の天童山景徳禅寺を訪れ、「四明天童第一座」の名声を得て、文明元年（一四六九）の帰国後は西日本各地を訪ね、豊後で画房の天開図画楼を開き、政弘の招きで文明十八年に山口の雲谷庵《うんこくあん》で画業を積んだ。

公家の三条公敦《きんあつ》は、「一乱中、家領等飛行、未だ安堵無し、よって在京堪忍かなひ難し」と、右大臣の要職にあったにもかかわらず山口に下って、政弘の古典蒐集や和歌に力を添えたことで、政弘の私家集『拾塵和歌集《しゅうじんわかしゅう》』には政弘の歌百余首が載る。

大内氏が進出した九州の肥後では、守護の菊池重朝《しげとも》が藤崎宮で法楽連歌《ほうらくれんが》（神仏に奉納する連歌）を催し、文明十三年八月に隈府《わいふ》で一日一万句の連歌会を開き、その連衆百人のうち、僧が十四人で、多くは武士だった。文明四年に阿蘇神社造営の棟別銭を課し、文明九年に隈府忠直《ただなお》の招きで滞在中の入明僧の南禅寺の桂庵玄樹《けいあんげんじゅ》を招いて隈府の聖堂で釈奠《せきてん》を行ない、清源寺を禅宗諸山に列するよう努めた。また、菊池氏宗家の家督簒奪を狙う宇土為光《うとためみつ》が肥後の国人相良為続《さがらためつぐ》と結んで重朝《しげとも》に挑むと、これを退けた。

相良氏は遠江国の相良荘の地頭から肥後に所領を得て移り住んで、多良木荘や人吉荘に勢力を広げ、十五世紀中葉に相良長続《ながつぐ》が球磨郡域を支配、寛正四年（一四六三）に守護の菊池為邦《ためくに》から蘆北郡の領有を認められ、応仁元年に東軍に属した。その跡を継承した為続《ためつぐ》は、文明十六年に名和氏を逐って八代郡を領有、政治的地位を確立させ、明応二年（一四九三）に売買関係法や下人の人返し法、法度制定の手続法、堺相論関係法からなる『相良為続法度七箇条』を定めた。

相良氏の領国は球磨郡・蘆北郡・八代郡の三郡からなり、各郡には独立性の強い郡中惣《ぐんちゅうそう》が所衆《ところのしゅう》として法制定の主体になっていた。「何事にても候へ、その所衆談合を以て相計ふ然るべく候」と、家臣団の所衆が談合して裁定を下し、それでも解決困難な場合、相良氏に披露することと定めている。第六条でも、法度を申し出る際には、しっかりと仰せ定めるのが肝要と記す。

家臣団が一揆の法を制定し、それを相良権力が追認することで、分国法として機能したのだが、この分国法制定の経緯は大名権力の形成の道筋をよく示すものであって、実力で領国を形成するのではなく、国人らの結びつきを組み込むことで権力を編成したのであり、相良氏はその後も、長毎《ながつね》が『十三箇条』を、晴広《はるひろ》が天文《てんぶん》二十四年（一五五五）に『二十一箇条』を定めている。

桂庵玄樹《けいあんげんじゅ》は、隈府を出て九州を歴遊していたところを、薩摩の島陰寺《とういんじ》に迎えたのが、島津立久《たつひさ》から家督を継承した島津忠昌《ただまさ》で、桂庵玄樹は朱氏新注の講説を行ない、伊地知重貞《いじちしげさだ》とともに『大学章句』を刊行、四書を門下に教授するための句読法を考案し、大陸の新思潮を紹介、薩摩や大隅・日向に朱子学を伝えた。

関東の騒擾と品川の繁栄

関東では大名が上洛せずに独自に動いており、古河公方足利成氏《しげうじ》は、利根川を挟んで東北部の下野・常陸・房総半島をおさえ、古河周辺は、下河辺荘など公方の御料所がある水上交通の要衝であって、成氏は、周辺の騎西・関宿・栗橋等に、近臣の佐々木・梁田・野田氏らを配するかたわら、下野の小山、下総の結城・千葉、上総の武田、安房の里見、常陸の山川・多賀谷・真壁・佐竹らにより支援されていた。

これに対する関東管領の山内・扇谷両上杉氏は、相模・武蔵・上野の西南部を支配領域としていて、その南関東を訪れた連歌師の宗祇は、乱直前の文明二年（一四七〇）に武蔵五十子《いかっこ》の陣で『吾妻《あづま》問答《もんどう》』を述作して山内上杉家の家臣長尾孫四郎（景誠《かげのぶ》）に贈った。宗祇の師の心敬《しんけい》は、乱が起きて政情不安の都を去って伊勢へ下向、その伊勢を経て海路を品川に赴いて、有力商人の鈴木長敏《ながとし》に迎えられて草庵を構えていた。二人は、文明二年に武蔵川越で太田道真《みちざね》主催の『川越千句《かわごえせんく》』に参加するが、道真は扇谷上杉氏の家宰《かさい》（一門内の筆頭重臣）で、千句の連衆には関東の武士が多かった。

品川では有徳人の鈴木道胤《どういん》が日蓮宗妙国寺の檀越《だんおつ》（施主）として寺地・梵鐘を寄せ、鎌倉公方足利成氏から蔵役を免除され、父道永《どうえい》・子原三郎の三代にわたって財をなしていて、それに連なる鈴木長敏が心敬を品川に迎えたのである。文明十七年（一四八五）十月に万里集九《ばんりしゅうきゅう》は品川に赴いた時に「法華宗多し」と記し、下総の『本土寺大過去帳』に、品川には妙信尼《みょうしんに》、学乗院日禅《にちぜん》、益田宗円《そうえん》、妙《みょう》意尼《い》、日清《にっせい》、観行坊日玄《にちげん》、妙大尼、妙近尼らの名が載るなど、日蓮宗系の寺院が多く建ち、大永二年（一五二二）には海徳寺《かいとくじ》が鳥海氏によって建てられた。

品川の有徳人の榎本道琳《どうりん》は南品川にある建長寺末の海晏寺《かいあんじ》に鐘を寄進し、境内の二基の明応四年

（一四九五）銘の巨大五輪塔は、道琳夫妻が生前供養として建てたものという。そのほか建長寺末の清徳寺、鎌倉光明寺末の浄土宗の法禅寺・願行寺、善福寺、時宗の荒井道場も建てられていた。品川は街道に沿った寺社の門前や境内を中心に宿場を形成し、自治的組織がつくられていたのである。

関東では、管領の上杉氏、家宰の長尾・大田氏など、各地の国人が自立を求め、その拠点として城郭を築いていた。長尾景春《かげはる》の拠点とした寄居《よりい》の鉢形城は、北を荒川が蛇行して河岸段丘を削った断崖をなす要害の地で、荒川の断崖に面した小さな丘に本丸がある。

上野の世良田《せらだ》長楽寺の僧松陰《しょういん》が記す『松陰私語』は、岩松家純《いえずみ》の築いた上野の新田荘の金山《かなやま》城について記す。文明元年（一四六九）に「金山城事始」があり、松陰が「屋形」の家純の代官として鍬入れをし、地鎮祭では天神地祇に供え物をし、七十余日をかけて普請を行ない、修験道の除災のため臨以下の九字を唱え、四天王の守護所として地を固めたという。

『松陰私語』は、さらに「江戸・川越両城堅固なり。かの城は道真・道灌《どうかん》父子、上田・三戸・荻野谷、関東巧者の面々、数年秘曲を尽くし相構」と記すが、長禄元年（一四五七）に道灌らにより江戸城と川越城が堅固に築城されたと伝える。川越城は、古河公方の勢力に対抗する目的から、扇谷上杉持朝の命で築かれた城で、近くの山田に太田道真の館があり、宗祇や心敬が招かれ『川越千句』が行なわれた。

太田道灌と城郭

道灌は、父の指導で岩槻城を築城したとも伝えるが、上野館林の赤井綱秀《つなひで》、岩松家純らの武士と親交があり、和歌や漢詩もよくし、多くの逸話が残る。そのひとつに、雨に降られたので、立ち寄った家で、蓑を借りようと頼んだところ、少女が山吹の花一枝を添えてきたのを、理解できずに不明を恥じたという。少女は古歌「七重八重花はさけども山吹の　実の一つだになきぞかなしき」により、蓑がないことを伝えたのであった。

江戸城は、扇谷上杉氏の所領の江戸郷に築かれ、古河公方の勢力を北に臨み、隅田川、石神井川・平川・古川の四本の川が注ぐ江戸湊、日比谷入江を眼下にして築かれ、構えは本城（子城）・中城・外城の三重の郭《くるわ》（曲輪）からなる。入り口は堅固な門で固められ、濠には橋が架かり、城内には主殿、家臣の宿舎、物見櫓などがあった。文明六年（一四七四）六月に道灌は心敬を判者に迎えて『武州江戸歌合』を催した際、「海原や水まく龍の雲の波　はやくもかへす夕立の雨」と詠んでいる。

道灌は戦上手で、長尾景春の乱では多くの城を落とし、矢野兵庫の武蔵小机《こづくえ》城攻撃では、鶴見川の対岸に城を築き、猛攻の末に落としたが、『太田家記』によると、城の守りが堅固な上に攻め手が小勢なため、包囲が数十日に及んだことから、「小机は先ず手習いのはじめにて、いろはにほへとちりぢりになる」という戯れ歌をつくって兵の士気を鼓舞したという。現状の小机城跡は三つの郭からなり、最も東の郭が自然地形に逆らっていないので、初期段階のこの時の郭と見られており、その後に入ってきた北条氏によりさらに西郭などが増築されていった。

文明十年（一四七八）の足利成氏書状に「下武蔵の事は御方の者共、小机要害へ馳せ籠り候」とあるのが、小机城の初見で、道灌は近くの平子郷の「石川談義所」での軍勢の濫妨狼藉を停止する禁制を出し、城を攻め落としたのであるが、その制札《せいさつ》が出されない地域では濫妨狼藉がしばしば行なわれ、村から陣夫《じんぷ》が徴発されていた（「宝生寺文書」）。

長尾景春の乱（享徳の乱）は、文明五年に山内家の家宰の長尾景信《かげのぶ》が死去し、その家宰職に就いたのが子の景春でなく、同じ長尾氏の惣社長尾忠景《ただかげ》だったので、景春が古河公方と連絡をとり、文明

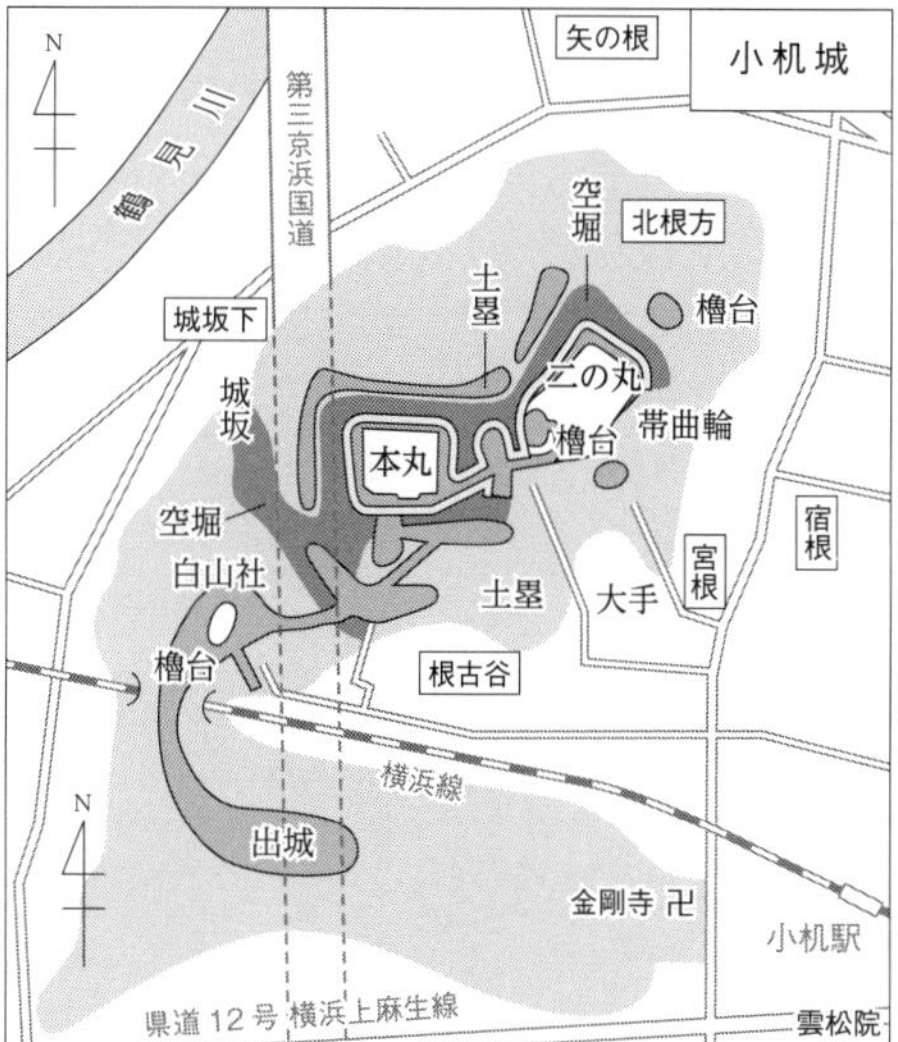

［上］長尾景春の乱　関東各地で景春方の武士が蜂起した。
［下］小机城跡の現状

九年正月に武蔵鉢形城で挙兵、五十子の陣を急襲したものであり、突然のことであったから、陣は大混乱となって解体、関東各地で景春方の武士が蜂起した。

道灌は、前年の文明八年（一四七六）二月、駿河守護の今川義忠《よしただ》が遠江で討死してその家督をめぐって内紛が起きていたことから、上杉定正《さだまさ》の命を受け、駿河に出向いて内紛の収拾にあたっていたのだが、江戸城に戻って、景春の乱に向かい各所で戦った。道灌は、四月には豊島泰経《としまやすつね》の拠る石神井城を落とし、五月には鉢形城を囲んだところ、そこに古河公方成氏が出陣してきたので、休戦になり和議がはかられ、成氏は引き返した。

その和議交渉が進展しないなか、道灌は文明十年（一四七八）七月に鉢形城を落とし、十二月に和議に反対する成氏方の千葉孝胤《たかたね》を破り、翌年に甥の太田資忠《すけただ》を下総に出兵させるなか、抵抗を続けていた長尾景春が、文明十二年（一四八〇）六月、最後の拠点である日野城を落とされたため、文明十四年（一四八二）、幕府と成氏との和睦が成立し、成氏と両上杉家との間の和議も成立し、長く続いた享徳の乱が終わった（「都鄙和睦《とひわぼく》」）。

しかし道灌の得意の絶頂もこの時までであって、扇谷上杉定正が道灌を警戒するようになり、文明十八年（一四八六）七月に相模の糟屋館《かすややかた》に道灌を招いて殺害に及んだ。「上杉定正消息」には、道灌が家政を独占したため、家中に不満が起き、山内顕定《あきさだ》と結んで謀反を企てたので、討ち果たした、と記されているが、道灌に抑えられていた定正が、自立を求めて殺害に及んだものであって、道灌暗殺により扇谷上杉家に属す武士の多くが山内家に走ったため、定正は苦境に陥った。

連歌師の旅と文化

連歌師の心敬は三井寺僧で洛東の十住心院《じゅうじゅうしんいん》に住んだが、応仁元年（一四六七）に政情不安な京を去り、移り住んだ品川で『老のくりごと』を著し、連歌のあり方や和歌など芸能の歴史を記した。弟子の宗祇は相国寺に入って三十過ぎから頭角を現し、六角堂池坊の専順《せんじゅん》の門下に入り、歌人の東常《とうつね》縁《より》から古今伝授を受け、美濃革手《かわて》の正法寺《しょうぼうじ》に赴き、三井寺聖護院の道興准后《どうこうじゅごう》を迎えての連歌会に参加しており、その会には師の専順の姿もあった。

宗祇は、文明五年（一四七三）に上洛、東山の枝橋や嵐山法輪寺を拠点に活動、同七年の心敬、八年の専順の死により、斯界の第一人者となって文明八年に『竹林抄』十巻を編んだ。「近代の名手」宗砌《そうぜい》・宗伊《そうい》・心敬・行助《ぎょうじょ》・専順・知蘊《ちうん》・能阿《のうあ》七人の連歌師の、四季・恋・旅・雑の付句と発句を選んで、有心・幽玄の歌を多く載せている。文明九年に大内政弘の家中と連歌会を催し、三条西実隆や将軍、細川政元と広く交わり、各地の大名や有力国人を訪ねる旅を頻繁に行なった。

文明十年には越後府中で『伊勢物語』の講釈を行ない、上杉家の連歌会に出座、帰路に越前一乗谷の朝倉孝景に連歌書を贈り、若狭小浜で千句連歌の会に出ている。十二年には周防山口に下り、大内政弘の館や神光寺《じんこうじ》で連歌を行なった後、九州に足を伸ばし、長門阿弥陀寺《あみだじ》で門司氏、筑前の木《こ》屋瀬《やのせ》で筑前守護代の陶弘詮《ひろのり》、大宰府で杉弘相《ひろすけ》らと連歌を行ない、九月二十日に博多に宿泊した。「夕陽のほのかなるに博多といふに着ぬ。宿りは竜宮寺と言へる浄土門の寺なり」と、博多の竜宮寺に宿をとったところ、前には入り海が、沖には舟が多く見え、右側の筥崎には賑わう町が広がっていたという(『筑紫道記』)。

博多は十五世紀後半には短冊形の屋敷地割りの街区が見られるようになり、明や朝鮮、琉球との貿易のために護岸が整備され(図参照)、舟は博多湾が浅瀬のため志賀島まで来て、小舟で博多浜に荷物が運ばれていた。宗祇はその博多から志賀島をはじめ博多湾岸の寺社をめぐったが、この時の紀行文『筑紫道記』は、随所に宗祇の人生観や文芸観が織り込まれ、新たな紀行文の達成となっている。

文明十五年(一四八三)には、美濃から関東を経て越後を回って帰京、足利義政主催の連歌会に出座、公家や武家・連歌師らに『古今集』『源氏物語』を講釈し、三条西実隆や牡丹花肖柏らに古今伝授を行なった。長享二年(一四八八)正月に肖柏や弟子の宗長《そうちょう》らと、後鳥羽上皇の「見渡せばやまもとかすむ水無瀬川　夕べは秋となど思ひけむ」を本歌として『水無瀬三吟』を詠んだ。

三月に近江の鈎《まがり》の陣で、将軍義尚に連歌を指導して北野連歌所奉行に任じられ、延徳三年(一四九一)十月に越後の旅から帰洛して三条西実隆邸を訪れ、湯治のために摂津に赴くと伝え、摂津池田の池田若狭守正種の館で五吟百韻を詠み、有馬温泉では牡丹花肖柏・門下の宗長らと『湯山三吟《ゆのやまさんぎん》』を詠んだ。肖柏は公家の中院家の出身で、宗祇に師事し古今伝授を受けていた。

宗祇は、明応四年(一四九五)に北野連歌所奉行後任の猪苗代兼載《けんさい》らと二千五十三句からなる『新撰菟玖波《つくば》集』を完成させ、准勅撰とされた。作者は、周防の大内政弘や越後の上杉房定《ふさただ》らの大名、そ

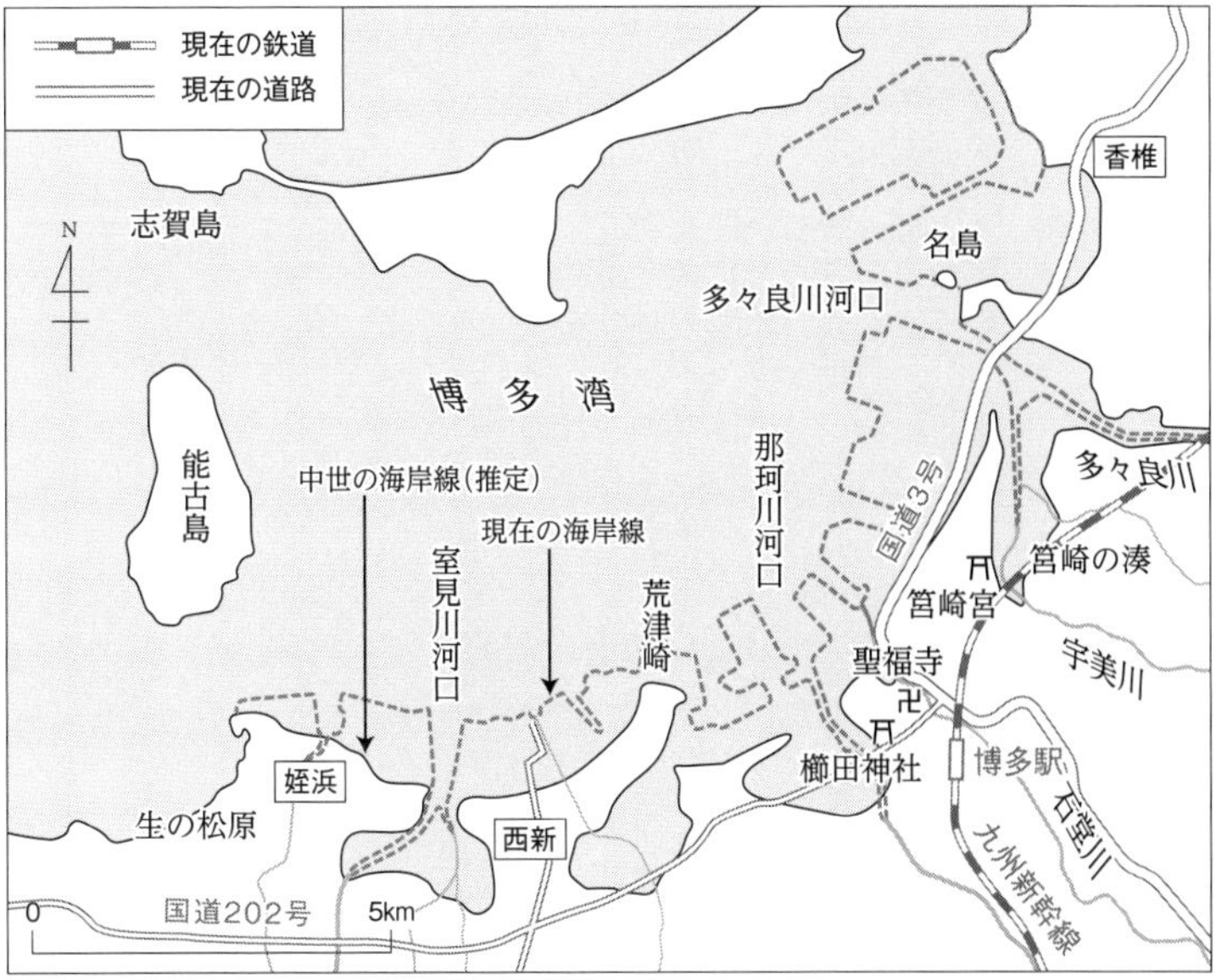

中世博多の海岸線推定図

の家中の中下級武士が六十人ほどいるなど連歌の文化が広がっていた。大内政弘は和歌・連歌を好み、一条兼良・正広・三条西実隆・飛鳥井雅親・宗祇・兼載ら多くの歌人・連歌師と交流を重ね、京から公家や僧侶を山口に招き、文化の興隆に尽した。

兼載の『あしたの雲』は、政弘の武勇が他国にまで知れ渡っただけでなく、「風月に心をすまし、仁徳世にすぐれ給し」と、文芸にもすぐれていたと記している。藤原定家自筆の『古今和歌集』、一条兼良『花鳥口伝抄』『花鳥余情』など多くの古典やその注釈書を収集、大内版を出版し、『法華経』二十八巻や漢詩辞書『聚分韻略《しゅうぶんいんりゃく》』をも出版した。

二　自立の場の形成

温泉と庵と一揆

宗祇が宗長らと『湯山三吟』を詠んだ有馬温泉は、古代から京・南都の貴顕の湯治場で、宝徳《ほうとく》四年（一四五二）四月八日に有馬温泉を訪れた禅僧の瑞渓周鳳《ずいけいしゅうほう》は、湯山村を「下方五、六町、人家百戸なるべし。家々は二階、上は湯客を寓し、下は以て自居せり」とその風景を描いて、温泉町になっていた（『温泉行記』）。有馬の湯は「湯客に貴賤なし」と評された平和領域であった。

心の癒しを求めて人々が集まり、文明十九年（一四八七）二月には大乗院尋尊が興福寺別当政覚《せいかく》とともに律院の温泉寺に泊まって入湯、「七時分に湯に入る、夜二ヶ度、昼三ヶ度」、上下八万四千返の薬師等の咒《じゅ》を読誦、二十五日に連歌法楽を行なっている。

二条派の歌人堯恵《ぎょうえ》は、文明十八年（一四八六）に相模の東常和《とうつねかず》に古今伝授を行なうべく旅に出て、その途中で上野の「草津の温泉」に十四日滞在し、さらに「伊香保の出湯」に赴いている。宗祇は、越後府中で病になると、訪ねてきた宗長に伴われ、「上野の国草津といふ湯に入り、駿河国にまかり帰らん」と誘われて上州に赴いた。宗長は草津の湯に入ったが、宗祇は「伊香保といふ名所の湯」へと足を伸ばし、『伊香保三吟』を詠み、その七月三十日、箱根の湯本に辿り、灯の消えるように息を引き取った（『宗祇終焉記』）。
温泉は連歌師らの自立の拠点であったのだが、宗祇は京の西洞院正親町《にしのとういんおおぎまち》に種玉庵《しゅぎょくあん》を構え、長享二年（一四八八）十月に和歌会を開き、三条西実隆は三首の和歌と三十首の当座和歌を講じ、「月を踏みて帰宅す。頗る酩酊し了ぬ」と記しており、庵も自立の拠点であったと言えよう。義政は京の七条の禅仏寺に遊んで、無双亭の高楼に登り「京中に亭を構ふは、すなわちその露見を憚るにあるなり」と語り、周囲に竹を植え、「山中の趣」を演出していた。

この「市中の山居」の理念に基づく侘び人の草庵は市中の各所に作られた。そのひとつが笙の家の豊原統秋《とよはらのむねあき》の山里庵《さんりあん》で、「山にても憂からむときの隠れ家や　都のうちの松の下庵」とうたわれた。統秋は後柏原《ごかしわばら》天皇に笙の秘曲を伝授し、三条西実隆とは和歌、宗長とは連歌での親交があり、楽書『体源抄』を著して音楽全般にわたる秘伝や演奏法を載せている。一休の山城田辺の酬恩庵や宗祇の種玉庵など、禅僧や連歌師も各所に庵を構えていた。

その草庵での茶室に先鞭をつけたのが茶の湯の村田珠光《むらたじゅこう》である。一休に参禅するなか、「仏法も茶の湯のなかにある」と悟り、茶禅一致の境地を会得、興福寺衆徒の「古市《ふるいち》播磨法師澄胤《ちょういん》」に宛てて書いた『心の文』には、「この道の一大事は、和漢のさかいをまぎらかすこと、肝要々々」とあり、「ひゑ枯るる」「ひゑやせてこそ面白くあるべき也」という枯淡の境地が記されている。珠光を継承した村田宗珠《そうしゅ》は、奈良から京の四条に移って、四畳半の茶室（午松庵《ごしょうあん》）を構えたが、それは「山居の体もっとも感あり。誠に市中の隠、と謂ひつべし」というものであった。

武士のみならず広い階層が自立を求めて行動していたが、足軽や土一揆《つちいっき》に襲われた京都では、武家が合戦用の「構」を設けると、公家も自衛の「構」を設け、田中郷の住人が御霊の地に「田中構」を築くなど、京の住人も構を設け自立を求めた。延徳二年（一四九〇）の土一揆には所々の鐘が撞かれて町が警戒にあたり、明応四年（一四九五）の土一揆には、「町人幷土蔵方衆」が一揆衆を討ち取っている。

京のみならず各所の一揆は、自立を求めて動いていた。文明十七年（一四八五）の南山城《みなみやましろ》の国一揆《くにいっき》は、畠山義就と同政長とが宇治川を挟んで対陣するなか、南山城三郡の国人が宇治の平等院で集会を開いて、一揆を結んで両軍に退去を迫り、合議により「掟法」を定めて、「惣国」として自検断を行ない、半済《はんぜい》を徴収した。一揆は「三十六人衆」の国人が運営し、「一国中の土民」に支持され、「下剋上の至り」と評されるなか、自治へと進んだのであるが、山城守護に伊勢貞陸《さだみち》が任じられると、その入部をめぐる対立から、分裂を招いて崩壊した。

明応の政変

義政の後継者となった義尚は、文明五年（一四七三）に九歳で将軍になると、文明十五年に父義政が隠遁したので、政務に関与するようになるが、日野富子が義政に代わって政務をとっており、「御台、一天の御計らひ」と称され、莫大な米銭を蓄えて大名に貸し付け、内裏修理料の名目で京都七口に関所を置き、利殖活動に精を出し、徳政一揆に対しては土倉の財物を守るために弾圧した。

義尚は武芸や和歌に優れ、「高官昵懇《じっこん》の公家」が常に参って和歌の話をするほどの上達ぶりの「いみじき国主」であり、奉公衆を基盤にして権力強化をはかった。近江守護六角高頼《たかより》が西軍に属して一族の六角政堯《まさたか》と対立し、東軍に属す近江北半分の京極持清《もちきよ》と争い、寺社本所領や奉公衆の所領を押領しているのを追討するため、長享元年（一四八七）に、近江に出張して栗東郡の鈎《まがり》の陣を自立の拠点とした。

逆敵が近隣を掠めているとの情報を得て、「諸道の達人」を供奉させ進発したところ、炎天下で士卒が大汗をかいていたことから、それを労《いたわ》る歌「けふばかりくもれ近江の鏡山　旅のやつれのかげの見ゆるに」を詠むと、涼風が吹き、「天感不測の君」と称されたという。だがその陣で若くして病没し、翌延徳二年（一四九〇）には義政も亡くなる。

義視の子義材《よしき》（後に義稙《よしたね》）が将軍になるが、義稙について『塵塚物語』は、「将軍よしたね公は御心正直にして、やさしき御生まれつきなり」と記し、心正直な義稙が武臣や家僕、公家に心配りしていたというのだが、「乱世の国主」で将軍とは名ばかり、「下さまの輩」が、上意と号し「我がままを振る舞う」武臣の罪が大将軍への恨みに転じた、と記している。

義材も、六角高頼を討つため近江に出陣し、一年半をかけて高頼を伊勢に追い、明応二年（一四九三）に畠山政長らを率いて河内に出征、畠山義就の子基家《もといえ》を攻めるが、細川政元が密かに基家と手を結んでおり、義材を将軍職から降ろし、義高《よしたか》（義政の甥で政知の子、後に義澄《よしずみ》）を将軍に推戴する明応の政変をおこした。将軍権力の確立をめざした義材だが、将軍の廃立に向かった細川政元などの有力大名により妨げられ、将軍職を追われ、放浪の旅を余儀なくされた。

政元の政治は、嫡流の右京大夫家（京兆《けいちょう》家）を中心とする同族連合体制をとり、丹波・摂津・山城に基盤を置く京兆家と、摂津分郡《ぶんぐん》守護の典厩《てんきゅう》家や阿波守護家・備中守護家などの瀬戸内海沿岸地域の守護の庶流家との相互依存関係にあって、それを「内衆《うちしゅ》」や被官が支えていた。そのうちの京兆家の内衆は、上原元秀《もとひで》が他の内衆の反発を受けて急死すると、古老の安富元家《やすとみもといえ》が内衆をまとめるが、明応八年（一四九九）に讃岐出身の国衆の香西元長《こうざいもとなが》が山城守護代となって台頭するなど、内衆の内部対立や世代交代が進んでいた。

庶流守護家では在国の国衆が勢力を広げるなか、阿波守護代の三好《みよし》氏は、阿波の三好・美馬《みま》・麻《お》植《え》の奥三郡を支配基盤に勢力を拡大し、阿波平野の名西《みょうざい》郡に館を築き、阿波守護細川政之《まさゆき》に離反した武士を、文明十七年（一四八五）に鎮圧して覇権を握った。

自立する職人

自立は職人にも及んでいて、その活動を描く『七十一番職人歌合』が制作された。月・恋の歌題により、百四十二種の職人が左右に番《つが》い、歌を競いあう趣向の歌合絵巻で、絵の余白に職人たちの日常会話や口上が記され、その自己主張がうかがえる。

一番の「番匠《ばんじょう》」の口上は「我々もけさは相国寺へ」とあって、職場が相国寺であったことがわかる。大工は職場への権利を「職《しき》」として保有し、譲与、売買ができた。これに番う「鍛冶」は、「京

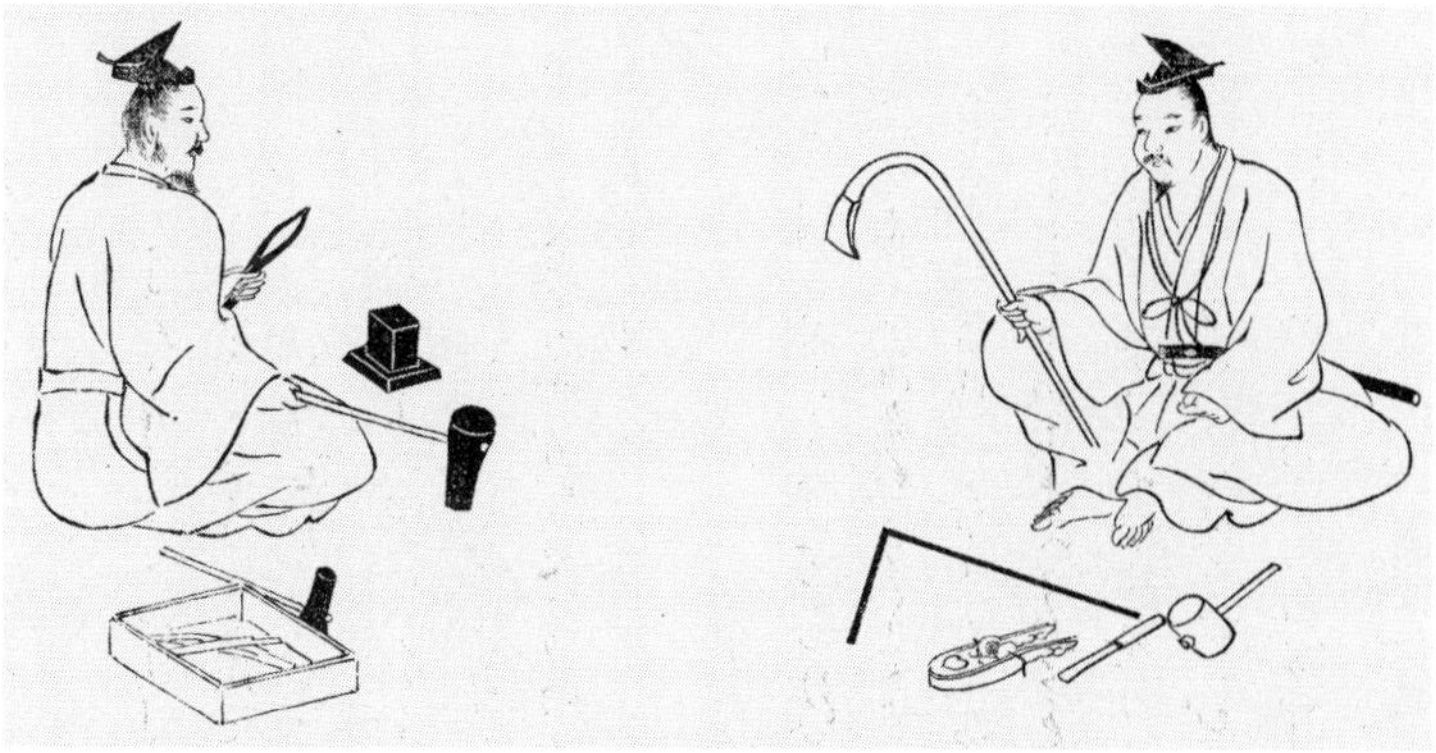

『七十一番職人歌合』(国立国会図書館蔵)から「番匠」(右)と「鍛冶」

極殿より打刀《うちがたな》を御あつらへ候」と語り、京極殿からの注文品を誂《あつら》えている。二十三番の「翠簾屋《みすや》」も「新御所の御移徙《わたまし》ちかづきて、いそがはしさよ。近衛殿より御いそぎの翠簾にて」と、新御所に移るのにともなって近衛殿から急ぎの注文が入ったという。

三十四番の「医師《くすし》」は「殿下より続命湯《ぞくみょうとう》、独活散《どっかつさん》を召され候間、たゞ今あはせ候」と、殿下から薬を依頼されて調合し、四十三番の「畳刺《たたみさし》」は、「九条殿に何事御座あるやらむ。帖をおほく刺させらるゝ」と、九条家に出入りしている。四十四番の「瓦焼《かわらやき》」は、「南禅寺よりいそがれ中候」と、南禅寺に瓦を調達していた。

芸能者では五十番で「猿楽」と番う「田楽《でんがく》」の芸が、神事として定着しつつも衰退が著しかったが、猿楽は、幕府や大名の保護を得て発展し、大和四座《やまとしざ》の円満井座《えまいざ》が金春座《こんぱるざ》、坂戸座、金剛座、結崎座《ゆうざきざ》が観世座、外山座《とびざ》が宝生座《ほうしょうざ》と呼ばれ、舞や歌を中心とする能から、賑やかでわかりやすい能へと芸域が広がり、観世信光《のぶみつ》(音阿弥の子)、金春禅鳳《ぜんぽう》(禅竹の孫)などの能作者が現れた。禅鳳は演者・理論家でもあり、『禅鳳雑談』は茶の珠光や立花の池坊の所説にも言及している。

宗教者には、六十四番で「禅宗」と「律家」、六十五番で「念仏宗」と「法花宗」、六十八番で「山法師」と「奈良法師」など、この時期に活動が広がっており、禅宗と律家は、幕府から特に保護・統制されてきたが、念仏宗と法花宗は、この後に起きる洛中での法華一揆と一向一揆の対立・抗争を見てもわかるように教線を拡大していた。山法師と奈良法師も、未だに勢力が大きかった。

この歌合は、絵が土佐光信《とさみつのぶ》筆、東坊城《ひがしぼうじょう》大納言和長《かずなが》の書と考えられ、序に「金殿の光ことなるみぎり」とあるので、後柏原天皇践祚《せんそ》の明応《めいおう》九年（一五〇〇）頃の制作と見られている。土佐光信は寛正三年（一四六二）に義政の室町殿の「舞楽図障子絵」を描き、文明元年（一四六九）に絵所預になって肖像画や障屏画、絵巻を描いて、やまと絵に新生面を開いた。

職人の自立的な活動を具体的に記しているのが、近江堅田《かただ》の『本福寺跡書』であり、一向宗本福寺の檀越の三上明誓《めいせい》が、堅田の職人の動きを語る。飢饉の年には「田作ニマサル重イ手ナシ」と、鍛冶屋が釜や鉈などを安く売るのをやめ、鋤・鍬・鎌などを作って有徳人に売る。桶師は、桶の側が腐るのが困っても、需要が多くて困らない。研師は良い刀を安く売らずに仕直して有徳人に売り、番匠も有徳人に造作をすすめて仕事をする。万の物を誂えるのが分限者であれば、そのことを念頭に活動しているという。

彼ら堅田の職人は、能登・越中・越後・信濃・出羽・奥州、西は因幡、伯耆、出雲、石見、丹後、但馬、若狭に赴いては商いをし、生計を立てていた。当時は小氷期の地球規模での寒冷期にあたり、飢饉にしばしば襲われていたのだが、人々は工夫を凝らして生活を送っていたのである。

堅田の自立都市と加賀一向一揆

堅田は、琵琶湖の西岸にある湊町で、南北朝期に惣領（本堅田）・西浦・東浦・今堅田の集落が形成され、住民の「堅田衆」は、殿原衆《とのばら》（地侍）と全人衆《まとうど》（商工業者・周辺農民）からなり、殿原衆は堅田の湖上交通に従事して堅田船と呼ばれる船団を保有し、指導的地位を得、全人衆のなかからは商工業によって富を得る有徳人が多く生まれていた。

室町期になって殿原衆は、延暦寺から堅田関の運営を委任され、海賊行為を行なわない代償として堅田以外の船から「上乗《うわのり》」という通行税を徴収する権利を獲得、禅宗が広まって祥瑞《しょうずい》寺が創建され、この寺では一休宗純が修行したことがある。浄土真宗も、本福寺が創建され、蓮如《れんにょ》が寛正の法難により、大谷本願寺が山門に破壊されたので堅田に逃亡してきたが、全人衆の篤い信仰により「堅田門徒」の勢力がひろがった。

堅田衆は、応仁二年（一四六八）、御所再建のために調達した木材を運搬する船団が上乗を払わないのを理由に、積荷を差し押さえると、将軍義政が山門に堅田の処分を要求、山門が焼き討ちをして、町は全域を焼失し住民は沖島に逃れた（堅田大責《かただおおぜめ》）。だが文明二年（一四七〇）、山門は日吉社の湊町の坂本と衝突したことから、多額の礼金を上納することを条件に、堅田への住民復帰を認めて還住となり、それとともに堅田衆により町場再建が進み、「今切《きり》・東切・西切」に今堅田を加え、周囲が堀に囲まれた四つの「切」が「堅田四方」と称され、惣結合による自治的都市が誕生し、殿原衆に対して全人衆が対等な発言力を獲得した（『本福寺跡書』）。

堅田の町場は、真宗門徒の伸張と進出にともない、本福寺を中心に門徒集団の集住する町となってゆき、木戸門が設けられ、板葺の町家が並び、侍層の集住した宮ノ切の浜側には道路前面に土塀と門を設け、大規模な板葺の主屋が屋敷奥に配置された。その堅田の風景を描くのが「片田景図」と「堅田図屛風」で、後者は、大徳寺の塔頭瑞峯院《ずいほういん》の檀那の間に襖絵であったものが、屛風に仕立てられて伝えられてきた。

本願寺から逃亡した蓮如は、本願寺七世の存如《ぞんにょ》の弟如乗《にょじょう》が、加賀の本泉寺や専称寺などを拠点に浄土真宗の北陸布教にあたって以来、真宗が広がっていた加賀を目指し、文明三年（一四七一）に吉崎に拠点を移し、坊舎を構えて布教にあたった。吉崎御坊は加賀・越前の国境の北潟湖畔に突きだした標高三十二メートル余の丘陵上、竹の海を臨む地にあった。

翌年四月の失火で本坊・宿坊が焼失するが、それにもめげず、蓮如は念仏者集団を同朋として組織、阿弥陀仏の救いを強調する「御文《おふみ》」で信仰を勧めた。加賀守護の富樫氏の内紛に介入して、富樫政親《まさちか》の要請を受けると、翌年には富樫幸千代《こうちよ》を倒すのに力をかし、親鸞以来の血脈相承を根拠に北陸の浄土系宗門を統合していった。

この本願寺門徒の勢いに不安を覚えた富樫政親が、本泉寺や光徳寺および松岡寺を中心とした門徒を弾圧し始めると、守護からの保護を期待した蓮如は吉崎御坊を去った。加賀門徒は、政親に追われて越中国に逃れ、政親と結ぶ石黒光義《みつよし》に攻められたが、文明十三年（一四八一）に光義を討ち取り、加賀に帰還、有力武士と結んで一揆を結成、長享二年（一四八八）に加越能二十数万の門徒は、富樫泰高《やすたか》を守護に擁立して、政親の居城高尾城を包囲して滅ぼし、加賀は「百姓の持ちたる国」となった（『実悟記拾遺』）。

加賀一向一揆は、郡・組・講などの組織を通じて門徒領国を形成、永正《えいしょう》三年（一五〇六）に実如《じつにょ》の指令により一揆が蜂起し、「賀州三ヵ寺《かしゅうさんがじ》」（本泉寺・松岡寺・光教寺）を頂点とする門徒組織が整備された。

洛中の自治

幕府が職人の活動に刺激されて流通システムを整備してきたこともあって、京都の町は着々と復活が進み、永正六年の酒屋役の算用状には、上京・下京の酒屋役の高が記され、天文八年（一五三九）の「洛中洛外酒屋土倉役」の納銭には、上京・下京各住人が請文を提出している（『蜷川家文書』）。大永七年（一五二七）に細川高国家臣の柳本賢治《やなぎもとかたはる》の軍兵が町に押し寄せるという噂から、町人が馳せ集まり辻子や町の囲いで自衛するなど、町人に自治の動きが広がっていた。

復興した京の町の姿を描くのが国立歴史民俗博物館所蔵の『洛中洛外図屏風』歴博甲本（町田本）で、将軍御所（公方様）を大永五年に細川高国が造営した柳原御所として描き、十二月には将軍義晴《よしはる》が御所に入って一年強の短期間使用しているので、この頃に制作された。大徳寺山門の造営が始まり、京都再興の機運が漲っていた。歴博甲本は六曲一双からなり、右隻が洛中〈下京〉を、左隻が上京を描く。

左隻には一条以北の北辺を中心に上部に北山から西山にかけて描き、右半分は公方様・典厩《てんきゅう》〈細川尹賢《ただかた》〉・細川殿〈高国〉など幕府要人たちの邸宅が中心で、左半分には小川に沿った町並みと周辺の公家の邸宅が中心をなす。地名表記が唯一ある「たちうり」は、「立売の辻」と称された商業活動の中心地で、戸口に暖簾を掛ける町家や二階屋の町家が見え、上京小川以西のある通りには魚屋が並び、今町は生魚を売る市場、同業者集住の町である。

右隻は一条大路から南の洛中を中心に上部に東山の風景を描き、左半分に内裏の西の町の賑わいが描かれ、右半分に祇園の神輿渡御と山鉾巡行が中心に描かれている。四条室町は鉾の辻と称され、「立売の辻」と並んで幕府の高札が立てられ下京の中心であった。

町衆の多くは上京立売や四条室町、四条町に住み、四条室町の町衆の茶の湯の村田宗珠は、午松庵を構えるなど、町衆の裏庭はさまざまな趣向が凝らされている。町家は石を置く板葺屋根が多く、垂木《たるき》の上に小舞《こまい》を配し、榑板《くれいた》を軒から棟に葺き上げてゆき、その上に井の字で組んだ竹を置いて風に飛ばされない抑えをしている。外壁はほとんどが土壁で、なかに竹張りの壁や板壁が用いられ、網代塀壁は稀である。

後に「しもたや」と呼ばれる専用住居は見世棚をもたず、門口に小庇がつき、門口以外はすべて土壁で窓はない。あっても、小さな連子《れんじ》窓・格子窓で、屋根の両端に正面と側面の三方に卯建《うだつ》をあげることが多いが、これは土倉や酒屋、油屋など有力な商工業者の屋敷のステイタスとなっていた。職人は『三十二番職人歌合』に見える材木売・竹売・巡礼・こも僧・猿曳き・輿舁《こしかき》・うぐいす飼・鳥さし・鳥売などが左隻に十五人描かれており、右隻に炭焼・小原女・たち君・檜皮葺など十六人が描かれている。

踊りと歌と

乱世にあって流行したのが踊りや舞いで、文明十一年(一四七九)五月二十三日に京の壬生地蔵堂(宝幢三昧寺《ほうどうさんまいじ》)の堂舎修理の勧進のため、地蔵堂の東庭に舞台を設け、越前国の幸若太夫が曲舞を舞い、その十日間にわたる興行には、禅僧や女房も見物、讃岐守護の細川政之は若衆を引き連れ見物している(『晴富宿祢記《はるとみすくねき》』)。戦乱や飢饉の影響から地蔵信仰が広がり、盆の行事になってゆくのにともなって人々は祭礼や宴の際に踊る愉《たの》しみを求めていた。

永正三年(一五〇六)七月十一日、細川高国は七か条の禁制を幕府奉行人に政道として、「盗人」「火付け」「相撲」「博奕」と並んで「踊の事」を禁じたが、風流踊りは広がっていた。『後法成寺殿記《ごほうじょうじどのき》』永正六年(一五〇九)七月十六日条には「今夜近所の者共、躍来るの間、帯三筋遣わす」と見え、踊り停止の効果はなかった。『月次祭礼図』や『洛中洛外図屏風』にはこの風流踊りが描かれている。猿楽は素人猿楽が好まれ、乱以後は毎年のように禁中で手猿楽御覧が行なわれていた。踊りや舞に

『洛中洛外図屏風』（歴博甲本　国立歴史民俗博物館蔵）から「念仏踊り」。やがて「風流踊り」へと発展していく。

は歌がつきもので、小歌が流行した。

　小歌を集めた『閑吟集《かんぎんしゅう》』が永正十五年八月に「富士の遠望をたよりに庵を結びて十余歳」と駿河に庵を結ぶ「一人の桑門」によって編まれた。真名序に、「治世の音は安んじて以て楽しむ。その政、和すればなり。乱世の音は怨みを以て怒る。その政、乖《そむ》けばなり」と、中国の『詩経』を引用し我が国の詩のあり方に触れ、「公宴に奏し、下情を慰むるものは、それ唯小歌のみか」と記し、小歌には天地の小歌、万物の小歌、自然の小歌、迦人（僧）の小歌、先王の小歌があり、その謡う場と効用を語る。

　序の最後に「ここに一狂客有り、三百余首の謳歌を編み、名付けて閑吟集といふ」とあって、『詩経』の篇数と同じく三百十一首を、ほぼ四季・恋などで配列するなど、本格的な書物の体裁をとって、理論的に捉えていた。閑吟とは心静かに詩歌を吟ずる意で、『実隆公記』には「安楽閑吟」「終日連句、父子閑吟の興あり」と見える。

歌には略符が付されていて、その略符から「小」は狭義の小歌のことで二百三十一首、「大」は大和節で四十八首、「田」は田楽節で十首、その他に近江節、吟詩句、早歌、放下歌、狂言小歌も少数であるが存在する。序には、「中殿の御会」「大樹の遊宴」といった宴の後に歌い、仲間と小扇《こおうぎ》で歌い、尺八を携えて一人が歌うなどとあり、小歌はさまざまな場で歌われた。『実隆公記』には猿楽者が「新作の小歌を一唱」したと見え、実隆も和歌二十首を「拍子物の小歌の料」に書き与えており、『蔭涼軒日録《いんりょうけんにちろく》』には、田楽法師の喩阿弥《ゆあみ》が小歌を歌ったとある。

その小歌には、「乱世の音は怨みを以て怒る」と記されているが、戦乱の影響を直接にうかがわせる歌は少なく、都が戦乱の巷になったこともあってか、「都の雲居をたち離れ」(二一四)など都から地方に下ってゆく情景を詠む歌はあっても、やはり中心は花の都であった。

おもしろの花の都や　筆で書くとも及ばじ　東には祇園清水　落ちくる滝の音羽の嵐に
地主の桜は散り散り　西は法輪嵯峨の御寺　廻らば廻れ水車の輪の　臨川堰《りんせんせき》の川波　川
柳は水に揉まるる(以下略、一九)

洛外の風景を詠んだもので、『閑吟集』の編者は、連歌師とも、禅僧とも、公家とも考えられるが、いずれにしても公武僧の交わりの接点にあり、両者を媒介した人物であろう。

出雲の国主尼子氏と北近江の戦国

『塵塚物語』は、尼子経久《あまごつねひさ》を「雲州の国主として武勇人にすぐれ、万卒身に従って不足なく、家門の栄耀《えいよう》、天下に並びなき人にて有」と絶賛したが、その経久は、出雲守護代の尼子清定《きよさだ》の嫡男に生まれ、文明六年（一四七四）に出雲・近江守護の京極政経《まさつね》邸に入った後、出雲に下って家督を譲られると、国衆と結びつきを強め、出雲の寺社領を押領、美保関《みほがせき》の公用銭や段銭の徴収を拒否することなどによって独自に権力基盤を築いた。

そのため西出雲の塩冶《えんや》氏と対立し、文明十六年（一四八四）に居城を包囲され、守護代を免じられたが、文明十八年正月に守護方の拠る月山城を攻め、城を守る塩冶掃部介《かもんのすけ》を敗死させ、長享二年（一四八八）に国人の三沢氏を降伏させ、明応九年（一五〇〇）に守護代の地位に返り咲くと、京極政経との関係を修復するとともに政経を追放し、出雲の国主の地位についた。

経久は国人層の地域的結集の拠点である鰐淵寺《がくえんじ》を統制する掟書を定め、一宮杵築《きづき》大社（出雲大社）を造営し、守護京極氏の家臣を引き継いで家臣団「富田衆」を形成、奉行人制を整えた。三条西実隆に色紙に詩歌の染筆や、享禄五年（一五三二）に『伊勢物語』の書写を依頼したほか、絵画を愉しんで自画像を描き、法華経を開板、出雲大社や富田城で法華経の読誦を行なうなど、文化面で幅広く活動、その自画像や寿像の賛には「忠功の誉れ高く矛先凛凛《ほこさきりんりん》として庶民を撫《いつく》しみ、威風は万世に振い、気宇の広大」とある。

家臣の多胡辰敬《たこときたか》の家訓に「ヲサナキ時、寺ニヲキナドスル事、必ズ手習学文ノタメバカリニテハナシ。寺ヘハ上下ヲキラハズ、往来修行ノ人マデモ出入物ナレバ、人ニモマレヲホク人ノ立居振舞ヲモ見、物ヲモ申カハセバ、カドナク人ナレシ物也」という一文があって、寺が手習や学問のほか、礼節・立居振舞を学ぶ場となっていたことが知られる。

北近江の京極持清は、応仁の乱では東軍に属して西軍の六角氏と争ったが、文明二年（一四七〇）に亡くなると、その相続をめぐり、持清の孫の高清が叔父政光に擁されて京極政経と争い、西軍に投じるが、文明十年（一四七八）に幕府に帰参、北近江を確保した。しかし高清の後継をめぐって京極氏が分裂し、台頭したのが国衆の浅見氏や、近江の浅井郡から台頭した浅井亮政《あざいすけまさ》らである。

南近江の六角高頼が永正十七年（一五二〇）に亡くなると、跡を継いだのは、相国寺の僧になっていた弟定頼《さだより》であって、将軍権力を支え、浅井氏の内紛では大永《だいえい》五年（一五二五）に北近江に出陣し、高清や亮政を美濃に追うが、翌年に亮政らは復帰し勢力を回復した。

定頼は足利義晴が近江に避難してくると、観音寺城近くの桑実寺《くわのみでら》に迎え、義晴の子義輝《よしてる》の元服には加冠役を勤めるなど、しばしば将軍の要請で上洛、和睦の仲介をなした。近江の南の伊賀四郡のうち阿加郡、山田郡、阿拝《あへ》郡の三郡にも支配を広げ、亮政の台頭については享禄四年（一五三一）の箕浦合戦《みのうらかっせん》で破った後、天文二年（一五三三）に和睦を結んだ。

亮政は小谷城に京極高清《たかきよ》・高広《たかひろ》を迎えて体制を整えると、同四年に再び六角と争った。天文七年に京極高清が亡くなり、六角が攻勢をかけて佐和山合戦に勝利、亮政は小谷城に引いて、六角の勝利が確定する。浅井氏は九月に近江北郡に九か条の徳政令を出したが（『菅浦文書』）、同時期には六角氏が「国中徳政」を行なっているので、それを受けて独自な法令を出したと見られる。

天文十一年に亮政が亡くなり、跡を継いだ久政は、京極高広の追い落としにかかったので、高広は三好長慶《ながよし》などと結んで対抗した。天文二十一年（一五五二）に、六角高頼が死去して義賢《よしかた》が家督を継ぐと、京極高広がその隙をついて六角氏の佐和山城を落とすが、義賢が反撃、翌年に久政の太尾《ふとお》城を落とし、浅井氏を退けて「北郡錯乱」に終止符を打った。

浅井氏は十三か条の徳政令を出して、近江の北半分の統治にあたり、久政の嫡男は義賢から偏諱を与えられ賢政《かたまさ》と名乗った（後に長政と改名）。弘治《こうじ》三年（一五五七）に義賢は嫡男の義治《よしはる》に家督を譲って承禎《しょうてい》と号し、京周辺の動きに関わってゆくことになる。

越前の朝倉氏

越前の朝倉孝景《あさくらたかかげ》は、主家の斯波義廉《しばよしかど》に協力し、西軍として御霊合戦や上京の戦い、相国寺の戦いに参戦、足軽大将の骨皮道賢《ほねかわどうけん》を討ち取り、東軍の浦上則宗《うらかみのりむね》と密かに接触し、文明三年（一四七一）五月に将軍義政から守護権限行使の約束を得て東軍に寝返ると、実力で越前一国をほぼ手中に収め、主家の斯波義敏《よしとし》や甲斐氏と激しく争った。

その孝景の死を聞いた甘露寺親長《かんろじちかなが》は、天下に悪事が始まった張本人である、と喜んだが、『朝倉孝景十七箇条』からは、能力主義的人事や迷信の排除、軍備の量の優先など、合理主義的な考え方がうかがえる。

孝景の跡を継いだ氏景《うじかげ》は、平泉寺《へいせんじ》の宗教勢力を味方につけ、父が苦戦した勢力との合戦に勝利、越前の支配権を確立した。平泉寺衆徒は越前白山の衆徒で、南北朝期に北朝の斯波高経《たかつね》に藤島荘を安堵されて以来、斯波氏の保護を受けて勢力をひろげ、永享十二年（一四四〇）には全山炎上するが、北陸道の七か国から棟別銭徴収を認められて復興、全山石垣に囲まれた要害を構築した。

氏景は、「天性武を好み、勇気人に絶す」といわれ、一休に参禅し、公家の甘露寺・三条西家などとも親交があったが、文明十八年に亡くなり、跡を貞景《さだかげ》が継いだ。貞景は、越前の支配権をめぐり、尾張守護の斯波義寛《よしひろ》（義敏の子）から訴えられるが、その訴訟に勝利して斯波氏との主従関係を断ち、文亀《ぶんき》三年（一五〇三）に一族の朝倉景豊《かげとよ》の反乱を鎮圧し、翌年に加賀の一向一揆の大軍を撃退、越前の領国支配を確立させた。画筆に秀で、永正元年に「あさくらゑをよくかき候よし」を聞いた後柏原天皇が、四幅一対の子昭筆楼閣の屏風を贈っている（『宣胤卿記《のぶたねきょうき》』）。同三年に土佐光信が描く京中図屏風の「新図」を得ている。

永正九年（一五一二）に貞景が亡くなり、跡を継いだ孝景は、翌年に近江に出兵して足利義稙（義材）の帰京を支援、朝廷に即位費用や内裏修理費用を献じ、白傘袋《しろかさぶくろ》・毛氈鞍覆《もうせんくらおおい》・塗輿《ぬりごし》を許されて幕府の相伴衆《しょうばんしゅう》に列した。朝倉氏の支配は郡が単位で、敦賀郡司・大野郡司には郡の支配を任せ、本拠の一乗谷に坂井・吉田・足羽郡を配し、府中奉行の下に丹生・今立・南条三郡を置く体制をとった。

隣国への遠征は積極的で、永正十四年に朝倉宗滴《そうてき》が軍奉行となって若狭・丹後に出兵し、若狭守護の武田元信《もとのぶ》を助け、翌年に美濃から土岐頼武《よりたけ》が逃れてくると、弟景高《かげたか》を美濃に出陣させ復帰させた。大永五年（一五二五）、宗滴は軍勢を率いて近江小谷城に出陣し、美濃の内乱に介入する浅井氏を牽制、六角定頼と浅井亮政との間を調停し、美濃にも出兵して稲葉山城に迫った。同七年には近江にいる将軍義晴の求めに兵一万を率いて出兵して細川高国らと合流、洛中に進軍して三好元長《もとなが》ら諸軍勢に桂川で勝利し、同八年に将軍義晴の御供衆に加えられた。享禄四年（一五三一）の加賀一向一揆の内紛（享禄の錯乱）では、一向一揆を攻撃して手取川付近まで侵攻、翌年に和議を結んだ。

朝倉氏の一乗谷

朝倉氏の本拠の一乗谷は、『朝倉家伝記』『朝倉家記』によれば、南北朝期には朝倉氏の本拠になっていて、孝景が本格的に整備し、重臣が集住し、多くの公家や高僧、文人、学者が避難してきて、最盛期には人口一万人を超えたと見られている。

九頭竜《くずりゅうがわ》川支流の足羽川《あすわがわ》の、さらに支流の一乗谷川に沿う谷あいで、北に成願寺城、南に三峯城があり、東の一乗城山に山城や砦、櫓の防御施設が列《つら》なり、西は東郷槇山《とうごうまきやま》城・大味城で周囲を守備した。南北に城戸《きど》を設け、その間の長さ約一・七キロメートルの「城戸ノ内」に、道路を縦横に設け、南北の幹線道路に面した区画は、間口五〜六メートル、奥行き十一メートルと大きいものが多く、建物一棟に井戸・便所が独立していた。普請は土塁石垣、外堀、石組溝、石列、段差などで区画し、道路は矩折《かねお》れ、T字路、遠見遮断、幅員減、行き止まりなど防衛面を重視し、縄張りには京尺の竿を基準とし、作事には一間を六尺二寸、または六尺二寸五分の越前尺を用いていた。

建物の敷地は櫛の目状に並んで二百軒以上が検出され、数珠玉の出土する念珠挽《ねんじゅびき》、鉄砲玉や火縄《ひなわ》挟《ばさみ》、弾き金の出土する鉄砲鍛冶、ヘラや漆椀の出土する塗師がおり、八個の越前大甕が焼土中に埋められていた、紺掻・へぎ板や桜の表皮が出土する曲物師などの職人の家もある。吉野元地区の医者の家からは医薬書『湯液本草《とうえきほんぞう》』の写本の断片が出土している。

山際には武家屋敷が並び、中心に位置する朝倉館は、三方を堀で囲み、土塁・門、隅櫓と十数棟の礎石立《そせきだち》建物があり、堀から出土した木簡から、ここには朝倉氏最後の義景《よしかげ》や嫡男と側室が住んでいたことがわかり、朝倉氏当主の屋敷であった。付属して湯殿庭園や諏訪庭園がある。東北隣りには朝倉氏の崇拝する南陽寺、氏神の赤淵社は朝倉館内や背後の山城、赤淵地区にもあった。

朝倉館から下城戸にかけ何軒かの武家屋敷は、礎石を据えた高級な建物で、刀や鍔、金の目貫、兜の鍬形台などの武具の一部、弓を練習する的の台、サイコロや将棋の駒、土器や折敷などの飲食器、漆器や陶磁器の椀・皿、暖房・灯火具、台所用具、文房具が出土している。茶壺や茶碗、茶臼など茶道具、花瓶や香炉などの座敷飾り、越前焼きの花活けも出土、豊かな生活をしていた。

近辺には石塔や石仏など石造遺物が三千基以上あり、城下町の人口は、一万人を下らないと見られている。石造物の多くは供養の墓石と見られ、真正寺近辺に集中して見られ、火葬場跡は谷の外に認められる。寺院は西側に並び、西光寺は東西四十メートル、南北三十メートルの敷地を土塁が囲み、中には三間堂二つと廻廊などの建物があり、奥の土塁の際には二、三段の石塔・石仏を並べる階段状のスペースがつくられていた。その南隣の寺では墓地が発掘され、八個の棺は子どものもので、柿経《こけらきょう》の束や板塔婆が並べて釘で固定され、追善供養に使用されていた。

若狭の武田と美濃の斎藤

若狭では若狭武田氏の基礎を築いた武田信賢《のぶかた》が応仁の乱で東軍に属して戦ったが、文明三年(一四七一)に亡くなって弟の国信《くにのぶ》が継ぐと、一色義春《よしはる》に返付された丹後守護職の回復を狙って戦ったが敗れ、重臣逸見宗見《へんみむねみ》の敗死を悼んで出家した。

京都北白川に邸宅があり、連歌会や犬追物をしばしば開催、『新撰菟玖波集《しんせんつくばしゅう》』に入集した。延徳二年に跡を継承した元信も京都で幕府の相伴衆となり、三位《さんみ》となって公家と交わっての文化活動は多彩だったが、領国経営では悩み、永正十四年(一五一七)に越前朝倉氏の助けを得て、逸見氏と丹後守護代延永《のぶなが》氏の反乱を鎮圧した。

美濃では多くの貴族や文化人を迎え入れた斎藤妙椿《みょうちん》が、文明十二年(一四八〇)に死去すると、養子の斎藤利国《としくに》(妙純《みょうじゅん》)と甥の斎藤利藤《としふじ》の間で相続争いがおき、守護の土岐成頼《なりより》が利国を支援、幕府が利藤を応援して合戦となり、争いに勝利した利国が斎藤家を継いだが、利藤も守護成頼に守護代に取り立てられ、両者は対立を含みつつ共存していた。ところが、明応四年(一四九五)、成頼が嫡子の政房《まさふさ》を廃嫡、末子の元頼《もとより》を跡継ぎに据えようとしたこともあって、利藤と小守護代石丸利光《としみつ》が近江の六角氏と結び、政房・妙純が近江の京極氏や尾張の織田氏、越前の朝倉氏の支援を得て、船田合戦が起きて、政房・妙純方の勝利により成頼は隠居し、元頼は自刃した。

明応五年十二月に妙純が六角討伐で近江に出陣中に戦死すると、政房は革手《かわて》城から福光構《ふくみつかまえ》に守護所を移し、跡継ぎを嫡男の頼武《よりたけ》ではなく次男の頼芸《よりなり》としたことから、再び相続争いが起きた。斎藤氏の擁する守護頼武は、長井氏の擁する頼芸と争い、越前に逃れて朝倉氏の加勢を得て、永正十六年（一五一九）に勝利して守護となる。

その後、大永五年（一五二五）に「濃州《のうしゅう》も錯乱し、土岐殿・斎藤名字中は一緒に山中へ逃亡し、その跡を長井一類が占拠」する事件が起き（『上杉家文書』）、台頭したのが長井藤左衛門尉長弘《ながひろ》と長井新左衛門尉の「長井一類」で、土岐家の実権を握ったことで、守護土岐頼武と守護代の斎藤利茂《としまさ》が復帰した。その長井一族のうちの新左衛門尉が「蝮《まむし》の道三《どうさん》」と称された斎藤道三の父である。

元は京都妙覚寺の僧侶で西村と名乗り、美濃にやって来て長井弥二郎に仕えるなかで頭角を現し、長井の名字を称したという。この新左衛門尉の子新九郎規秀《のりひで》（後の道三）が、天文二年（一五三三）に長井長弘の跡を継承した景弘《かげひろ》とともに土岐家の実権を握り、天文四年に守護の頼武を追放し、頼芸を国主となした。だが、それとともに美濃国内の混乱は激しさを増し、天文六年に規秀が斎藤家を継承して斎藤左近大夫利政《としまさ》と名乗る。

土岐一族や斎藤一族との抗争が続くなか、天文十三年に越前に逃れていた土岐二郎を美濃守護とするために、越前朝倉氏と尾張の織田信秀《のぶひで》の連合軍二万五千が井口城下に攻め入ると、利政は城下に招き入れて夜襲で撃破し、さらに織田軍を木曾川に追い詰めて溺死させている。道三の居城稲葉山城は、眼下に長良川が流れ、標高三百四十メートル弱の金華山の天然の要害で、山頂部近くの千畳敷に居館があり、伊奈波神社に関連する寺院の建物の土台や通路、階段、梵鐘鋳造遺構、五輪塔などが検出されており、その寺院跡地に構築されたものと考えられている。

三　戦国大名の台頭

今川氏と駿府

駿河の今川義忠は「弓馬に達し、血気の勇将なり。和歌・連歌を嗜《たしな》む」といわれ、応仁の乱に千騎を率いて上洛、西軍方の遠江守護斯波義廉と対立関係にあったことから東軍方に属し、帰国して和歌を歌人の正広に、連歌を宗祇や宗長に学ぶなか、やがて同じ東軍の尾張守護斯波義良《よしすけ》や三河守護の細川成之に敵対、文明八年（一四七六）に遠江で斯波義良方国人と戦い、勝間田氏の勝間田城を囲んで討ち取るが、帰途に残党に襲われ討死した。

残された妻北川殿と六歳の龍王丸（のちの氏親《うじちか》）は、義忠従弟の小鹿範満《おしかのりみつ》と家督の継承をめぐって対立して内紛状態となるが、北川殿の兄弟の伊勢盛時《もりとき》（早雲《そううん》）が京から下向、氏親を助けて小鹿範満を滅ぼし、氏親を駿河の国主とした。氏親は長享元年（一四八七）に国政を執りはじめ、発給文書に印判を用いるなど新たな政治を進め、明応三年（一四九四）九月には知行の宛行状に黒印を捺しているが、これは東国の大名の印判状の初見である。

伊勢盛時は、駿河の富士下方十二郷を与えられると、伊豆に侵攻して堀越公方を攻めて伊豆を平定、韮山《にらやま》城に拠りながら関東へ領域の拡大を進め、扇谷定正《おうぎがやつさだまさ》からの援軍依頼を機に、関東管領の山内顕定《やまのうちあきさだ》の軍と対峙するが、定正が落馬により死去したので兵を返し、やがて出家して伊勢宗瑞《いせそうずい》と称し、相模に進出して大森藤頼《おおもりふじより》の小田原城を奪い取った。

今川氏親は、母北川殿や伊勢盛時の支援を受け、明応三年（一四九四）から遠江に侵攻し、文亀元年（一五〇一）に遠江守護の斯波義寛と戦って、斯波方が信濃の小笠原氏を頼んだので激戦となるが、小笠原の帰国とともに優位に立ち、永正三年（一五〇六）に盛時とともに三河に出陣、遠江の国人を味方につけた。同五年に遠江の守護に任じられると、永正九年には朱印の印判状を出し、遠江一帯を永正十四年に制圧した。その翌年に相良荘の般若寺領で検地を行なっていて、征服地の検地で所領安堵を行なうという新たな段階に進んだ。

大永六年（一五二六）五月に三十三か条の『今川仮名目録』を制定したが、条文の多くは、相論が起きた際の裁判規範で、田畠・山野の堺相論、知行地の売買、用水や借銭、不入地の問題などからなる。広く通用している「天下の大法」や、これまで定めてきた禁制の法については「天下の法度、又私にも先規よりの制止は載せるに及ばざるなり」と載せておらず、多くは新規や改訂・確認からなり、その二十三条では、駿府中での「不入の地」の特権を破棄し、町の整備へと向かった。

天文五年（一五三六）、氏親が亡くなると、氏輝は江尻湊を振興し、検地を行ない、御馬廻衆を創設するなど、意欲的に政策を展開した。その跡は善徳寺承芳《じょうほう》が継いで、将軍義晴から一字を与えられて義元《よしもと》と名乗った。花倉の遍照光寺にいた兄玄光恵探《げんこうえたん》が福島越前守に擁されて挙兵したが（花倉の乱）、この争いに相模の北条氏綱《うじつな》や甲斐の武田信虎《のぶとら》の支援を得て勝利し、駿河の国主となって、信虎との関係強化をはかった。

武田氏と甲斐府中

甲斐は中央部を国中《くになか》、南部の富士川沿いを河内、東部の都留郡を郡内というが、その国中地域にあった守護の武田信昌《のぶまさ》は、跡部景家《あとべかげいえ》を滅ぼし、守護権力を回復させたが、河内領の穴山氏や、郡内領の小山田氏などの勢力が台頭、駿河の今川氏、相模に勢力を伸ばしていた伊勢氏（後北条氏）と連携して、守護武田氏に対抗するようになり、明応元年（一四九二）六月に「国中大乱」「乱国に成り始め」た。

明応三年正月に武田信縄《のぶつな》に嫡男信虎（初名は信直）が生まれ、弟油川信恵《あぶらかわのぶしげ》と対立するが、明応七年の大地震が「天罰」と考えられ、和睦にいたり、信縄が家督を相続した。永正四年（一五〇七）に信縄が死去して、家督を継承した信虎は、翌年十月の坊峰《ぼうがみね》合戦で叔父信恵を破って内部対立を克服、永正六年に郡内の小山田氏も従属させ、小山田信有《のぶあり》に妹を嫁がせて講和を結び、国中東端の勝沼に弟の勝沼信友《のぶとも》を配し、甲斐の北西部の国衆今井氏をも従属させた。

駿河の今川氏親は、甲斐河内の穴山氏や国中西郡に勢力を広げる大井氏を後援し、永正十二年（一五一五）十月、信虎が大井信達《のぶさと》・信業《のぶなり》父子の拠る西郡上野城を攻撃すると、大井氏救援のために国境を封鎖（『勝山記』）、甲府盆地と都留郡に侵攻したが、遠江の情勢変化から連歌師宗長の斡旋で和睦が成立した。信虎は大井信達とも和睦を成立させ、大井の娘を正室に迎えると、永正十六年には甲府盆地中央の川田にあった居館を、甲府盆地の北部に移した（『高白斎記《こうはくさいき》』）。
その武田氏館《やかた》は、北東に隣接する尾根を躑躅ヶ崎《つつじがさき》と呼ぶことから躑躅ヶ崎館とも呼ばれ、東曲輪と中曲輪からなる方二町の単郭方形館で、館の西に府中八幡を勧請、東に恵運院、東南に大泉寺を建立、南に時宗の一蓮寺門前に町が形成されていたのを取り込み、新府中（甲府）を形成した。甲府集住に反抗する栗原・今井・大井など国衆を屈服させ、館の北に詰城《つめじろ》として要害山《ようがいやま》城を築いた。

大永元年（一五二一）に福島衆主力の今川勢が侵攻し甲府に迫ると、今川勢を甲府郊外の飯田河原、上条河原の合戦で退けた。その最中の十一月に嫡男の晴信《はるのぶ》（後の信玄《しんげん》）が生まれ、信虎は甲斐国内を統一して対外勢力を追い払い、大永二年には身延山久遠寺に参詣し富士山に登り、自らの地位の確立を誇示している。

同六年に駿河の今川氏親が亡くなり、氏輝が相続すると、信虎は今川氏と結んで、享禄元年（一五二八）に信濃の諏訪に攻め入り、同年に甲斐一国対象の徳政令を発し、分国支配を固めた。享禄四年に信濃の諏訪氏の後援を得た国衆の栗原兵庫や重臣の飯富虎昌《おぶとらまさ》が反旗を翻し、逸見の今井信元《のぶもと》が諏訪氏の支援で甲府に侵攻をはかったが、天文元年（一五三二）に今井信元が降服、甲州は「一国御無為」となった。

翌年に嫡子晴信の妻に上杉朝興《ともおき》の娘を迎えて上杉との同盟を強化、天文四年（一五三五）に今川領に攻め入り、国境の万沢で氏親の跡を継いだ氏輝と戦い、今川と姻戚関係にある北条氏綱が籠坂峠《かごさかとうげ》を越えて侵攻し、小山田・勝沼氏を破ったので、信虎は今川・北条への対抗のため同年に諏訪頼綱《よりつな》と和睦した。

越後長尾氏

越後では宝徳《ほうとく》元年（一四四九）に上杉房定《ふささだ》が守護となり、重臣の長尾頼景《よりかげ》や飯沼頼泰《よりやす》らを支えとして勢力を広げ、文正《ぶんしょう》元年（一四六六）に関東管領の上杉房顕《ふさあき》が死去すると、房定の子顕定《あきさだ》が関東管領になったことから、房定は関東の古河公方と上杉方の争いにおいて上杉家の長老として重きをなし、文明十四年（一四八二）に「都鄙和睦」を成立させた。

守護代の長尾氏は文明十二年に、分国内の本田と増分の量を苅高《かりだか》（苅は稲束一束を基準とし、百苅を一反とみなして検地や徴税に用いた）で表示する「越後検地帳」を作成して力をつけていった。

同十五年七月に聖護院の道興准后《どうこうじゅごう》が越後府中を訪れ、長松寺の塔頭貞操軒を宿坊とし、「相模守」房定の接待で七日ほど滞在し（『廻国雑記』）、十八年には歌人の堯恵《ぎょうえ》が、美濃の郡上から越中を経て六月十三日に越後府中を訪れて、「国の太守相模守藤原朝臣房定」の知るところとなり、その手配で最勝院に移り、十五日の夜には善光寺に詣でて通夜している（『北国紀行』）。

長享元年（一四八七）には万里集九《ばんりしゅうく》が武蔵・上野を経て越後の柏崎から海辺に沿って府中に九月十一日に入り、二日後に対談した「越後太守常泰」（房定）が明応三年（一四九四）に亡くなって、守護になった房能《ふさよし》は、明応六年（一四九七）に国人所領への郡司不入の権限を否定し、守護権の強化をはかるなか、永正三年（一五〇六）に守護代の長尾能景《よしかげ》が越中守護の畠山尚順《ひさのぶ》の要請を受けて越中に出陣し戦死したことで、家督を継承した長尾為景《ためかげ》が、同四年八月に決起、房能を府中から追い、自害させた。為景は房能に狙われていたことから、その機先を制したのであろう。幕府と密かに通じ、房能の従兄弟である定実《さだざね》を擁していて、翌五年に定実が守護になった。

これに反発したのが房能の兄、関東管領の上杉顕定であって、同六年に八千余の軍勢で来越、下越の阿賀北衆などの国衆も、為景方と顕定方に分れて争い、「一国ことごとく滅亡」といわれる合戦となった(『実隆公記《さねたかこうき》』)。定実・為景は、春日山城・府中を捨てて、越中に逃れ、信濃の国人と連絡をとりつつ、佐渡を回って翌七年に蒲原津《かんばらのつ》に上陸して府中を目指した。そのため退却を迫られた顕定は、上野に落ちる途中の長森原で討死する。

為景は、享禄三年(一五三〇)から天文七年(一五三八)にかけ、越後上杉氏の一族上条上杉定憲《さだのり》に結集する阿賀北衆と争い、また同族の上田長尾氏とも対立したが、この情勢に翌享禄四年正月、山浦氏など下越国衆十八名が連署して軍陣の壁書《かべがき》七か条の一揆契約を定めた。その文書の裏に為景の花押が据えられており、為景方の国衆の一揆であったのだが、この壁書に連署した国衆の多くは、反為景方に転じて戦乱は長引いた。

為景の跡を継承した晴景は、阿賀北衆や上田長尾氏と和議を結び、定実を守護に奉じたことで、争いは一段落するが、大きな成果は得られず、弟景虎《かげとら》が蒲原郡に派遣されて成果をあげると、古志長尾氏が景虎を支援、上田長尾氏が晴景を支持し、景虎・春景が対立するが、上杉定実の仲介で、天文十七年(一五四八)に家督が景虎に譲られ、さらに上杉定実に後継者なく、死去したことから、景虎が天文二十年に国主になった。

景虎居城の春日山城は、府中の南西部に位置し、山城部分は、主尾根部分だけで九百メートルに及び、千メートルを越える大郭が十二を数え、城中最大規模の堀切は全長百三十メートル、最大幅は二十五メートルで、連続竪堀は認められない。郭群は三群六単位に分けられ、最後部の実城郭群が最古の築城部分で、それに東西の郭群が追加されてきた。

甲斐の武田氏と小田原の北条氏

相模の伊勢氏（後北条氏）は、早雲と子氏綱が小田原城を拠点に本格的に関東南部の制圧へと動いていた。永正元年（一五〇四）九月に相模の江の島に「当手の軍勢甲乙人等、乱妨狼藉の事、堅く停止せしめ了ぬ」という軍勢不入の制札を出し、同年の戦いで扇谷定正の跡を継いだ朝良《ともよし》に味方して山内顕定に勝利するが、朝良が越後守護上杉房能の来援を得て反撃に出た顕定に降伏したことから、早雲は山内・扇谷両上杉氏とも戦うことになる。

永正三年（一五〇六）に小田原周辺で相模初めての指出《さしだし》検地（土地の面積・年貢量を申告させる検地）を行ない、この寅年の検地から戦国大名としての動きは寅年を画期になされてゆく。翌永正四年、越後守護上杉房能が守護代長尾為景に殺されたため、永正六年七月に山内顕定が大軍を率いて越後へ出陣すると、早雲はこの隙をつき扇谷朝良の本拠江戸城に迫り、兵を返した朝良と翌年まで武蔵・相模で戦った。神奈川湊近くの権現山城に拠る上田政盛《まさもり》を扇谷家から離反させ攻勢をかけるが、同年七月に山内家の援軍を得た扇谷家が反撃に出たため、城は焼かれ敗北する。

この戦いの後、相模の守護三浦義同《よしあつ》（道寸《どうすん》）が住吉要害を攻略して小田原城まで迫ったので、早雲は扇谷家と和睦し、義同の相模中央の岡崎城を攻め、永正九年（一五一二）八月に落とし、義同が逃げ込んだ住吉城をも落として鎌倉に入り、相模の支配権をほぼ掌握した。さらに三浦氏攻略のため鎌倉の西、柏尾川の北に玉縄《たまなわ》城を築き、その十二月に久良岐《くらき》郡に制札を出し、家来や奉公人について、横合《よこあい》（言いがかり）がないように触れ、その支配領域は武蔵久良岐郡にまで広がった。

早雲は相模足柄上下郡を西郡、相模川以西を中郡、以東を東郡と称して、玉縄城を東郡の拠点となし、残る相模の三浦郡については、永正十三年（一五一六）七月、扇谷朝興《ともおき》による玉縄城攻略を退け、三浦義同・義意《よしおき》父子が籠もる三崎城を落として三浦氏を滅ぼし、相模全域を平定した。

永正十五年（一五一八）の寅年、早雲は家督を嫡男氏綱に譲り、この年から伊勢（北条）氏は虎の印判状を用いるようになる。印判状は、虎の図案の下に「禄寿応穏《ろくじゅおうおん》」の字を配した朱印を捺した文書であって、伊豆の田方郡木負に出された印判状は、印判のない課役賦課を無効とし、郡代や代官による百姓・職人への違法な命令を停止し、そのことを百姓に直接に宛て示している。これまで守護が直接に百姓に文書を発給したことはなく画期的であり、印判状により大量の文書の発給が可能になったばかりか、戦国大名による村落・百姓への直接支配が進んだ。

永正十六年（一五一九）に早雲が死去、跡を継いだ氏綱は早雲の菩提を弔う早雲寺を箱根湯本に創建、本拠を伊豆の韮山城から相模の小田原城に移し、代替わりの検地を実施、所領安堵状を発給し、相模の一宮寒川《さむかわ》神社宝殿、国府六所宮《ろくしょ》、箱根・伊豆山権現などの再建を進めた。大永三年（一五二三）六月十二日の箱根権現の棟札に「（相州）太守伊勢平氏綱」とあって、相模の国主と称し、鎌倉期に伊豆の北条を本拠地とした北条氏を継承し、伊勢氏から北条氏に改め、大永三年（一五二三）までに武蔵国西部・南部の国衆を服属させた。

細川政元政権と下剋上

京では家中の内衆《うちしゅ》の行動に危うさを覚えた細川政元が、文亀元年（一五〇一）六月に「強入部の事」「新関の事」など五か条の禁制を定めて領国の規律を求めたが、そのいっぽうで、政務を家臣任せにして幕政を混乱させた。怪しげな修行に熱中し、出家者や山伏の姿や行動をとり、朝廷や幕府の儀式を立派に行なっても無意味であると、後柏原天皇の即位式の挙行には消極的だった。

政元は九条家から家督相続を条件に、養子に聡明丸（のちの澄之《すみゆき》）を迎え、文亀二年（一五〇二）に嫡子と定めたが、翌年五月には、阿波守護家の六郎（澄元《すみもと》）をも養子に迎えて家督相続を約束したことから、内衆は澄之・澄元両派に分かれ対立が激しくなった。永正元年（一五〇四）三月、薬師寺元一《もとかず》が澄元擁立を策し淀城で反旗を翻すと、澄之派の内衆の香西元長《こうざいもとなが》に討伐を命じ鎮圧したが、永正四年六月二十三日、香西元長・薬師寺長忠《ながただ》らにより湯殿で行水中を襲われ暗殺された。

この政元暗殺で、近江に逃れていた澄元と三好之長《ゆきなが》が反撃に転じ、八月に備前守護家の細川高国が薬師寺長忠の邸宅を攻め、典厩《てんきゅう》家の政賢《まさかた》が香西元長と戦い、淡路守護家の尚春《ひさはる》が澄之と戦って、長忠・元長が討ち取られて澄之が切腹、翌日に澄元が入京し将軍義澄に謁見、澄元の後見役として三好之長が政界に進出した。

そこに畠山尚順《ひさのぶ》が紀伊で決起し、尚順と澄元の和議が成立するが、摂津・和泉から入った細川高国も尚順と結んで澄元と袂を分かち、高国は伊勢を経て京をうかがった。永正五年四月、三好之長と澄元の在所が放火され、近江の坂本に逃れると、高国が上洛を果たしたので、将軍義澄も京都を逃れた。四月二十七日、周防に逃れていた足利義尹《よしただ》・大内義興一行が堺に到着、五月八日に上洛して、七月一日に義尹（義稙）が将軍に返り咲いた。

近江に逃れた三好之長も山城の如意嶽や近江の九里で幕府軍と戦い、永正八年に阿波に戻っていた澄元が上洛、義尹・義興を丹波に追うが、京の船岡山での激戦の末、義尹・義興方が勝利し、義澄は逃れた近江岡山で生涯を閉じ、遺児は播磨の赤松義村《よしむら》に育てられ、澄元は阿波に逃れた。

永正五年（一五〇八）、細川高国は義稙を将軍に据えるが、阿波に逃れていた細川澄元と三好之長が再起を期して四国を出て摂津に入った。永正九年に高国は自邸に将軍を招いて盛大な宴を開き、都は平穏を取り戻した。しかし之長が永正十七年に高国軍に勝利して京に入ると、近江に逃れた高国軍の反撃にあって自害、澄元も亡くなる。この事件の処理をめぐって高国と義稙が対立、翌十八年に義稙が出奔して淡路に逃れたので、高国は播磨の赤松政村の許にいた義澄の遺児（義晴）を大永元年（一五二一）に将軍に据えた。同六年に後柏原天皇から後奈良《ごなら》天皇に代わる。

将軍義晴は大永五年に柳原に幕府御所を造営、高国は出家して家督を子の稙国《たねくに》に譲り、都には安定が戻ったが、それも束の間、稙国が半年後に亡くなると、翌年、高国が細川尹賢《ただかた》の言い分を入れ、家臣の香西元盛《もともり》を自殺に追い込んだことから、兄弟の波多野稙通《たねみち》と柳本賢治が丹波で挙兵、阿波の澄元の子晴元《はるもと》、三好之長の孫元長《もとなが》らと連絡をとり、丹波・堺の両面から京に進撃、義晴と高国は京の合戦で破れて近江の坂本に逃れ、晴元・元長は義晴兄弟の義維《よしつな》を戴いて、堺に「公方」府を形成した。

やがて京に戻った義晴は、元長との間の和睦工作をめぐり高国と意見が対立、堺公方府の勢力と反高国勢力が京を窺う情勢に、享禄元年（一五二八）に朽木谷《くちきだに》の朽木稙綱《たねつな》のもとに身を寄せ、高国は近江から伊賀・伊勢に出て、翌年には近江・越前を経て海路を出雲まで赴いて尼子経久を訪ねた。

大内氏と尼子氏

大内義興は十年ほど在京して幕府を支え、永正十四年（一五一七）に石見守護に任じられると、翌年八月に堺を出帆して山口に帰り、分国法『大内家掟書』を集大成し、それに基づいて分国支配にあたった。日明貿易に必要な「正徳勘合」を得たことから、大永三年（一五二三）に謙道宗設《けんどうそうせつ》を正使に遣明船を派遣した。細川高国も、将軍義晴に働きかけて「弘治勘合」を用いて遣明船を派遣したので、大内・細川の争いが現地で勃発する寧波《ニンポー》の乱が起き、日本船の来航が一時停止されたが、再開後は大内氏が独占するようになった。

安芸国は、勢力を伸ばしてきた尼子氏と大内氏との争奪の場となっていた。国衆が大内義興に従って永正五年（一五〇八）に上洛したが、そのうちの高橋元光《もとみつ》・毛利興元《おきもと》・吉川元経《きっかわもとつね》らが離脱して帰国、同九年に天野・平賀・小早川・阿曽沼・野間諸氏らと一揆契約を結んで、将軍・大内氏の要求には衆中で対応することを誓った。その盟主の高橋元光が大内氏に滅ぼされたため、毛利が代わって盟主となり、大内・尼子の領国の境目で地力を蓄えた。

尼子経久は、永正九年に備後の国人古志為信《こしためのぶ》の大内氏への反乱を支援、次男には細川高国から、三男には大内義興からそれぞれ一字を得て、尼子国久《くにひさ》、塩冶興久《おきひさ》と名乗らせ、親密な関係を結び、伯耆西部、石見北部に版図を広げていた。永正十四年に大内義興が石見守護になると、経久は前石見守護山名氏と結んで石見国内の大内方の城を攻め、翌年には弟久幸《ひさゆき》に伯耆国の南条宗勝《むねかつ》を攻めさせ、さらに山陽方面に軍勢を進めた。

永正十七年（一五二〇）に出雲国西部の支配を確立するが、備後国の山内氏や安芸国の宍戸氏など国境を接する国人と対立が生じ、同地域に利害関係を有する大内氏と衝突し、大永元年（一五二一）に石見に侵攻し、同三年に尼子と結ぶ安芸の毛利氏が、大内氏の安芸経営の拠点の鏡山城を攻め落した。この尼子氏に従った毛利氏は、元就《もとなり》が大永三年（一五二三）に兄興元の子の夭折から家督を継承するが、その際、井上・桂・粟屋・福原など一族や重臣が連署し、家臣の合意によって元就の家督継承の申請があって、これに元就が同心することで、改めて家臣が元就に従属を誓うという、もってまわった形の継承方法がとられた。

翌大永四年に尼子方の安芸武田氏・友田氏が大内氏に敗北して大内方に転じ、同六年に伯耆・備後守護の山名氏が、反尼子方の旗幟を鮮明にしたので、尼子方は窮地に立たされ、経久は翌年に備後国で陶興房《おきふさ》に敗れて備後国人の大半を失い、享禄元年（一五二八）、備後に赴いて多賀山《たかやま》氏の蔀山《しとみやま》城を攻め陥落させたものの、石見の尼子方の高橋氏が毛利・和智氏によって滅ぼされる。

毛利元就は享禄五年（一五三二）七月、家臣三十二名の「傍輩中」が、連署起請文を元就に提出して、用水や債務、人身沙汰の三か条について、違反した場合には、処罰するように元就に求めたのに応じて、毛利家の「御家中」の法を定め、支配権を確立した。

九州では、筑紫満門《みつかど》が東尚頼《とうひさより》と共に大内義興に降伏し、少弐政資《まさすけ》・高経《たかつね》父子の敗死後、三根・神埼両郡の郡代に任じられ、これを契機に勢力を拡大したが、大永四年（一五二四）頃に亡くなり、筑紫秀門《ひでかど》が後を継いで、少弐氏と完全に袂を分かち、大内氏の傘下として勢力を拡大していった。

享禄元年（一五二八）に大内義興が亡くなり、その跡を継いだ義隆《よしたか》が、享禄三年から九州方面の確保に力を注いだので、大内・尼子の和議が成立、義隆は遣明船の再開を要請して許可されて九州に勢力を広げ、四月に筑前守護代の杉興運《おきみち》が肥前の少弐資元《すけもと》を攻め、八月に資元配下の竜造寺家兼《いえかね》に興運は敗れるが、天文元年には少弐・大友氏に派遣した陶興房が筑紫惟門《これかど》を下した。

出雲の尼子経久は、子興久の反乱を天文三年（一五三四）に鎮圧、遺領を国久に与え、同六年に家督を嫡孫の詮久《のりひさ》（後に晴久《はるひさ》）に譲ると、詮久は同年に大内氏所有の石見銀山を奪い、さらに東部へ勢力を拡大すべく播磨守護の赤松政祐《まさすけ》と戦って大勝した。ところが天文七年に大友氏と和解した大内氏が、同八年に尼子との和睦を破棄して石見銀山を奪回、尼子方の安芸佐東銀山《さとうかなやま》城をも落とした。

尼子氏は天文九年に大軍を率いて毛利の吉田郡山城《よしだこおりやま》を包囲するが、陶隆房《たかふさ》（晴賢《はるかた》）率いる大内軍と激戦の末に敗北し、経久は安芸の基盤を失い、翌年十一月に月山富田城《がっさんとだ》内で死去した。そこで大内義隆は出雲に侵攻して富田城に迫るが、陥落には至らず、実質的に支配したのは出雲・石見・隠岐・伯耆の山陰諸国のみであった。

天文十九年（一五五〇）、ザビエルが平戸から山口に移り、大内義隆の館に招かれて海外の事情やキリスト教の教義の質問を受けた後、京に出て天皇に布教の許可を得ようとしたが、都は「一切は戦乱の巷」「公方様は少数の重臣を連れて郊外に逃れ」という状況から、布教を断念して平戸に戻り、改めて山口に赴いて義隆に謁見、布教の許可を得た。ザビエルは、山口が「日本国内で頗ぶる繁盛し、この地は戸数一万以上で皆材木の構家なり」と記している。

ザビエルと西国諸大名

キリシタン宣教師のザビエルは、一五三四年にイエズス会の創設に関わり、キリスト教布教のため一五四二年にインドのポルトガル領ゴアに到着し、四七年にマラッカに来て、この地に来航した琉球国の貿易船に乗るアンジローに出逢って、日本の情報を入手、その二年後にゴアを出発し、マラッカを経て天文十八年（一五四九）七月に鹿児島に上陸した。

薩摩では、島津忠昌《ただまさ》が島津家の家督で、薩摩・大隅・日向三か国の守護であったが、一族の多くの庶家は分立して対立抗争が激しく、その抗争に苦しんで永正五年（一五〇八）に自害、跡を継いだ子も若くして亡くなり、弟が次々と守護と家督を継承するなか、その一人の島津勝久《かつひさ》の養子となった相州家の貴久《たかひさ》が台頭、天文四年（一五三五）に養父勝久を鹿児島から追放し、八年には薩州家の実久《さねひさ》を破り、十四年に国主の地位を確立した。

ザビエルは、上陸して貴久に九月に布教を許可され、島津氏の菩提寺の曹洞宗福昌寺の住持忍室《にんしつ》文勝《ぶんしょう》と親交を深め、翌年に平戸に移って領主の松浦隆信《まつらたかのぶ》に好意をもって受け入れられ、さらに山口に移ったのであり、その後、七月にポルトガル船が豊後日出《ひじ》沖に入港したのを知って豊後府内に入った。府内では大友義鑑《よしあき》が天文十二年に肥後の守護職を得て、豊後・筑後・肥後三か国の支配権を握り、遣明船を派遣するなど活発な動きを示したが、天文十九年の「二階崩れの変」によって落命、その嫡子の義鎮《よししげ》が家督を継承した。

天文二十一年にザビエルは、ゴアに戻り、そのザビエルからの情報を得て派遣された神父カゴが、府内に入って義鎮から布教許可をあたえられた。教会施設が建設されるなど、府内は山口に代わりイエズス会活動の中心となり、病院も建てられた。弘治《こうじ》二年（一五五六）からは毎年のようにポルトガル船が府内港に着いて、大友氏は海外貿易に積極的に乗り出した。

毛利元就は天文六年に長男の隆元《たかもと》を大内氏に人質に出し、十年に尼子軍を敗走させて十二年に大内軍に従って尼子を攻め、十五年に隆元に家督を譲るが、実権は保持し、義隆から安芸・備後国を預けられ大名権力を確立していった。

安芸の小早川家に三男隆景《たかかげ》を、吉川家に次男元春《もとはる》を入れて勢力を拡大、天文十九年には有力家臣の井上元兼《もとかね》を誅した際には、その罪状を十一か条に記して大内氏に伝え、大内氏の介入を防いで家臣団に忠誠を求めたので、毛利氏家臣二百三十八名が上意の成敗・下知・裁判に従うことを誓う起請文を提出した。

天文二十年（一五五一）に大内氏の周防守護代の陶隆房が、「御家人の大小老若、其の外御分国中の土民商人以下」を配下として本拠富田で挙兵すると、豊前守護代の杉重矩《しげのり》や内藤氏らの重臣も与同し、山口に迫ったので、義隆・義尊父子は長門の大寧寺に逃れ九月に自刃した。隆房は翌年正月に杉重矩を討ち、三月に大友義鎮の弟晴英《はるひで》（義長《よしなが》）を当主に据えた。

当初、元就も陶晴賢と連携して安芸の佐東領を得、備後にも支配を広げたが、二十二年に石見津和野の吉見正頼《まさより》攻めを晴賢から依頼されると、晴賢との断交に踏み切った。これについては、子隆元への書状に「国家を保つべき事、油断すべきとの事にては、努々《ゆめゆめ》これ無く候」と、「国家」を保つためであると語っている。九月に五か条からなる軍法を「当家」の「法度」として定め、違反者の被官を放つとし、家臣を引き締め、五人奉行を設けて支配体制を整えた。

晴賢との緒戦の折敷畑《おしきばた》の戦いに勝利すると、弘治元年（一五五五）十月に安芸の厳島に陶軍二万の大軍をおびき寄せ、小早川・村上の水軍の助けを得て、三千余の毛利軍が闇夜にまぎれて上陸させ、本陣背後の山から奇襲して大勝利、晴賢を自刃に追い込み、防長両国に侵攻した。周防の山代・富田では「地下人一揆」に苦しめられるが、軍事と計略二つを駆使し、大内義長《よしなが》・内藤隆世《たかよ》が弘治三年四月に長府長福寺で自刃したことで、防長二か国を手に入れた。

毛利氏の国家像

元就はこの年に「郡御法度」や「防長法度」を定め、十二月二日に軍勢狼藉禁止令を出したが、これには元就ら十二名の安芸国衆の傘《からかさ》連判による一揆契状と、福原貞俊ら二百四十一名連署の起請文が作成された。

防長を押さえて「五ヶ国の太守」となり、弘治三年（一五五七）十一月二十六日に隆元・吉川元春・小早川隆景の三子に、十四か条の教訓状を与え、兄弟の結束を求めた。その第十一条で、四十年余り、「大浪小浪、洞《ほら》・他家の弓矢、いかばかりの転変に候」と語っている。洞とは、他家とは対の当家のこと、家中を意味し、その毛利の「洞」が分国を支配するに至ったという。

隆元への覚書の第三条には「長久に家を保ち、分国を治める事、更に有り難き事に存じ候つる」と記している。弘治四年八月、元就の隆元宛て書状にも「惣別、国を治るは」と、治国の要を記し、毛利氏の分国とは国と家が結びつく「国家」であった。

永禄《えいろく》三年（一五六〇）に元就・隆元は正親町天皇に即位料を献上、陸奥守・大膳大夫に任じられ、二月十二日に「天下の美誉、国家の芳声、何事かこれに如《し》かん」の綸旨を得た。この年、尼子晴久が急死し、子の義久は将軍義輝の仲介で毛利と和議を結ぶが、元就は永禄五年に石見銀山を奪回、出雲に侵攻し月山富田城を包囲し、永禄九年に尼子義久が降伏し、城は毛利氏に明け渡された。

毛利氏は商人の把握に意を用いた。安芸の佐東川の河口近くに本拠をもつ堀立直正《ほたてなおまさ》は、天文十年頃から毛利氏と関係を有し、米銭や建築資材を調達、毛利氏の挙兵に際しては廿日市や宮島を占拠し、赤間関代官として鍋城の城番となった。赤間関の問丸《といまる》の佐甲氏は、地下中の有力者で関役を徴収する役を担い、警固船を仕立てて海賊と戦うこともあって海賊商人の一面を有し、瀬戸内海の制海権を握る村上氏とも関係があった。尾道の渋谷氏は、毛利氏の物資調達や輸送、船舶の手配をし、米の管理も行なった。毛利氏は経済的拠点に直臣を配置し、安芸の草津には水軍の児玉就方《こだまなりかた》、石見の石見銀山には平佐就之《ひらさなりゆき》、温泉津《ゆのつ》には武安就安、さらに出雲・豊後の要衝にも配置した。

元就の家臣玉木吉保《たまきよしやす》は、永禄七年（一五六四）に十三歳で勝楽寺に登って、その年に、いろは・仮名文・真名字を習い、庭訓往来・式条・童子教・往来物・観音経などを読み、二年目に草書・行書の習字、論語や朗詠などを終日読書、三年目には『古今集』などの和歌集、『伊勢物語』を読み、和歌・連歌を習作、十六歳で下山したという（『身自鏡《みのかがみ》』）。

大友の国家

毛利氏が中国地方に勢力を広げ、新たな国家像を築くなか、隣接する九州北部では、大友氏が大内氏の衰退を好機として、将軍義輝に「南蛮鉄放」（鉄砲）を贈って肥前の守護職を望み、天文二十三年（一五五四）七月に肥前守護となり、反旗を翻した肥後の菊池義武《よしたけ》を出家に追い込み殺害した。

将軍には銅銭や緞子《どんす》、白糸、黄金、火矢、種子島筒などの外国産品を贈り、その将軍の権威を背景に、弘治二年（一五五六）に国衆の小原鑑元《おばらあきもと》・佐伯惟教《さえきこれのり》らの反乱を「国家を妨ぐべきの企」として退け、大内氏が滅亡したので豊前・筑前に勢力を広げ、永禄二年（一五五九）には大内氏の握っていた豊前・筑前の守護職を得、九州探題職と大内氏の家督をも獲得した。

博多は大友の支配下に入り、息浜《おきのはま》と博多浜が統合され、博多津御取次、博多代官が支配するようになった。博多商人はその財力と交渉力とから自治的性格を有し、宣教師たちは「高級かつ裕福なところ、商人の町であり、万事、堺の町を模倣し、戦争によって町が破壊されないように工夫をこらしていた」と記している。

『フロイス日本史』は、その頃の博多を「下全域において、当時博多の市以上に高級かつ裕福なところはどこにもなかった。商人の市であり、万事、堺の市を模倣したもの」「富裕な商人たちは戦争によって町が破壊されないように、予め進物を贈って交渉した」と記す。

キリスト教に理解を示した大友宗麟は、博多の東分、西分それぞれに月役をおき、永禄元年（一五五八）に博多内の海岸部の土地をイエズス会の教会建設用地に寄進、宣教師は「地代および税金」のほかに毎年入港税を徴収した。

博多と箱崎とは地続きであったが、御笠川を付け替え海に向けて石堂川を通し、南に防御のための堀を設け、四方を河・海・堀に囲まれた都市を形成した。『筑前国続風土記』は、大友家臣の臼杵安房守の手で堀がなって房州堀と称されたという。大友氏は永禄三年には将軍に御殿料として三千貫文を献上し、永禄六年には毛利元就を悪逆の企てをなしていると幕府に訴え、将軍から和睦の勧告を引き出させて、一旦は和睦したもののすぐに破綻した。

領邦国家

この時代の日本列島の見取り図が、一五六一年にポルトガル人のバルトロメウ・ヴェーリヨが作成した『世界図』であって、宣教師や船乗りの見聞をもとに作成されたと考えられている。日本列島は「BANDOV」(坂東)以下、都・山口・豊後・土佐・鹿児島の諸領域からなり、大坂や銀山、盗賊島、種子島、蝦夷島などの地名が見える。山口・豊後・鹿児島は、大内(毛利)・大友・島津の領域で、ポルトガル人はその支配者を「国王」と称し、日本が六つの王国からなっていたと認識していた。

ポルトガル人が種子島に漂着して鉄砲を伝えると、領主の種子島時尭《ときたか》は、それを見て「希世の珍」であるとその威力に驚嘆、すぐに買い取るとともに、島の資源と鍛冶の技術を生かして、鉄砲を生産するや、たちまちに九州と琉球とを結ぶ海上ルートを経て列島各地に伝わった。初めて鉄砲を実戦に使用したのは薩摩の島津氏で、天文十八年(一五四九)の加治木《かじき》城を攻めた時のことという。伝来して六、七年後のことである。

島津氏と琉球との交通は頻繁で、永正五年(一五〇八)に島津忠治《ただはる》は尚真《しょうしん》王に宛てた外交文書に島津領を「下国」、首里を「京師《けいし》」と呼んで、琉球を「四海帰するところ」と讃えている。琉球国王は一五二一年に種子島氏、一五二八年に島津の庶流の豊州家を臣下として扱っており、琉球王国は独自に動いていた。

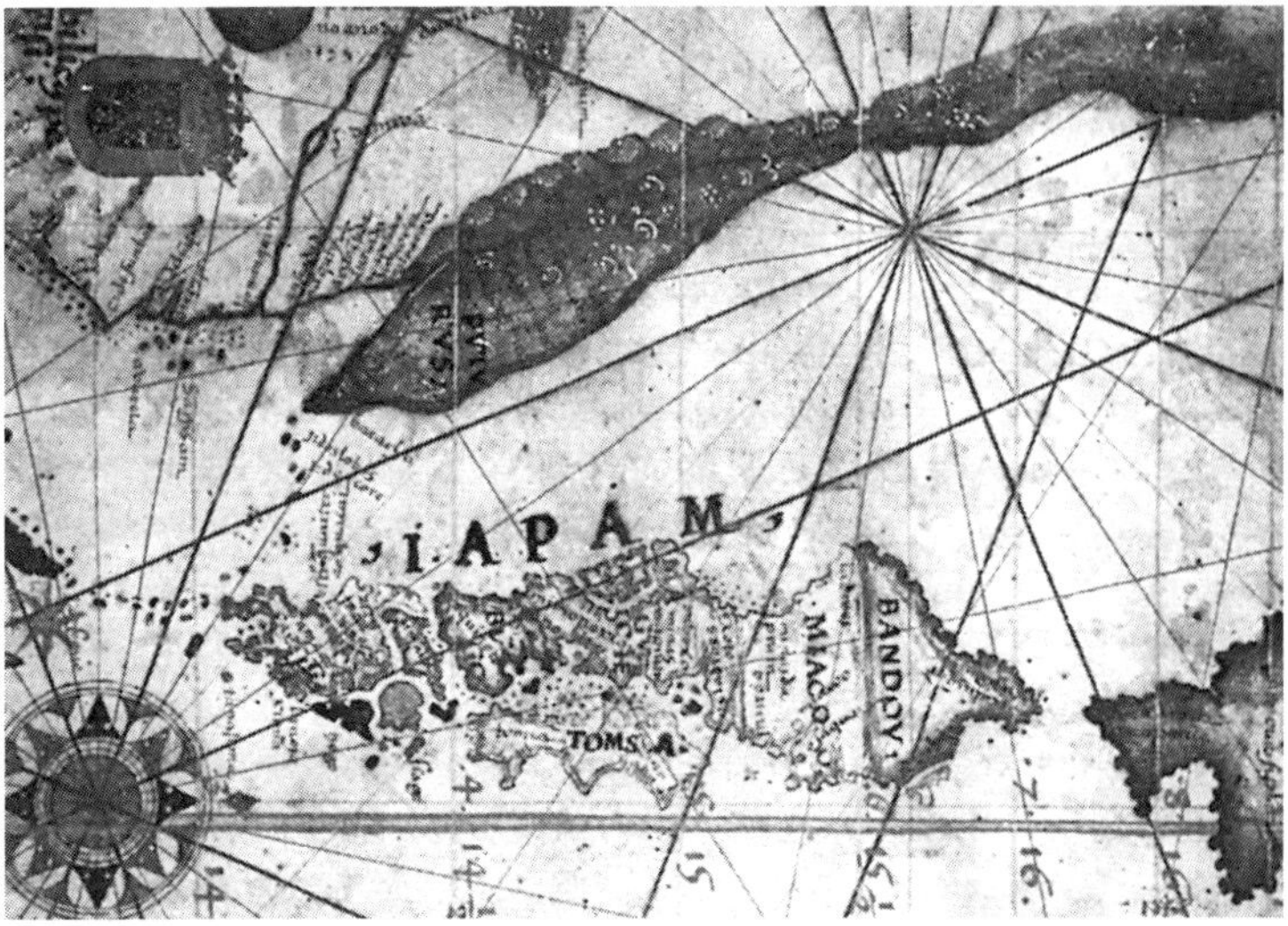

バルトロメウ・ヴェーリヨ作「世界図」(1561年　ガリレオ美術館蔵)

尚真王は首里城を基点に中央集権化に向けて、職制・位階制を整備し、按司の首里集居を推進、地方支配の強化をはかり、幾多の造営事業も行なった。王家の墓地である王陵、礼拝所の園《その》比屋御嶽石門《ひゃんうたきいしもん》、弁ヶ嶽《べんがだけ》石門、貯水池円鑑池《えんかんち》と弁財天堂、菩提寺の円覚寺を造営した。各地にグスクを構えていた按司を、家族や臣下を引き連れて首里に移させ、首里を三つの「平等」の行政区にわけ、北部から来たものを「北」に、中部から来たものを「南風」に、南部から来たものを「真和志」にと、平等に住まわせ、在来の者と雑居させた。

天文二十一年（一五五二）、島津貴久は島津一族との間に「一味同心」を誓う連署起請文を作成して、一族統合へと向かった。永禄四年（一五六一）に忠良《ただよし》（日新）は貴久の子義久《よしひさ》に「国家の為には身をおしまず」働くように求めており、島津もまた国家像を形成していた。

ヴェーリョ作成の『世界図』に見える土佐とは、一条教房《のりふさ》が京を逃れて土佐の幡多《はた》荘の回復を狙い、中村に下って来て以来、土佐一条家が形成してきた領域であり、四万十川の河口に清水湊を要し、豊後水道をはさんで大内氏や大友氏、日向の伊東氏と婚姻関係を有していた。房基《ふさもと》の子兼定《かねさだ》の母は大友義鑑の娘で、室は大友義鎮の娘という関係にあった。その領域は幡多郡と高岡郡に広がっており、存在は海外によく知られていたのであろう。

土佐には土佐中央部の岡豊《おこう》城に拠る長宗我部国親《ちょうそかべくにちか》がいた。長宗我部氏は土佐の守護下にあった吸江庵《ぎゅうこうあん》の寺奉行として勢力を広げており、永正年間に本山氏や大平氏らに攻められて断絶するが、中村の一条氏に養育された国親が勢力を回復、吉良氏ら周辺の豪族の攻撃により一条家を頼るも、帰城して天文十六年(一五四七)から長岡郡南部に進出した。国親の子元親《もとちか》は永禄十二年(一五六九)に土佐東部の安芸平野の国人領主安芸氏を滅ぼし、弟の香宗我部親泰《こうそかべちかやす》を安芸城主とし、親泰は安芸城の南の浜辺に「安芸新町」を形成した。

海域の国家

西日本のこれら四つのいわば領邦国家と交渉をもちつつ、東シナ海や日本海沿岸、さらには瀬戸内海の海域を舞台に活動する海域領主や倭寇集団が成長していた。瀬戸内海の海洋領主は、「札浦《ふだうら》」と称される特定の湊で、商船から通行料を徴収する権益を有するかたわら、大名船の安全通交を保障することで成長してきた。毛利・大友の争いには一方にのみ加担せず、情勢を見ながら関わった。なかでも能島《のしま》の村上氏は多くの海洋領主を傘下に置いて、海域支配を行なう海の大名となっていった。

もうひとつ、海域を支配して大名が成長していたのが、五島の一部から長崎半島北部、平戸島と周辺の島々を支配した平戸松浦《まつら》氏であって、その松浦隆信はザビエルを迎えた。松浦氏は松浦党のひとつとして活動するなか、平戸松浦氏が勢力を広げ、『海東諸国紀』に「肥前州平戸寓肥州太守源義と称す。図書を受け、歳遣《さいけん》壱船を約す」と見え、松浦義《よし》は「図書」(貿易許可書)を得て朝鮮に貿易船を派遣した。

幕府の遣明船は、博多を発して平戸や川内浦、的山大島《あずちおおしま》で風待ちをし、五島列島の奈留島《なるしま》から明へ渡ることが多く、平戸では硫黄を積み込むこともあって、松浦氏は応仁年間には肥前西下方(肥前西半国)で守護的存在となった(『大乗院旧記』)。

倭寇集団の首領の王直《おうちょく》は明の安徽《あんき》省出身、一五四〇年頃から明の海禁政策の弛緩に乗じ密貿易を行なって富を蓄積、五島列島の平戸に居宅を構えて「徽王《きおう》」と称され、通商を求めて博多の助左衛門を連れ舟山《しゅうざん》群島に戻って活動していたのだが、官憲と対立し嘉靖《かせい》の大倭寇の中心をなして処刑されてしまう。

その王直の平戸在住を認めたのが平戸の領主の松浦隆信であった。平戸には多数のヨーロッパ人も訪れ、リンスホーテン編『東方案内記』に、「平戸の地は遠方より容易にこれを認むるを得、高くして東北東より西南西に伸びたり。而して其途中に多くの島々と水路あり」と記され、トルレス神父の書簡は「良港なれば日本全国の異教徒の商人多数同地に来り。またポルトガル船も同地に来ること多し」と述べている。

隆信の父興信《おきのぶ》は、大内氏から一字を与えられ、近辺の有馬・大村両氏と激しく争っていたが、その跡を継承した隆信は支配領域を拡大し、壱岐の波多氏の内紛を好機に壱岐をも領有した。隆信について、『フロイス日本史』は「およそ夢にも国王などではなく、小さな殿であって、我ら（ヨーロッパ人）のもとでは、その地位はせいぜいありきたりの伯爵くらい」であるが、外交手腕にたけた端倪《たんげい》すべからざる人物であった、と記す。

貿易の利を期待してキリスト教布教を許したので、イエズス会士は貿易船入港時には豊後から出張して乗員の宗務と一般布教を行ない、松浦家も教会用地と墓地を提供し、松浦家の一族で重臣の籠手田安経《こてだやすつね》は、キリスト信徒となっている。同じ下松浦党で宇久《うく》島を根拠地としていた宇久氏は、福江島に移住し活発な朝鮮貿易に関わり、松浦氏の援助を得て、反乱を鎮圧して五島の支配を強化した。

永正七年（一五一〇）に朝鮮の乃而浦《ないじほ》・富山浦《ふざんほ》・塩浦《えんぽ》の三浦の開港地に居住する倭人（恒居倭《こうきょわ》）が、朝鮮政府の統制策に反発して巨済島《きょさいとう》を襲撃、乃而浦に集結したが、朝鮮軍の攻撃で敗北して対馬に逃げ帰る事件（三浦の乱）が起き、朝鮮との関係が断絶したので、朝鮮貿易を主に担った対馬の宗《そう》氏は、九年に壬申条約を結び、恒居倭は全面禁止となった。

天文八年（一五三九）に家臣のクーデターで宗将盛《まさもり》が追われ、伯父の晴康《はるやす》が島主になると、領国の安定化につとめ「中興の主」と称されたが、その頃から倭寇や松浦氏から攻撃を受けるようになり、このため宗氏は博多や赤間関から情報を得て対処した。そうした博多商人の一人の神谷寿偵《じゅてい》が、大永六年（一五二六）に海上から光り輝く山を見て、銀鉱脈と確信し、石見銀山を出雲の鷺浦《さぎうら》銅山主の三島清衛門と開発したといわれる。天文二年に寿偵は朝鮮から技術者を呼んで灰吹法《はいふきほう》という銀製錬法により銀の増産を確立し、その銀は朝鮮からさらに中国に輸出された（『銀山旧記』）。

四　自治都市

伊勢湾岸の自治都市

大永二年（一五二二）、駿河の今川義忠に仕えていた連歌師宗長《そうちょう》は、伊勢の大湊に渡って伊勢神宮に着くと、千句の法楽連歌を行ない、その後、亀山に向かう途中、安濃津に着いた。ここは「十余年以来荒野となりて、四・五千軒の家・堂塔あとのみ、浅茅・よもぎが杣《そま》、まことに鶏犬はみえず、鳴・鴉だに稀なり。折節雨風だにおそろし」と四、五千軒もの家や堂塔があったのに今や跡のみが残り、浅茅や蓬の生えるままになっている、という（『宗長手記』）。

伊勢湾岸の湊町を襲ったのは、明応七年（一四九八）八月二十五日の大津波で、太平洋岸の湊町は大打撃を受けた。『後法興院記《ごほうこういんき》』同年九月二十五日条は「伊勢・参河・駿河・伊豆に大波打ち寄せ、海辺二・三十町の民屋悉く溺水し、数千人が没命す。その外、牛馬の類はその数知れず、前代未聞」と記し、この時の地震の規模はマグニチュード八・二と推定され、伊勢湾岸の桑名や大湊なども被害を受けたが、なかでも安濃津の被害は甚大だった。

宗長は亀山の用事が済んだ帰り、安濃津の人々が身を寄せた里に立ち寄ると、懇望されて連歌の発句「かへる世や松やしらなみあきのうみ」を与えているが、それは「もとの津還住《げんじゅう》」を望むものであった。三年後の正月に駿府にいた宗長は、安濃津の人々の所望で「あまをぶねはるやあこぎの裏の松」の句を送っており、新年の連歌のため発句を依頼するほどに安濃津は復活を遂げていた。安濃津の人々は連歌で結束し、その力と熱意で復興を成し遂げたのである。

大湊では老若による「公界」の自治組織が生まれており、安濃津でも安濃津衆の老若の自治組織が復興を担ったと見られる。公界とは禅林で使われた語で、「仏界」に対する公共の場ほどの意味である。安濃津の北に位置する桑名も湊町として繁栄しており、宗長は大永六年（一五二六）に駿河から東海道を尾張に出て桑名を訪れ、桑名は「南北、美濃・尾張の河ひとつに落《おち》て、みなとのひろさ五・六町、寺々家々数千間」と賑わい、「桑名衆の老若」という自治組織があった。

桑名から近江に抜ける八風《はっぷう》街道を経て京に向かうが、八風街道での商業権益を有する保内商人と争っていた小幡商人は、享禄年間（一五三〇年頃）に、「長野郷一日市」が毎月一の日に開かれる市であり、近江の「親市」であって、毎日正月十一日の初市には小幡商人を始め各地の商人が参集し、盛大に市祭が行なわれた、と語っている。近江の南東部には多くの市が立ち、愛知川中橋市、四十九院市、枝村市、出路市、高宮市、尾生市などがあり、相物《あいもの》商人は沓掛・四十九院・小甲良・高宮・開出今村の市で、他の商人は、小幡・愛知川・枝村の商人が商売を行なっていた。

一揆の世

享禄二年（一五二九）に細川高国は復権を志して備前三石城に入り、この地で実権を握る浦上村宗《むらむね》に協力を依頼、村宗は、播磨守護の赤松義村《よしむら》を殺害した際、高国の取り成しで名誉を損なうことなく将軍に謁見した経緯があり、協力を約束して、高国・村宗は、播磨で柳本賢治《やなぎもとかたはる》と戦い、享禄四年に摂津池田城を陥落させて天王寺に移る。しかし堺の三好勢に攻められて村宗が敗死し、高国は尼崎まで逃れたものの捕えられて切腹した。

高国の死を聞いた晴元も、三好元長《もとなが》と対立するなか、四国勢に対抗する際に目をつけたのが本願寺勢力であった。飯盛城を三好軍と畠山義堯《よしたか》軍に囲まれた際、三好と対立する木沢長政《きざわながまさ》の進言を得て、山科本願寺を通じて一向宗門徒の動員を図ったのである。本願寺は、かつて細川政元の依頼を受けて義堯の父義英の河内誉田城を攻めたことがあった。

越前吉崎を退いた蓮如は若狭・丹波・摂津・河内などを転々とした後、文明十年（一四七八）に山城宇治郡山科の小野荘に、各地の門徒や大工を動員し、十二年に御影堂、翌年に阿弥陀堂を完成、「寺中広大無辺、荘厳只仏国のごとし」と称された。寺内は「御本寺」、門徒や一家衆の居住する「内寺内」、一般門徒や商工業者が住む「外寺内」の三つの郭からなり、外寺内の八町まちは「在家又洛中に異ならず、居住の者各富貴」と称されるように賑わっていた。

晴元の要請を受けた本願寺では、天文元年（一五三二）六月に蓮如の曾孫の法主証如《しょうにょ》を中心に対策を練って出兵へと至る。摂津・河内・和泉の三万の門徒が、大坂の石山本願寺に集結したが、この地は蓮如が晩年を過ごすために建てていた坊があった。門徒は飯盛城を囲む三好・畠山軍を攻め、河内の誉田城に逃げ込んだ畠山義堯を滅ぼし、元長のいる堺には、十万の大軍で攻め寄せて元長を自害に追い込んだ。

一向宗門徒の勢いはこれにとどまらず、七月に奈良で蜂起して興福寺を襲撃し、菩提院や恵心院を焼き、「僧坊院家、数百家一日にして焼亡」の有様となった。知らせを聞いた公家は、一揆衆は討死しても、諸国に充満して滅びることなく、すぐに合戦がはじまる、「天下は一揆の世」「天下はみな一揆の間々なり」と、慨嘆した。八月には、本願寺門徒が京都に押し寄せ、法華一揆と戦った。

法華宗は日蓮以後、幾つかの門流に分かれ、公家や武家への法門奏上と王城弘通を試みるなか、京を拠点にしたのが妙顕寺を中心とする四条門流と、本国寺《ほんこくじ》を中心とする六条門流で、富士門流や中山門流も進出して町人の信仰を獲得し、その財力によって寺院を形成、京都の法華寺院は二十一カ本寺と称され、大きな勢力を築いていた。なかでも本国寺は、延徳二年（一四九〇）に「寺内西四々町」として成立、広大な寺域を構え、延暦寺との間に長年の対立もあり、天文元年（一五三二）までに環濠や塀などの堅固な防御施設を施し要害を構築していた。

一向一揆の動き封じを狙った細川晴元が、この勢力に目をつけ、天文元年に本願寺門徒が京都に押し寄せると、法華宗徒を中心に撃退し、さらに摂津富田《せっつとんだ》の一向宗徒の蜂起をも撃退したばかりか、法華一揆は京都の一向宗寺院を焼き払った。晴元は近江の六角定頼の軍勢をも誘って法華一揆と合体し、山科本願寺を攻めた。大坂の石山本願寺の防御に手を取られ手薄な山科本願寺は、激しい攻防の末に多数の死者を出し、伽藍が焼け落ち、法主証如は石山本願寺に逃れ、その後、一向一揆と晴元との戦いは大坂と堺をめぐる攻防の末、天文二年に和睦が実現した。

天文五年に比叡山西塔の花王坊と法華信者の松本新左衛門とが、一条観音堂で宗論を行ない、これに敗れたものと考えた山門大衆は、洛中の法華衆の追放を決し、東寺や神護寺、根来寺・石山本願寺にも援兵を求めた。六角定頼と木沢長政が調停交渉にあたるが、成立に至らず、「洛中の九重条里小路に寺構を掘り、恣に堀を掘り、」上意の沙汰を待たずに、法華衆が七月二十七日に打って出て、合戦が始まった。法華衆の数は三万、山門側の衆徒は十万ほどもあったという。

四条口を突破した山門衆徒が市中に放火、これにより下京は悉く焼けてしまい、上京も三分の一が焼け、法華二十一カ本寺もすべて炎上、妙覚寺の日兆《にっちょう》以下僧俗門徒の死者は一万に及んだという。この時の京都の焼亡は、応仁の乱を上回るものであったという。

京の町組と政争

天文二年（一五三三）、下京六十六町の月行事《がちぎょうじ》は、祇園社に群参して神事がなくとも山鉾を渡すよう求めた。京では町と町が結びつく町組《ちょうぐみ》が形成されており、祇園祭はその下京町組の祭礼となっていた。法華一揆はこの町組を背景に年貢や地子銭《じしせん》を免除し、自検断を行なう自治をしくようになっていたのであって、翌三年には内裏近くに町組「六町」が成立した。

天文六年には下京町組の中組・西組・七町半組《しちちょうはん》、艮組《うしとら》の存在が知られ、京の復興が始まる。乱後、法華衆僧俗で構成された集会衆は、洛中洛外での徘徊を禁じられ、諸本山の再興も厳しく禁じられたが、本山の再興は天文八年の本満寺から始まる。町組も天文十年に小河七町の存在が知られ、京都は上京町組と下京町組から構成された。

両側町として成立した町が幾つか連合した町組は、生活の安全や祭の維持のために自治的活動を行ない、人夫役などの課役免除や寄宿免除、非分課役停止などをもとめ、自衛のための「構」を構築しており、「構」は土塀や木戸門、櫓などからなる。町組に暮らす人には道と辻子《ずし》のほか、川も重要であり、産業や日常生活の水源はもとより、物資の輸送手段、庭や耕作地の水源、果ては納涼や遊楽の場とされ、水上に家屋が建てられもした。

下京の町からは祇園会の山や鉾が出され、町組周辺の寺社には構が構築されており、上京町組の近くでは上御霊社や相国寺、宝鏡寺に、下京町組では、北には妙顕寺や妙覚寺、西には本能寺・妙満寺などの法華寺院、東に金蓮寺や歓喜光寺などの時宗寺院があった。

将軍足利義晴と細川晴元が入京して数年後の天文八年（一五三九）、阿波から三好元長の子範長《のりなが》（後の長慶《ながよし》）が上洛して晴元と面会、三好一門の長老で細川政権の重鎮である三好政長との対立を鮮明にして戦闘を繰り返した。これは近江の六角定頼と将軍義晴の調停により両者の和解に至るが、今度は三好政長と木沢長政の対立が同十年に起きた。細川晴元に反逆した木沢長政が上洛し、将軍義晴と晴元を追ったことから、河内守護代の遊佐長教《ゆさながのり》が、長政の擁立した河内守護畠山政国を追放、その兄畠山稙長《たねなが》を迎えて政長・範長方につくことを表明したためで、翌年、木沢長政は畠山稙長のいる河内高屋城を攻撃して太平寺で戦うが、政長・範長の援軍を得た遊佐長教に敗れ討死する。

細川高国の養子となった尹賢《ただかた》の子氏綱《うじつな》が、畠山稙長の支援を得て、高国旧臣を集めて蜂起し天文十二年（一五四三）に堺を攻撃すると、範長は細川晴元の命令で堺に出陣して戦った。天文十四年に上野元全《もとよし》らが氏綱に呼応し丹波から進軍して山城井手《いで》城を落とし、元全の父元治《もとはる》も槇島まで進出したため、晴元は大軍を率いて出兵、範長は山城宇治田原で戦い、波多野稙通《はたのたねみち》の支援要請に応じて丹波にも出兵、内藤国貞《ないとうくにさだ》が籠もる丹波世木城を落とした。

しかし稙長の後を継いだ畠山政国《まさくに》と遊佐長教が細川氏綱を援助し、足利義晴と連携して細川晴元の排除の動きを見せたので、範長が晴元の命により越水《こしみず》城から堺に入った。その堺は、河内高屋城から出撃した細川氏綱・遊佐長教・筒井氏などに包囲されたが、会合《えごう》衆の働きで何とか切り抜け、範長弟の三好実休《じっきゅう》・安宅冬康《あたぎふゆやす》（鴨冬）、十河一存《そごうかずまさ》ら四国軍勢が到着すると一気に逆転、範長は摂津原田城や三宅城など将軍方の城を落とし摂津を奪い返した。

義晴は近江に逃れ、嫡子の義輝に将軍職を譲った。天文十六年（一五四七）に範長が細川氏綱・遊佐長教軍に勝利すると、足利義晴は帰京して細川晴元・六角定頼と和睦したことから、範長は河内で氏綱・長教軍と対陣していたが、翌十七年に定頼の斡旋で和睦し、越水城に帰城した。

弘治《こうじ》二年（一五五六）九月九日、咳疫により京の町組の小児が多く亡くなったので、占ったところ、「貴布禰《きふね》の神の祟り」と出たので、勅によって疫神を追ったが、これ以後、洛中の小児は毎年この日を「貴布禰の神の祭日」にしたという。

堺の自治都市

阿波の三好氏は、京に出た時には堺に出て、その後に上洛するが、応永の乱以後、堺は瀬戸内海航路の要港として発展、日明貿易が始まると、第十二次遣明船の細川船は、乱の最中にあったので、海路を経て堺に帰着しており、これ以後、細川方の堺商人が日明貿易の主役となり、日明貿易の主導権を堺の商人が握った。

堺商人の豪商の湯川宣阿《せんあ》・児島三郎右衛門らは、琉球に渡って渡海の了解を得たので、文明八年（一四七六）に博多商人を退け、遣明船の幕府船・相国寺船・細川船三隻が堺を出て、南海路を渡海している。文明十五年にも三隻派遣され、うち幕府船二隻が堺商人の請負、内裏船一隻も堺商人の児島が請け負い、堺商人は高額で請け負って貿易を独占した。

湯川宣阿は紀伊湯川の出身の材木屋で、文明十年に大和長谷寺の登廊《のぼりろう》改修に寄進するなど寺社の修造に携わった。南海路では材木の運送が多く、京を逃れて土佐の中村に下っていた一条兼良の子教房は、文明十一年に兄尋尊の大乗院に材木を送ったが、それは堺から奈良に送られた。

堺は北が摂津の住吉社領の堺北荘、南が和泉の住吉社領の堺南荘で、瀬戸内海・南海方面と京・奈良・高野山の消費地を結ぶ湊として発展、堺南荘が年貢の地下請《じげうけ》を達成したこともあって商人が台頭、応仁の乱で京を逃れてきた人々を受け入れて急速に富を集めた。大宿直《おおとのい》の職人はその一例で、京に帰って西陣織の職人となる。

堺にやってきた商人や職人によって富は膨れ上がり、自治組織がつくられた。南荘では鎮守の三村宮（開口《あぐち》神社）とその神宮寺の念仏寺、北荘では鎮守の菅原神社とその神宮寺の常楽寺が、地下の結びつきの核になった。『蔗軒日録《しゃけんにちろく》』文明十六年・十八年条には「会合《えごう》十人」「会合衆十輩」「十会合」など十人からなる会合衆が見える。

堺鎮守の三村宮の祭礼の頭役は、文明十六年（一四八四）八月に三宅主計《みやけかずえ》と和泉屋道栄《どうえい》が、十八年八月に湯川新九郎と助太郎が勤め、三宅主計も材木屋で、ほかに富那宇《ふなう》屋、我孫子屋、河内屋、能登屋、奈良屋、薬屋などの名も見え、文明十八年二月十二日には北庄の「経堂は地下の公界の会所なり」とあり、北庄の経堂が地下の公界の会所となり、会合衆が組織されていた。

堺もこの公界により運営されており、天文四年（一五三五）の「念仏差帳日記」は、念仏寺の築地修理のための記録で、今市町の千与四郎（利休《りきゅう》）、舳松町の皮屋武野紹鷗《じょうおう》、米屋北向道陳《きたむきどうちん》の名が見える。利休は武野紹鷗に茶の湯を学び、客は露地からにじり口を経て、緊張の度合いを増しながら茶室に入ってゆき、日常とは違う聖なる場で振舞や道具の扱い、洗練された会話と動きの侘び茶の形を整えた。

この堺に来た宣教師ガスパル・ビレラは、一五六二年（永禄五）の書簡で堺の「町は甚だ堅固にして、西方は海を以て、また他の側は深き堀を以て囲まれ、常に水充満せり」と記し、日本全国で堺の町より安全なところはなく、敗者も勝者も堺に来れば、敵味方の差別なく、皆平和に暮す。市街には門があって番人を置き、騒動があると閉ざすといい、別の書簡でベニスの市のごとく執政官が治めている、と伝える。

三好政権の誕生

天文十七年（一五四八）、三好範長は筑前守長慶と名乗り、三好政長を討つべく機会を狙っていたが、政長は晴元の信任厚かった。長慶は越水城の軍議で、晴元を敵とする覚悟をしていたというが、実際、晴元が三好政長・政勝《まさかつ》父子追討を受け入れなかったため、細川氏綱・遊佐長教と結んで晴元に反旗を翻し、政勝の摂津榎並《えなみ》城を包囲し、六角定頼から「三好筑前守（長慶）謀反」と称された（『足利季世記』）。

天文十八年に長慶軍は政長と摂津で対陣、晴元が三宅城に、政長が江口城に布陣して近江の六角軍の到着を待った。江口城の糧道を絶ち、弟の安宅冬康・十河一存らに別府川に布陣させるなか、六角軍が山城の山崎に到着、その日のうちに江口城の戦いで長慶は政長らを討ち取った（江口の戦い）。これにより細川晴元と三好政勝らは摂津から逃亡、六角軍も観音寺城に撤退、晴元は足利義晴・義輝父子らと近江坂本に逃れた。

長慶は晴元に代えて細川氏綱を擁立し七月に入京するが、すぐに摂津に戻って、晴元方の伊丹親興《いたみちかおき》の籠城する伊丹城を包囲、天文十八年に遊佐長教の仲介で開城させ摂津国を平定した。三好政権の誕生である。近江国に逃れていた足利義晴は、京都奪回を図って翌年に京都東山の慈照寺の裏山に中尾城を築くが、その五月に義晴が亡くなり、子の義輝が細川晴元とともに中尾城へ入るも、長慶が近江に遠征軍を派遣したので、退路を絶たれるのを恐れ、義輝は堅田に逃れた。

長慶は天文十九年七月十日に「上京洛中洛外の惣」に定書を示し、将軍に仕える公方衆の地子、寺社本所領、長慶の三好衆の所領を保護すると伝え、町中がなすべきことや、「牢人衆」や「京中への出入り」に関する対策を示した。

天文二十二年（一五五三）、長慶が晴元と戦うため丹波に出陣すると、義輝が東山の麓に築いた霊山《りょうぜん》城に入ったので、長慶は丹波・摂津・山城の三方面の脅威を抱えるが、松永久秀《ひさひで》に命じて軍勢を派遣、晴元軍は敗走し、義輝は近江朽木に逃れた。長慶は京都に睨みをきかせつつ、居城の芥川城を摂津上郡の政治的拠点とし、越水城を摂津下郡の政治的拠点として、松永兄弟を丹波に派遣、翌年に三好長逸《ながやす》を播磨に出兵させ支配領域を広げた。

永禄元年（一五五八）、義輝が細川晴元や三好政勝・香西元成らとともに京都奪還に動いて、将軍《しょうぐん》山《やま》城で交戦、これには叔父康長《やすなが》を始め三好実休、安宅冬康、十河一存ら三人の弟の率いる四国の軍勢が来援して優位に立ったところで、和睦が図られた。

十一月の義輝の五年ぶりの帰京の際には、長慶が細川氏綱・伊勢貞孝とともに出迎え、幕府主導者としての存在を示した。長慶の勢力圏は阿波・堺・芥川山城・京都のラインを軸にして山城・丹波・和泉・阿波・淡路・讃岐・播磨に及んだ。その阿波の拠点が勝瑞《しょうずい》城であって、元亀《げんき》二年（一五七一）の奥書のある『故城記』に守護所の「細川屋形」とともに三好氏の館として「勝瑞屋形」の記載があって勝瑞城と称される。

足利学校

宣教師ザビエルは、イエズス会に日本事情を報告し、天文十八年（一五四九）の書簡で次のように記している。「都の大学のほかに、なお有名な学校が五つあって、そのなかの四つは都からほど近いところにあるという。それは高野・根来寺・比叡山・近江（三井寺）であって、どの学校もおよそ三千五百人以上の学生を擁している」と語り、続いて「しかし日本に於いて最も有名で、最も大きいのは坂東であって、都を去る事最も遠く、学生の数も遥かに多いという」と記す。

足利学校には四千人にも及ぶ人々が集まったという。その学徒は、漢籍の跋文や漢詩文などさまざまな記録から、北は奥州、南は琉球にまで及んでいたことが知られている。ルイス・フロイスも「全日本でただ一つの大学であり、公開の学校が坂東地方の足利と呼ばれるところにある」と、多くの人々に開かれた学校であり、唯一の大学であるという。

文安《ぶんあん》三年（一四四六）に足利学校の規則三か条が定められ、学徒に禅衣を着用することが求められ、「不律の僧侶」（戒律を守らぬ僧）や「学業」を勤めずに遊び暮らす僧などは足利の庄内から追放するものとされた。学徒は入学の際に僧となる必要があり、校長の庠主《しょうしゅ》は禅僧であって、学校は禅院と同じ形をとることで外部の権力から守られ、学徒が俗人の風体をとらぬことで兵乱にまきこまれないよう考えられた。

永正六年（一五〇九）、連歌師宗長は「足利に立ち寄り侍れば、孔子・子路・顔回、この肖像をかけて、諸国の学徒かうべを傾け、日ぐらし居たる体はかしこく、かつはあはれに見侍り」（『東路のつ

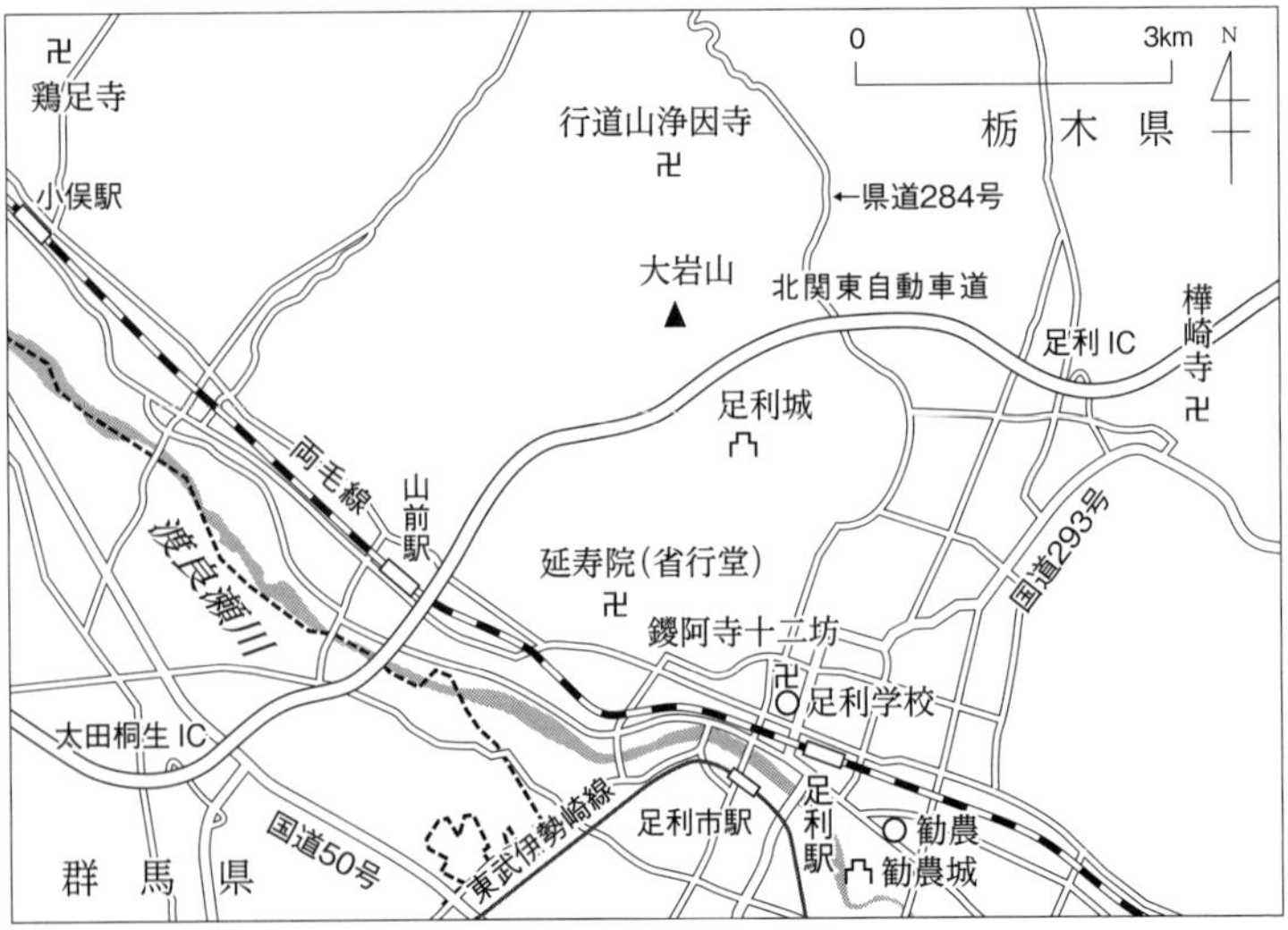

中世の足利学校と学問寺（大澤伸啓氏作図による）

と』）と記し、学徒が集まり孔子ら儒聖の肖像を掛け勉学していたという。学校の講堂が焼けた際、天文二十二年（一五五三）の勧進帳は「下野州足利庄学校講堂再造の勧進帳」「本願学徒敬白」と始まり（『葛藤集《かっとうしゅう》』）、学徒が発願して再建がはかられているなど、学徒の主体的活動がうかがえる。

鎌倉建長寺の玉隠禅師の語録には、「四海九州、関の東西、遊学の志有りて輻湊《ふくそう》し、学んで成らざる者はなく、田夫野人までが学を解し、まことに風雅の一都会なり」と、足利を風雅の一都会と称したが、ザビエルも、ロドリーゲスに宛てた書簡で「坂東は一大都会にして人口繁殖し、その住民は血統高く武勇剛きを以て誉れあり」といい、「一大都会」と記しており、足利は都会であった。

足利が町場を形成していたことは、戦国期の笑話を多く含む『醒睡笑《せいすいしょう》』に「足利の門前に姥あり。往来の出家に茶を施す」と見え、長尾氏が築城した足利城を描く図には足利町が描かれている、足利は日本で初めての学園町であったことがわかるが、その中心には学徒がいて、大寺院の鑁阿寺《ばんなじ》を始め多くの寺院があった。

足利学校は、下野の西南の足利郡、渡良瀬川の左岸に位置し、足利氏宅内に建てられた鑁阿寺の南東部に所在する。四千にも及ぼうかという学徒がどこに住んでいたのか。おそらく周辺の民家や寺に寄宿していたことであろう。

五　戦国大名の家

戦国大名北条家と伊達家

北条氏の侵攻に危機感を抱いた扇谷上杉朝興《ともおき》は、山内上杉家と和睦して対決するが、北条氏綱は大永四年（一五二四）正月に武蔵に攻め込んで扇谷勢を破り、江戸城をも攻略した。江戸城は万里集九が訪ねた時、隅田川が東に、筑波山が北に、富士山は諸峰を出て西に三日の地にある風光明媚な地であると記しており、周辺には品川、石浜等の湊町があった。

朝興は、山内憲房《のりふさ》の支援を受けて態勢を立て直し、古河公方足利高基《たかもと》と和睦、甲斐の武田信虎とも結び、北条包囲網を形成して反撃を開始すると、武蔵の諸城を奪い返して相模の玉縄城に迫った。房総半島の里見の軍勢も、大永六年（一五二六）に鎌倉を襲撃、この時に鶴岡八幡宮が焼失した。享禄三年（一五三〇）、氏綱の嫡男氏康は、扇谷朝興方の軍勢に大勝すると、鶴岡八幡宮の造営事業に鎌倉や奈良興福寺、玉縄・伊豆の番匠を呼んで着手した。

北条氏は実力で伊豆・相模を制圧し、鎌倉幕府の遺跡を継ぐ形で戦国大名になったのだが、奥羽の伊達氏は、実力で領域を広げた。伊達氏の本拠は陸奥国伊達郡にあり、室町期に持宗《もちむね》が幕府に接近して京都扶持衆となり勢力を築いてきた。文明十五年（一四八三）に上洛した伊達成宗《なりむね》は、足利義政・日野富子らに砂金・太刀・馬などを献じ、その数は随一といわれた。孫の稙宗《たねむね》は長享二年（一四八八）に尚宗《ひさむね》の嫡男として生まれ、将軍足利義高から一字を得て高宗《たかむね》と名乗り、永正十一年（一五一四）に家督を継承すると、羽州探題の最上義定《よしさだ》を長谷堂城に破り、妹を義定の室となして最上氏を支配下に置いた。

同十四年、高宗は足利義稙の上洛の祝賀に進物を贈り、一字拝領を許されて名を稙宗と改めると、奥州探題大崎氏が世襲してきた官職の左京大夫に任官、大崎氏にとって代わる存在となった。同十七年に最上義定が嗣子のないまま死去すると、その跡をめぐって最上配下の諸将が稙宗に反旗を翻したので、稙宗は上山城・山形城・天童城を落とし、翌大永元年には葛西・相馬・岩城・会津・宮城・国分・最上の軍勢を集めて寒河江氏を攻め、この戦いで領国を最上郡及び村山郡南部に拡大した。

こうして奥州探題補任を幕府に望み、大永二年（一五二二）に陸奥守護職に補任されて大名権力を確立させた。その版図は出羽の置賜《おきたま》地方の上下長井・屋代、陸奥の刈田・柴田・名取・伊具・宇多・伊達・信夫の諸郡に及んだ。天文元年（一五三二）に居城を梁川城から西山城に移し、翌年に「蔵方之掟」十三か条を制定、天文四年に『棟役日記』を作成し、さらに天文五年に百七十一か条からなる分国法『塵芥集《じんかいしゅう》』を制定した。

一条から十五条までが神社・仏寺法で、十六条から七十五条までが刑法、七十六条から八十三条までが地頭・百姓法、八十四条から九十一条までが用水法、九十二条から百五条までが所帯法、百六条から百二十条までが貸借関係法、百二十一条から百二十三条までが境相論法、百二十四条から百三十七条までが民事法、百三十八条から百五十条までが人身法、以下は種々の民事・刑事法で、奥書に「左京大夫稙宗（花押）」の署判を据え、国分景広《こくぶんかげひろ》以下十二人の評定衆が「評定の間、理非決断の事」を誓う連署起請文を添えるなど、鎌倉幕府の『御成敗式目』を参照して定めた。

稙宗は、大崎氏の内紛から大崎義直の要請に応じて軍勢を派遣、二男の義宣《よしのぶ》を入嗣させ、奥州・羽州の両探題職を伊達氏の下に置くことに成功し、天文七年に「御段銭帳《たんせん》」を作成しており、その前提として検地を実施したのであった。

今川・北条・武田の新展開

今川義元《よしもと》を援助した武田信虎は、子を元服させて将軍義晴から「晴」の一字を得て晴信と名乗らせ、義元の仲介で公家の三条家の娘を室に迎え、自らは大膳大夫に任官、天文六年に長女の定恵院《じょうけいいん》を義元に嫁がせ甲駿同盟を結んだ。そのため今川は北条と抗争するようになり、駿河の富士川以東の領域をめぐる河東の乱が起きた。

北条氏綱は西に河東の乱を抱えつつ、上杉朝興が死去して跡を継いだ朝定《ともさだ》に対しては、武蔵に出陣して、扇谷上杉家の本拠の河越城を陥れると、天文七年（一五三八）に葛西城を攻略し、房総進出への足がかりを築き、同年十月七日、古河公方から分かれた小弓《おゆみ》公方足利義明《よしあき》と安房の里見義堯《よしたか》の連合軍を破って小弓公方を滅ぼし、武蔵南部から下総にかけて勢力を拡大した。古河公方の足利晴《はる》氏《うじ》は、この合戦の勝利を賞し、氏綱を関東管領に補任したという（『伊佐早文書』）。

氏綱は将軍義晴に鷹や馬を贈り、翌天文八年に娘（芳春院）を晴氏に嫁がせ、古河公方と縁戚になって足利「御一家」の身分に遇された。天文九年（一五四〇）に鶴岡八幡宮上宮の正殿が完成、氏綱らの北条一門臨席の下で落慶供養が催され、鶴岡八幡の再興事業を成し遂げたことで、名実ともに関東の盟主となった。その領国は伊豆・相模に加えて武蔵半国と下総の一部、駿河半国で、小田原城を本城として、伊豆の韮山城、相模の玉縄城と三崎城（新井城）、武蔵の小机城、江戸城、河越城などの支城を領域支配の拠点となし、一門や重臣を配した。

郷村支配では、検地によって増した田地や没収した隠田《おんでん》を把握し、交通の要所には積極的に御領所（直轄地）を設置、代官には側近を任じ、伝馬制度を整えて領内物資の流通・輸送を整備していった。築城や寺社造営のために職人を集めて商人・職人を統制、年貢とは別に諸役・諸公事を課していった。

天文十年（一五四一）六月、武田信虎は信濃の佐久・小県郡《ちいさがた》の合戦から凱旋し、娘婿の今川義元に会うために駿府に赴くと、晴信が甲駿国境を封鎖し、信虎の帰郷を認めなかった。信虎の悪行に悩まされていた人々は「地下、侍、出家、男女共ニ喜ビ満足候コト限リナシ」と、この措置に大いに満足したというが（『妙法寺記』）、「百年の内にも御座なく候」大飢饉に襲われており、信虎の民政に不安を覚えた晴信が、板垣信方《のぶかた》・甘利虎泰《とらやす》ら譜代の家臣の支持を得て決断したのであろう。

天文十年六月に晴信は屋形に移り、「国主」として家督相続を告げ、父の虎印の印判状に変えて龍印の印判状を使用し、武田氏の祖の信義が建てた武田八幡の本殿を完成させ、翌年五月に甲斐二宮の美和神社の社殿造営のために所領を寄進するなど、甲斐国内の神社を造営、神祇による守護支配の体制を築いた。天文十一年六月には諏訪氏庶流の高遠頼継《たかとおよりつぐ》とともに諏訪領侵攻を開始、諏訪頼重《よりしげ》を甲府に連行して自害に追い込み、八月に分国内に棟別役を賦課して税制を整備して軍事力の強化を図り、翌年に高遠頼継を撃破して諏訪領を掌握した。府中の武家屋敷から出火して府中が火事に被災したのを契機に甲府の町整備を一段と進め、武田氏館を拡大した。

武田家と北条家の民政

晴信は、天文十六年（一五四七）六月一日に分国法『甲州法度之次第』（信玄家法）を定め、その二十六か条で、国中の地頭が罪科人の所領跡の名目をもって土地を処分するのを禁じ、国全体を武田氏領有とし、理由なく地頭が農民の田を取り上げるのを禁じた。喧嘩両成敗法、宗論・私的盟約の禁止なども定め、その後に追加を制定して五十五か条に及んだ。

それとともに信濃の小田井原の戦いで上杉・小笠原連合軍に大勝すると、信濃侵攻を本格化させ、天文十七年（一五四八）二月に信濃北部の葛尾《かつらお》城に拠る村上義清《よしきよ》を上田原で破ったが、宿老の板垣信方・甘利虎泰ら多くの武将を失い、晴信も傷を負った。

北条氏でも国主の交代があって、天文十一年（一五四二）七月、氏綱は若い氏康に、義を大事にし、侍から農民にいたるまで撫《いつく》しみ、驕《おご》らず、へつらわず身の分限を守り、倹約に勤めて重視すべきことなど、五か条の訓戒状を与え、跡を継承した氏康は、三浦郡を直轄領になし、玉縄城の城主に北条綱成《つなしげ》を据えて上杉勢力に対応、天文十一、十二年に相模・武蔵の各地で検地を実施した。同十一年に武蔵の久良岐郡堀之内の百姓は、「壬寅年（天文十一年）」の検地の結果を経て、土地を宝生寺に寄せたが、その際、百姓中が花押を据えているなど、検地は村や町の自立的な動きを促した。

領国支配を固めた氏康は、天文十三年に武田と和睦を結び、翌年に今川と対立するが（第二次河東《かとう》一乱《いちらん》）、武田の仲裁で和睦し、同十五年に江の島で戦勝を祈願、両上杉氏と古河公方に囲まれていた河越城の救援に向かって勝利した。この時に扇谷朝定が討死して扇谷上杉氏が滅亡、氏康は関東の領国支配体制を固めてゆく。

天文十九年（一五五〇）、飢饉によって領国全域で農民が村や田畠を放棄する逃亡が大規模に起きると、氏康は「国中の諸郡退転」という深刻な事態に、四月、荒廃した郷村の公事赦免令を発した。武蔵の本牧郷に出された寅印判状では、以前の諸公事を赦免し、六パーセントの懸銭《かけぜに》を賦課し、郡代や触口《ふれくち》の介入を禁じ、百姓の「（小田原城）御庭」への直訴を認め、田畠を捨てて逃げた百姓の帰郷の際は、借銭や借米を破棄するが、今後の欠落《かけおち》は認めないとした。

天文十九年に領内で永楽銭に使用の高札を掲げ、天文二十一年正月に上野の平井城を攻略して、享禄四年（一五三一）に関東管領になった上杉憲政の拠点上野の平井城を攻め、越後に追放、「関東八ヶ国一円が御手に」属した（『小田原旧記』）。氏綱は古河公方足利晴氏に家督を我が孫義氏に譲らせ、北関東にも支配を広げた。

小田原を訪れた南禅寺の僧東嶺智旺《とうれいちおう》が天文二十年に記した『明淑録《みんしゅくろく》』には、小田原は「町小路数万間の地、一塵無く、東南海なり。海水小田原の麓に遶《めぐ》る。太守の塁、喬木森々、高館巨麓、三方に大池あり。池水湛々、浅深量るべからず」とあり、城下町が形成されていた。

天文二十二年（一五五三）頃から氏康の命を奉じた奉行人の出す奉書形式の寅印判状が出されるようになった。当初は鎌倉や上野国に限られていたのだが、天文二十四年には各地に出され、石巻家《いしまきいえ》貞《さだ》や笠原嗣信、清水康英、狩野泰光、山角定吉、松田盛秀らの評定衆が、印判状をもって行政・裁判を執り行なう体制が整えられた。

結城家の「洞」支配

北関東では北条氏康による支配が及ぶとともに、北条・古河公方双方の支援を得た下総の結城政《ゆうきまさ》勝《かつ》が、弘治二年（一五五六）に諸勢力を糾合、宿敵の常陸小田氏と戦って勝利し、小田領の中郡四十二郷を領有して十一月に『結城氏新法度』を制定した。結城氏は結城合戦（永享十二年〈一四四〇〉）によりいったん滅亡するが、再興されてからは常に古河公方を支え、文明十三年（一四八一）に政勝の父政朝《まさとも》が家督を継承し、北の宇都宮氏や南の小田氏の勢力に囲まれながらも勢力を広げ、一族や下妻の多賀谷氏、下館の水谷氏、綾戸の山川氏などの領主層を家臣団に編成した。

政勝は、大永七年（一五二七）に政朝の跡を継承、周囲の佐竹・宇都宮・小田・江戸などの領主連合に対応し、小田氏を破り『結城氏新法度』を制定したのである。本文は百四か条、「新法度之を書す政勝」の署判があり、追加の二か条に、「御掟の通り、何も背きたてまつるべからず候」と、玉岡八郎政広《まさひろ》以下十五名の家臣が連署した法令順守の請文が載る。政勝が法を定め、家臣が守る大名主導型の法令である。制定の動機について、政勝は重臣の目に余る振る舞いや親類縁者の干渉に苦慮していることをあげ、家中統制を眼目に制定したのであるが、重臣への諮問を経て制定されており、結城氏と家臣の間で取り交わされた協約の性格が濃い。

条文は刑事・民事・裁判・軍事・家中統制・領内支配など諸般に及んでおり、分国「洞《うつろ》」の構成は、九十五条の「町々其の外里村」における棒打ち禁止規定や、百一条の「郷中より年貢の取様」の規定から、町と里村（郷中）からなる。その町は、八十二条に「町々、中城、西城共に門番・夜番の次第三ヶ条」の規定や、九十条の「館・中城・西館、宿其の外の屋敷」の規定から、館（「実城」）とその町々、中城、西城からなっていた。

三十二条の木戸・門・橋の修理規定は、「宿、西の宮、三橋、大谷瀬、玉岡、何方の町木戸・門破れ候」、「西館・中城同前」とあり、西の宮以下の町は地名の分布などから、実城・西館・中城の城郭とその外の町からなる。七十四条の荷留の規定に「山川・下館・下妻、惣別此方成敗の中郡・小栗其の外のもの」は荷物・馬だけを押さえるとあって、重臣たちの拠る山川・下館・下妻の地が周辺に展開、さらに中郡・小栗の地があった。

七十三条から七十六条が荷留《にどめ》、八十三条が撰銭《えりぜに》、九十一条、百三条が兵粮米の売買、九十二条が酒売について定めるなど、商業関係の法が多いのは、商品流通の展開が著しかったことによるもので、国人領主から大名に上昇する上で、商品流通を押さえる必要があった。

結城城は本丸（実城）、館・中城・西館・東館の五つの曲輪からなり、城下は宿・西の宮・三橋・大谷瀬・玉岡・人出の六町からなる。その町場には結城家臣、僧、商工業者（宿人）などさまざまな職種や身分の人々が混在し、周囲には防御施設が備わっていた。政勝は曹洞宗の安穏寺や乗国寺の檀越であり、天文二十二年（一五五三）には慈眼院《じげんいん》に結城家歴代の廟所を移すなど仏教信仰に篤かった。父政朝が曹洞宗の永正寺の檀越でその建立に尽くしたのを継承し、永正寺は後に孝顕寺と政朝の法名に因んで命名された。

川中島の合戦と今川の分国支配

天文十九年（一五五〇）七月、武田晴信は信濃征服をめざし小笠原領に侵攻、このため小笠原長時《ながとき》は村上義清のもとに逃れて、中信地域は武田領国下に入り、その勢いに乗った武田は、村上義清の砥石《といし》城を攻めるが、砥石崩れの大敗を喫する。だが、天文二十年、真田幸隆《ゆきたか》（幸綱《ゆきつな》）の策略で砥石城を落として次第に優勢となり、天文二十二年、村上義清が葛尾城を放棄して越後の長尾景虎《かげとら》（上杉謙《けん》信《しん》）のもとに逃れたので、東信濃も武田の支配下に入った。

晴信は天文二十一年に甲府から諏訪郡への道作りを進めるよう指示、「信玄の棒道《ぼうみち》」と称される軍用の真っ直ぐな道の補修を行ない、天文二十二年に伝馬役・軍役の勤めを定め、本格的な伝馬役の体制を整えた。その四月、村上義清と北信豪族の要請を受けた景虎が、本格的に信濃出兵を開始、武田領内に侵攻してきた。両軍は決戦を避けて撤退したが、これが善光寺平の主導権を巡る甲越対決の端緒である第一次川中島の戦いである。

駿河の今川義元は、天文十四年（一五四五）から武田・北条の関係が鎮静化した情勢に東三河に侵攻して勢力を広げるとともに、領国支配の強化を進め、天文二十二年二月に『仮名目録追加』二十一か条を定め、武士の主従関係や嫡子・庶子の相続関係などの家臣団の統制、分国中の諸商売や奴婢・雑人の人身の扱いを規定している。守護使《しゅごし》の不入《ふにゅう》特権については、今川家が代々認めてきた地には保障するとしつつも、はっきりしない地や新儀の不入地は認めないとし、「これまでは将軍家天下一同の御下知により、諸国守護職を仰せつけられていたが、今は我が力量により国の法度を定める」と断言した。

訴訟に関する十三か条の条目も定めて裁判制度を整えており、その十二条では、地頭の知行指出《さしだし》の員数を尊重するとしつつ、検地に基づく知行指出の員数を提出させ、分限帳に記載して奉公を命じ、所領高を統一的に貫高で表示する貫高制をとった。この義元の積極的な動きを後押ししたのは、禅僧の太原崇孚《たいげんすうふ》である。崇孚は今川氏の重臣の庵原《いはら》氏出身で、建仁寺で修行して駿河に臨済寺を開創、若き義元を養育し、義元が還俗して家督を継承すると、義元を補佐した。

天文二十三年（一五五四）、北条氏康の嫡男氏政は武田晴信の娘を室に迎え、晴信の嫡男義信《よしのぶ》は正室に今川義元の娘嶺松院を迎え、今川の太原崇孚を仲介に北関東で景虎を共通の敵とし、相互に出兵する甲相駿《こうそうすん》三国同盟が成立する。晴信は、天文二十四年に善光寺平の川中島で再び景虎と対陣するが、長期にわたったことから、今川義元の仲介で和議を結んだ。

翌弘治《こうじ》二年十月に甲府の八日市場の住人四十人を十三組に分けて盗賊や火災予防のための夜回り番を命じている。この夜回りの番帳を所持する坂田家は、伊勢から下ってきて府中の検断を担った商人であって、甲府の町の整備を一段と進めた。その城下町は南北約一キロに及び、二町間隔に五

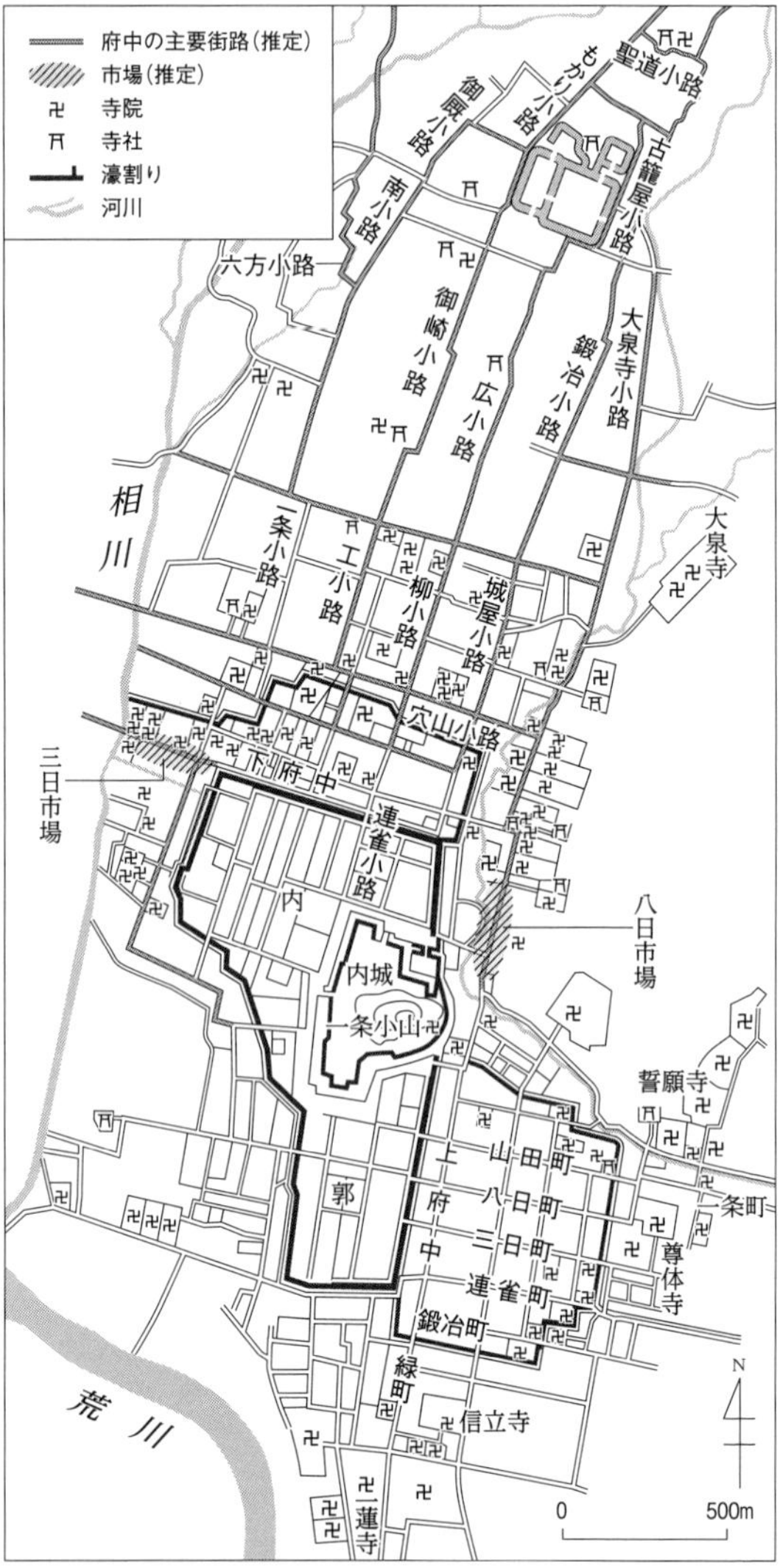

武田氏・徳川氏による府中の都市建設（高橋康夫ほか編『図集 日本都市史』による）

条の南北街路を軸に、その間を一町単位の南北通路や東西街路が組み込まれた方格の街区が形成され、街区には職種名や武将名の小路名がつき、北半に家臣屋敷、南半に鍛冶小路、紺屋小路、連雀小路など商工業者が集住、町の南端東西に八日市・三日市が並び、一条道場の一連寺門前町も城下に吸収した。

弘治三年（一五五七）に再び晴信は景虎と川中島で戦ったが、将軍義輝から和睦の御内書を示され、景虎はすぐに受諾し、晴信は信濃の守護職を要求して守護に補任されている。

戦国大名の経済と文化力

甲越相駿の戦国大名の領国支配が進むなか、弘治二年（一五五六）に公家の山科言継《やましなときつぐ》が姻戚関係を頼って、今川の駿河を訪れたが、その日記『言継卿記』によると、言継は伊勢から船で三河に渡って、駿河に赴く間の乗馬や荷物を運ぶ伝馬を掛川城主の朝比奈氏が手配、遠江の見附の奈良屋二郎左衛門の旅籠《はたご》に泊まり、鏃《やじり》造りの菊川、鍛冶の多い島田などの職人の工房を見つつ駿府に着いたが、その滞在中に蜜柑や茶、酒、鯛などの鮮魚、浜名の納豆、木綿などを贈られた。

今川氏の経済力は、安倍・井川の金山に象徴される鉱工業生産とともに、この商業活動にあった。駿府の友野二郎兵衛は駿府の商人頭に任じられて諸役を免除され、伝馬の特権を有し、江尻・岡宮・原・沼津から木綿役徴収を認められていた。江尻の有力商人の小柳津藤二郎は清水湊を始め沼津・内浦・吉原・小川・石津・懸塚などの領国内の湊に出入りする船への課役や入港料の免除に特権を与えられていた。器造りの職人を統括する中川大工は、諸役・関料を免除され、薫皮・毛皮・滑皮などの商人が他国商売につき皮留の掟が定められ、薫皮製造・販売の独占権も与えられている。

この経済力に支えられた今川の文化に大きな力があったのが歌人の冷泉為和《ためかず》である。父為広《ためひろ》は文亀二年（一五〇二）に後柏原天皇の歌道師範、和歌所宗匠《わかどころそうしょう》となっていて、永正四年（一五〇七）頃に駿河に下って今川氏の支援を受け、享禄四年（一五三一）に今川氏輝の歌道師範になり、没するまでの二十年近く駿河を拠点に活動した。

為和は、天文《てんぶん》二年（一五三三）に小田原に赴いて北条氏綱のもとで当座歌会に出て「この国を四方にやひかん桑の弓　蓬のやすき世のためしには」の歌を詠み、氏綱室の関白近衛尚通女主催の当座の会にも出た。天文五年にも小田原で氏綱の歌会に出て駿府に戻るが、直後に氏輝が急死したため、義元の歌道師範となった。翌年、義元が武田信虎女を室に迎えると、甲府に出向き、以後、駿府と甲府を往復し両国の外交を仲介した。

義元・晴信はともに和歌を好み、開催日を十三日に定めて月次歌会をもった。天文十四年（一五四五）の義元の歌会始に出席した連歌師宗牧《そうぼく》は、「十三日は太守和歌の会を始め、年々歳々断絶なき恒例、珍事の事なり。出題冷泉大納言殿」と記し、為和が題者《だいしゃ》となっている。駿河版と称される書物も刊行され、漢詩を作る際に利用する韻書の辞典『聚分韻略《しゅうぶんいんりゃく》』が善得寺で、中国の歴史書『歴代序略』が崇孚によって天文二十三年（一五五四）八月に刊行されている。

三河では、松平清康《まつだいらきよやす》が大永《だいえい》三年（一五二三）に家督を継承し、翌年に岡崎城に拠って三河制圧に動き、尾張に侵攻して天文四年（一五三五）に守山城を攻めたが、その陣中で家臣に殺害され、叔父の信定が跡を継ぎ、岡崎城に入った。これには清康の子広忠が天文六年に今川義元の援助を得て岡崎城を奪回、以後、今川の傘下に入り織田信秀と抗争する。信秀は三河に侵攻して天文九年に安祥《あんじょう》城を攻略、天文十一年には第一次小豆坂《あずきざか》の戦いを勝利し、西三河の権益を保持したが、この年、広忠に竹千代（家康）が生まれた。

東海地方の大名

尾張では、守護の斯波義廉を文明七年（一四七五）十一月に守護代の織田敏広《としひろ》が擁立し、又守護代織田敏定《としさだ》と衝突、斯波氏が力を失ってゆくなか、代わりに尾張守護代の織田伊勢守家《いせのかみけ》が岩倉城に拠って尾張上四郡を支配、織田大和守家《やまとのかみけ》が清洲城に拠って尾張下四郡を支配してその勢力を広げた。

清洲の織田家の三奉行の一人の織田信定《のぶさだ》は、尾張南西部の勝幡《しょばた》城に拠り、大永六年（一五二六）に連歌師の宗長が津島に赴いた時、「領主織田霜台《そうだい》三郎」信秀が来訪して面会すると、二年前に信定が津島を焼き払ったという。

翌年に家督を信定から譲られた信秀《のぶひで》は、天文元年（一五三二）七月に桑名から津島に着いた公家の山科言継と飛鳥井雅綱《まさつな》を迎え、勝幡の館に招いた。新造の館は「目を驚かし候」という豪華さで、言継らは蹴鞠や和歌・鷹狩などの遊びをし、守護代の清洲城に向かった（『言継卿記』）。

信秀は上洛して朝廷に献金し従五位下に叙され備後守に任官、足利義輝に拝謁、天文十年には伊勢神宮遷宮に際し材木や銭七百貫文を献上して三河守になり、同十二年には朝廷に内裏修理料として四千貫文を献上した。天文十六年（一五四七）に美濃の斎藤道三の稲葉山城を攻撃して敗れると、翌年に犬山城の織田信清《のぶきよ》と楽田《がくでん》城の織田寛貞《ひろさだ》の謀反を鎮圧して従属させ、天文十七年に末森《すえもり》城を築き、主家の織田大和守家への臣従関係を維持しつつも、弟信康《のぶやす》や信光《のぶみつ》ら一門・家臣を尾張の要所に配し、他の勢力を圧倒する地位を築いた。

今川との戦いでは苦戦を強いられて、天文十八年に子の信長《のぶなが》と斎藤道三の娘を結婚させて和睦したが、天文二十年に急死し、信長が家督を継承して、弘治元年に織田信友《のぶとも》を討って清洲城に入り、ここを拠点とした。清洲城は尾張守護の斯波義重《よししげ》が応永十二年（一四〇五）に守護所下津の別郭として築いたのが始まりと言われ、文明八年（一四七六）に下津が焼かれて守護所が移されてきた。城は五条川東岸に居館があり、堀を廻らす方形武家屋敷や神社門前の市場で構成されていた。

三河の松平広忠《ひろただ》は今川氏に竹千代（家康《いえやす》）を人質として差し出して送る途中、戸田康光《やすみつ》に奪われて織田家に送られるが、織田と今川の交渉の結果、人質交換という形で、竹千代は今川義元の下で人質の日々を過ごし、この間に元服して次郎三郎元信《もとのぶ》、さらに蔵人佐元康《もとやす》と名を改めた。

天文二十三年（一五五四）、駿河の今川義元は、氏真《うじざね》と北条氏康の娘と縁組をし、武田・北条との間に甲相駿三国同盟を結ぶと、目を尾張に向けた。鳴海《なるみ》城にまで今川勢力が及んだ情勢に、信長は斎藤道三に援軍を頼んで那古屋城の防備を固め、清洲城の下半国守護代の織田彦五郎を討ち清洲に拠点を移した。

義元は、弘治元年（一五五五）の川中島の戦いで、武田晴信と長尾景虎の仲介をし、両者の和睦を成立させると、駿河・遠江・三河で検地を実施、尾張への進軍の時期をうかがうようになる。信長は斎藤道三が弘治二年四月に長良川河原の戦いで嫡男の義龍に敗死したので美濃に出陣し、永禄元年（一五五八）、対抗する弟信勝《のぶかつ》を討ち、岩倉城を陥落させて、尾張の統一をほぼ完成させると、翌年二月二日に上洛して将軍義輝に面謁したが、五日後に「雑説あり」ということで引き返した。義元の動きが伝わったのである。

義元は前年に氏真に家督を譲り、三河鎮圧から尾張以西への侵攻に力を注いでおり、三月に七か条の軍法を定め、八月に朝比奈泰能《やすよし》に大高城の在城を命じ、翌三年（一五六〇）五月に駿府を発ち、尾張の那古野城を目指して駿・遠・三の三か国あわせ二万余の大軍を率いて侵攻を開始、沓掛城に入る。五月十八日、松平元康の率いる三河勢を先発させ、織田方の丸根砦、鷲津砦の攻撃を命じた。

この報が織田方に入ると、かつて清洲城に籠城するか、出撃するかで軍議が紛糾した際に動かなかった信長が、幸若舞「敦盛」を「人間五十年、下天の内を比ぶれば、夢幻の如くなり」と舞うや、清洲城を出発し、熱田社で戦勝祈願を行ない、鳴海城を囲む善照寺砦に入り、二千から三千の軍勢を整えた。

松平の猛攻を受けた丸根砦の織田軍は、大将の佐久間盛重《もりしげ》が討死し、鷲津砦では籠城戦を試みていた飯尾定宗《さだむね》、織田秀敏《ひでとし》が討死、飯尾尚清《ひさきよ》が敗走した。制圧を完了した大高城に向け、義元率いる本隊が沓掛城を出発。織田軍は善照寺砦に佐久間信盛《のぶもり》以下五百余を置き二千の兵で出撃し、桶狭間方面に敵軍の存在を察知して進軍を開始した。

視界を妨げるほどの「石氷」混じりの豪雨のなか、兵を進めた織田軍は義元本隊を奇襲した。今川軍は総勢二万だが、義元を守る兵力は五、六千、馬廻りは三百に過ぎず、乱戦になり、義元は輿を捨て、三百騎の親衛隊に囲まれ騎馬で退却しようとしたが、度重なる攻撃で周囲の兵を失ってい て、信長の馬廻に追いつかれた。信長も馬を下りて戦い、乱戦の末、「服部小平太、義元にかかりあひ、膝の口きられ倒れ伏す。毛利新介(良勝)、義元を伐臥せ頸をとる」と、義元は討死した。

義元の戦死により、今川軍は戦意を喪失、有力武将を失って駿河に後退、水軍を率いて今川方として参戦していた尾張弥冨の服部友貞《ともさだ》は、海路を敗走、大高城を守っていた松平元康も戦場を離れて大樹寺に身を寄せ、自害を考えるが、住職の登誉天室《とうよてんしつ》の説得で切腹を思いとどまり、今川軍の城代山田景隆《かげたか》が捨てて逃げた岡崎城にたどりつく。

西三河から尾張に至る地の今川勢力が一掃され、松平元康は今川氏から自立して旧領回復を目指し、信長と講和して名を家康に改め、三河・遠江に版図を広げていった。信長は松平氏との講和によって東からの危険を回避できたので、美濃の斎藤氏との戦いに専念し急速に勢力を拡大した。永禄四年(一五六一)五月に道三の子義龍が亡くなり、その跡を十四歳の虎福丸(龍興《たつおき》)が継ぐと、二日後に美濃に進軍し、永禄六年に小牧城に移って犬山城の織田信清を攻め、美濃攻略を本格化させてゆく。

総力戦への備え

関東に支配を広げた北条氏は、永禄元年（一五五八）に印判状による伝馬手形を交付する伝馬制度を本格化させ、領国内の宿を整備し、翌年二月に家臣らの諸役賦課を調査して、『北条氏所領役帳』（『小田原衆所領役帳』）を作成した。小田原衆、御馬廻衆、玉縄衆、江戸衆、松山衆、伊豆衆、津久井衆、足軽衆、他国衆、御家中衆、職人衆など衆別に計五百六十人の所領の領地とその貫高、負担すべき馬、鉄砲、槍、弓、指物、旗、軍役の動員数を記し、家臣や領民の負担を明確にした。

永禄元年に信濃の善光寺を甲府に移した武田晴信は、永禄二年二月に長禅寺住職の岐秀元伯《きしゅうげんぱく》を導師に出家し「信玄」と号した（『甲斐国志』）。元伯は信玄の学問の師で、甲府の長禅寺住職として迎えられ、これを契機に信玄は長禅寺を筆頭に能成寺、東光寺、円光院、法泉寺の府中五山の制度を設け、館を室町幕府の御所に倣って整備、自らを徳栄軒信玄と禅宗風に名乗った。

永禄二年四月に上洛した長尾景虎は、将軍義輝に謁見して相伴衆《しょうばんしゅう》に取り立てられ、近衛家の関白近衛前久《さきひさ》と親交を深め、翌年五月に前久が越後に来ると、八月に関東管領の上杉憲政を奉じて三国峠を越えて「永禄の飢饉」下の関東に侵攻、上野の北条方諸城を攻略した。

これに北条氏康は、九月に河越に出陣、十月には松山城に入って対応を指示し、小田原城に戻り、玉縄城に北条氏繁、滝山城・河越城に北条氏尭《うじたか》、江戸城・小机城・由井城に北条氏照《うじてる》、三崎城に北条綱成《つななり》、津久井城に内藤康行《やすゆき》を据えるが、破竹の勢いの景虎は諸城を落として武蔵へと進み、永禄四年二月、松山城、鎌倉を攻略した。

三月下旬、景虎は小田氏治《うじはる》ら関東諸将を率いて相模の酒匂川《さかわがわ》付近に迫り小田原城を包囲し、攻撃を開始した（小田原城の戦い）。北条一門の北条宗哲《そうてつ》は小田原城について「当城の事は備え堅固に候。鉄砲五百丁籠り候間、堀端へも寄せ付くべからず候」と記し、防備が堅かった。景虎は、飢饉のため長期にわたる出兵を維持できず、一方で北条と同盟を結ぶ武田信玄が、信濃・川中島に海津城を完成させ信濃北部に支配域を広げたこともあり、小田原から撤退、兵を鎌倉に引き上げ、鶴岡八幡宮で閏三月に山内上杉家の家督と関東管領職を相続、名を上杉政虎《まさとら》と改めて、足利藤氏《ふじうじ》（義氏の庶兄）を鎌倉公方に擁立し、六月に越後に帰り、それとともに関東の諸将も帰城した。

政虎は、永禄三年五月に府内の町人に地子と船頭前、酒、麴、馬方、薬、茶など諸役の五か年免除を認め、府中の町人や家臣を上杉家に直属させた。八月には、関東在陣留守中の掟を定め、春日山要害の普請を油断なく行なうよう指示、商人の蔵田氏に府内掟の順守をするように命じ、永禄五年に春日・府内・善光寺門前の火の用心を命じた。この善光寺は、信濃の善光寺の阿弥陀如来を模し直江津に移して建てた寺で、その門前が町場となっていた。

政虎が越後で体制を整えるなか、甲斐の武田信玄は、甲府の府中八幡宮での祈禱を国内神社の禰宜に勤番で命じ、甲斐の一宮・二宮・惣社、武田八幡以下の大社については社頭で参籠祈禱を命じ、慈眼寺・法善寺など真言宗寺院にも祈禱を命じると、越後の上杉政虎との川中島の決戦に向けた動きを本格化させ、北信に侵攻して信濃善光寺平に勢力圏を拡大させた。

信玄と輝虎の攻防

上杉政虎と武田信玄は、永禄四年（一五六一）九月に第四次の川中島の戦いを始めたが、この戦いで武田方は信玄実弟の信繁《のぶしげ》や重臣の諸角虎定《もろずみとらさだ》、山本勘助《かんすけ》ら有力家臣を失い、信玄自身も負傷した。これを機に信濃侵攻は一段落して、西上野に出兵を開始した。政虎が十二月に将軍義輝の一字を得て輝虎と改め、戦いの場は信濃から関東へと移り、上野に侵攻した信玄は、箕輪城主の長野業正《なりまさ》の徹底抗戦にあって退却する。

常陸の小田氏治は、同六年二月、再び関東出兵した輝虎に合流するため、小山方面へ出陣した佐竹義昭《よしあき》の留守をついて大掾貞国《だいじょうさだくに》を破った（三村の戦い）。下野の那須資胤《すけたね》や結城晴朝《はるとも》とも応援を約し、義昭に対抗、同七年四月、義昭・宇都宮広綱・真壁氏幹《うじもと》らが連署して氏治背信を輝虎に訴えたため、氏治は上杉軍の攻撃にさらされた。輝虎は直ちに陣触れして小田領に侵攻、対応できなかった氏治軍は、迎え撃っての山王堂の戦いで大敗を喫し、小田城は落城。氏治は藤沢城に逃れた。

信玄は、永禄七年に飛驒に侵攻して越中の一向一揆と結び、会津の蘆名盛氏《あしなもりうじ》とも結んで上杉の孤立をはかり、第五回の川中島の戦いに臨んだが、決戦を回避、輝虎も軍勢を引き上げた。蘆名盛氏は会津盆地から安積郡への支配を強め、安達郡・岩瀬郡方面にも進出し、北進する佐竹氏に対抗していた。

永禄八年（一五六五）二月、信玄は信州の諏訪上社宛ての願状に、「天道の運数に任せ」て、軍勢を引率すると記し、「我一代に仕出る大名は、天道の恵み深かるべし」と『甲陽軍鑑《こうようぐんかん》』に記され、天道思想に基づいて動いていた。同年に上洛を誘われたのも、天道に任せたのであったが、今川義元の娘を母とする嫡男の義信との対立から、飯富《おぶ》兵部少輔《ひょうぶのしょうゆう》を討つなど内紛を抱えており、翌年、箕輪城を落とし上野西部を領国化すると、翌十年十月には義信を廃嫡し、今川氏真と断交、織田・徳川と結んだ。

氏真は、義元戦死で跡を継いだものの、三河を徳川家康に奪われ、遠江領内が混乱に陥った遠州錯乱では、井伊直親《なおちか》や飯尾連竜《つらたつ》を粛清し、事態収拾につとめたものの、多くの国衆の支持を失った。それでも越後の上杉輝虎と連絡をとって、永禄十年に武田と断交した時には、駿河湾産の塩を甲斐に送るのを停止する「塩止め」を行なうが、信玄は翌十一年十二月に駿河に攻め込み、駿府に近い久能山に陣をとった。氏真は駿府を放棄して掛川城に籠るが、信玄に呼応した家康が侵攻して浜松を拠点に攻めたので、永禄十二年五月に掛川城は開城となり、氏真は妻の出た北条氏康を頼ってゆき、ここに戦国大名今川氏の幕が閉じる。それとともに信玄は駿河に江尻城を築き、海賊衆を組織するなどして駿河を領国化した。

将軍自刃

上杉景虎や織田信長が相次いで上洛した直後、三好長慶は永禄二年（一五五九）三月に洛北の鞍馬寺で花見を行なった。谷宗養《そうよう》、寺町通昭《みちあき》、斎藤基速《もとはや》、立入宗継《たてりむねつぐ》、細川藤賢《ふじかた》、松永久秀《ひさひで》らが参加、翌年に将軍義輝に謁見して相伴衆となり、子も一字を与えられ義長《よしなが》と名乗り、永禄四年に義興《よしおき》と改名して御供衆に列した。長慶家宰の久秀は、河内を遠征して大和に入ると、滝山城から信貴山城に居城を移し、興福寺勢力を破って御供衆に列し、弾正少弼《だんじょうしょうひつ》に任じられ、長慶の河内遠征に従い大和北部を平定した。

近江では永禄三年に六角承禎《しょうてい》が浅井賢政《かたまさ》の反抗にあったので、大軍を自ら率いて戦ったが、野良田（彦根市）の戦いで大敗を喫し、美濃の斎藤義龍と同盟関係を結ぶも、翌年、賢政が佐和山城を奪回、信長と連合して長政《ながまさ》と名乗り、近江の戦局は落ち着いた。

承禎は眼を京に向け、三好長慶と対立する畠山政国の子高政《たかまさ》と結んで京に進軍、三好義興、松永久秀らと将軍地蔵山で戦い、高政は、永禄五年に三好実休を和泉久米田で破って敗死させ、河内高屋城を回復したので、洛中に徳政令を出し山城国を掌握するが、五月に教興寺の戦いで久秀軍に敗れたため、紀伊国に追われ、承禎も山城から撤退し三好長慶と和睦した。

大和の久秀は奈良中を睨む位置の多聞山に築城し、十市遠勝《とおちとおかつ》を降伏させ、翌年に家督を嫡男の久通《みち》に譲るが、この前後から長慶の周辺には不幸が続いた。永禄四年（一五六一）三月に弟の十河一存《そごうかずまさ》、五年に三好実休、六年八月に嫡男義興が亡くなったため、十河一存の子を後継者とした。相次ぐ近親の死に長慶が七年五月に弟安宅冬康を謀殺したのは、後継者のことを思ってのことであり、その後継者の三好重存《しげまさ》が上洛し、将軍に謁見した直後の七月、飯盛城で生涯を閉じる。将軍・細川京兆家を支えつつも対抗し、その内部に浸食してきた一生であった。

三好家は、三好三人衆（三好長逸《ながやす》・三好宗渭《そうい》・岩成友通《ともみち》）や、長慶甥の義継《よしつぐ》、松永久秀らに支えられてゆくが、将軍義輝が永禄八年（一五六五）に三好重存に一字を与えて義重《よししげ》と名乗らせ、左京大夫に任じ、その結びつきを強めたところで、事件が起きた。五月十九日、松永久通《ひさみち》の率いる三好義継、三好三人衆らが一万の軍勢を率いて上洛、室町御所を取り巻いた。義輝が三好義重と結んで将軍の権威の復活を試みたことに、義継を擁した松永久通・三好三人衆が反発してのことであったのだが、予期せぬ形で決着をみた。義輝が自刃したのである。「みよし武家をとりまきて、武家も討ち死ににて、あとをやき、黒土になし候」（『御湯殿上日記』）と、将軍討死が世に伝わって、大きな影響を与えてゆく。

義輝には弟に興福寺一乗院門跡の覚慶《かくけい》（後の義昭《よしあき》）がいて、軟禁されていたが、七月に細川藤孝《ふじたか》や一色藤長《ふじなが》の手配で脱出に成功し、永禄八年七月に奉公衆の和田惟政《これまさ》の知行する近江甲賀郡に逃れ、八月五日に上杉輝虎や織田・武田、島津、相良らの大名に上洛を呼びかけ、六角承禎の手配で野洲郡矢島に移った。覚慶からの上洛の呼びかけに、十一月二十日付けで松平家康から応諾の意向が、信長からも十二月五日付けで「上意次第、不日なりとも御供奉の儀、無二その覚悟候」という返書が届いた。覚慶は翌九年二月に還俗し、義秋《よしあき》と名乗り、四月に左馬頭に任じられた。

ただ六角承禎は義秋上洛に前向きではなかった。永禄六年十月に子の義治《よしはる》が重臣の後藤賢豊《かたとよ》を観音寺城内で暗殺する事件を起こし、進藤・平井・池田などの有力家臣に背かれて、観音寺城から追われたことがあったからで（観音寺騒動）、蒲生定秀《さだひで》の斡旋で帰城したものの、著しく勢力は衰退していたのである。

そこで義秋は若狭の武田義統《よしずみ》を頼り、続いて朝倉義景《よしかげ》の一乗谷に入った。義景は、父孝景が天文二十一年（一五五二）に将軍義輝から一字を与えられて義景と名乗り、弘治元年（一五五五）に加賀の一向一揆と戦った翌年に義輝の斡旋で和睦していた関係もあって義秋を受け入れた。義秋は、永禄十年（一五六七）に義景と加賀一向一揆の和睦を斡旋し、十一年四月に一乗谷で元服、義昭と名乗るが、その二月に義栄《よしひで》が将軍になったことから、もはや一乗谷に留まっているわけにはゆかなくなった。

京の暮らしと六角家

永禄八年（一五六五）九月、狩野永徳《えいとく》は『洛中洛外図屏風』を描いた。六曲一双、上杉家に伝来し、上杉本とよばれる。歴博甲本とほぼ同じ構図で、右隻に北白川集落・内裏から東福寺・東寺までを描き、左隻には西芳寺・今出川から鞍馬・深泥《みどろ》ヶ池《がいけ》までを描く。歴博甲本右隻の、報恩寺から因幡堂、左隻の西の京から公方様までと比べて、やや大きめに描く。

金箔を使用した豪華本で、都の名所旧跡・町並を数多く描き、四季にわたる年中行事を詳細に描き、登場人数は二千四百八十五人にのぼる。再興なった祇園会の六月の山鉾巡行では、先頭の長刀鉾が四条大路を南に折れ、それに続いてカマキリ山が行き、四条大路を岩戸山、虎か豹かの皮が懸装された鶏鉾が東行する。正月に使用した注連縄や門松を松と青竹で組み上げ、これを焼く正月十五日の左義長の準備が、松永久秀邸前で行なわれ、五月の千本閻魔堂の念仏狂言は「閻魔の庁」であり、ほかに壬生寺や嵯峨の清涼寺でも念仏狂言が行なわれている。

天文年間に立ち退きを命じられていた本圀寺が京に戻っていて描かれ、紙屋やふろ屋などの商売屋、結桶師・鷹狩師・筵《むしろ》売りの職人が描かれ、公方邸が相国寺の西、上立売通《かみだちうりどおり》、室町、烏丸、今出川に囲まれてあり、公方邸の鶏合《とりあわせ》を見つめる若い武家が、将軍足利義輝ならば、義輝はすでに亡くなっており、制作時期とずれがある。発掘調査によって、公方邸の北縁の築地塀の基礎や、東北隅にある鎮守社の南の築地塀の基礎の石敷が見つかっており、石敷にまじり出土した土師器皿《はじきさら》や石敷内の土坑の遺物から、この時期の公方邸のものと知られている。

二つの屛風や他の図などから、洛中の生活を見てゆくと、道には井戸や洗濯石があって住人の暮らしの場とされ、路上に便所がある。屋敷のなかに路地が広がり、背後に空地や藪、道と町家で囲まれた街区の中央にも空地や藪が広がる。隣地との境に土塀や木柵を設けた屋敷があり、庵や離れ座敷も見える。約百二十メートル四方規模の街区内部の広大な空地には、見事な枝ぶりの松や梅などの樹木や竹藪があり、井戸が掘られて炊事や洗濯をし、洗濯物を干し、便所が設置されるなど、共同使用の広場とされている。町家の瀬戸口の辺や井戸端は交流の場となっていた。

六角氏は永禄九年（一五六六）に浅井氏との「南北都鄙鉾楯」に惨敗して、危機に瀕するなか、翌十年四月十八日に『六角氏式目』を制定した。観音寺騒動以後の状態に政治を復し、安定を目指したもので、三上恒安《つねやす》・蒲生定秀《さだひで》ら二十名の有力家臣が起草した全六十七か条からなる。第一条には「神社仏事の訴訟においては、早く聞し召され、祭礼・修理・興隆ならびに社領寺務等は、速やかに仰せつけらるべき事」とあって、式目は承禎・義治（義弼《よしすけ》）父子が承認することで成立、承禎・義弼父子と家臣の間で式目の遵守を誓う起請文が相互に取り交わされた。内容は、所領相論、年貢の収納、刑事犯罪、家族関係、債権関係、訴訟手続きなど多岐にわたり、領主相互の利害対立を超えた協約の面と、六角氏の恣意的な姿勢を制約する面とからなる。

六角と提携した三好三人衆は、義輝が亡くなった後、阿波にいた義晴弟の義栄を将軍につけるべく摂津に迎え、朝廷に働きかけて義栄は左馬頭に任じられたが、永禄十年に松永久秀との間に対立が広がった。四月七日に久秀が三好義継を擁して多聞山城に入ったので、三人衆も大和に下り、東大寺にそれぞれ陣を構えて睨み合い、久秀は十月十日に三人衆のいる大仏殿に攻め込んだが、この時に大仏殿が焼失し、大仏の首が落ちてしまう。茶人であった久秀は、近辺の松屋久政《ひさまさ》の茶室・珠光座敷が失われるのを惜しみ、予め松屋の椿井宅に解体して避難させていたという（『松屋会記』）。

第Ⅱ部　天下と人民の所帯

一　天下布武の道

古今無双の名将

覚慶《かくけい》（足利義昭《あしかがよしあき》）からの上洛要請を受けた織田信長《おだのぶなが》は、永禄《えいろく》八年（一五六五）九月にそれまでとは違う花押《かおう》を使用した。麒麟《きりん》の「麟」の字を基にした形状の花押で、麒麟は中国で世の中がよく治まっている時に姿を現す想像上の動物である。

花押は自署を崩したサインで、自署の草書体に発し、さまざまな形のものが考えられてきており、中世後期の武家は足利尊氏《たかうじ》使用の花押に準拠した足利様の花押を用い、戦国大名は個性的な花押を考案、尼子経久《あまごつねひさ》・毛利元就《もうりもとなり》は足利様に実名の一字の久・元の字を合わせており、浅井久政は下向きの彎曲型をなす花押を用いた。信長も成長とともに花押の形を変えてきたが、この段階で実名にはよらず、理想・願望を表現する花押を使用するようになったのである。

織田信長花押　上は初期のもの、下は「麟」の字の草書体によるもの（東京大学史料編纂所蔵）

美濃攻略に手間取っていた信長は直ぐには上洛しなかった。東美濃には甲斐の武田氏が勢力を広げつつあり、三河には松平家康《まつだいらいえやす》が徳川に姓を変え新たな動きに向かっていた。武田とは永禄八年に姪で東美濃の国衆遠山直廉《とおやまなおかど》の娘を養女にして信玄の子勝頼《かつより》に嫁がせ、同盟に近い関係を築き、三河の松平とは同盟関係を結んでいたが、上洛の進路にあたる北伊勢と、西の近江への対応も必要であった。

信長の美濃侵攻は、永禄九年に増水した木曽川の合戦で多数の死者を出すなど、容易に進まなかったが、翌永禄十年八月十五日、「美濃三人衆」稲葉伊代守良通《よしみち》、氏家卜全《ぼくぜん》、安藤守就《もりつぐ》らを寝返らせると、すぐに動いた。「俄かに御人数出され、井口山のつづき瑞竜寺山へ懸《か》け上《のぼ》られ候。是は如何に、敵か味方かと申す所に、早《はや》町に火をかけ、即時に生《はだ》か城《じょう》になされ候」（『信長公記』）と、斎藤龍興の稲葉山城を落し、居城を小牧山から移して城下町の井口を岐阜と名を改め、尾張・美濃両国を領有すると、そこに天皇から綸旨が届いた。

今度、国々本意に属するの由、尤も武勇の長上、天道の感応、古今無双の名将、いよいよ勝に乗ぜらるべきの条、勿論たり。就中、両国の御料所、かつがつ御目録を出ださせられるの条、厳重に申し付けらるれば、神妙たるべきの由、綸命かくの如し、これを悉せ。以て状す。

永禄十年十一月九日　　右中弁〔晴豊〕（花押）

織田尾張守殿

信長が尾張・美濃を支配下に入れたことを「武勇の長上、天道の感応」に基づくものと称賛し、「古今無双の名将」信長が、これからも勝ち進むのは勿論のことであるといい、尾張・美濃領国の禁裏御料所の目録を送るので、年貢を納めるよう手配を要請している。

これ以前の天文二十二年(一五五三)に、上杉景虎《うえすぎかげとら》が後奈良《ごなら》天皇から得た綸旨は、伝奏《てんそう》の広橋大納言兼秀《かねひで》宛てのものであり、景虎が敵を治罰して「忠を一朝に尽くし」たと讃えていたが、信長には直接に宛てられており、しかも「尤も武勇の長上、天道の感応」と信長を絶讃している。

綸旨は突然ではなく、この間に交渉があってのことであろう。綸旨の使者となった立入宗継《たてりむねつぐ》は、永禄五年(一五六二)十二月に禁裏御倉職《きんりみくらしょく》に任じられ、同七年には尾張に赴いて御料所の回復を信長に求めていた(『立入宗継記』)。綸旨の後段に見える、尾張・美濃の禁裏御料所の目録を送るので年貢を納めるよう手配して欲しい、と要請した一文は、以前からの懸案事項を改めて伝えてきたもので、それとともに両国の領有権を認めたのである。

朝廷と信長との交渉役は、宗継以外にも、信長右筆の明院良政《みょういんよしまさ》、信長に命じられて禁裏御所の修理にあたる村井貞勝《さだかつ》・朝山日乗《にちじょう》らがおり、医師の曲直瀬道三《まなせどうさん》も綸旨発給に関わっていたと見られる。この綸旨と同じ表現が、道三が永禄十年二月九日に毛利元就に送った意見書には「此度の富田一着の趣、天道の感応、冥慮の加護」「御武威、天下無双」と見える(『毛利家文書』)。これは元就が前年十一月に尼子の富田《とだ》城を落とした「武略」を評した文言である。

天下布武

信長宛ての綸旨とともに、誠仁《さねひと》親王の元服費用を求める女房奉書《にょうぼうほうしょ》と、それに添えられた万里小路《までのこうじ》大納言惟房《これふさ》の書状が届くと、信長は、綸旨・女房奉書や紅衫《こうしん》（紅の衣）を拝領したことを感謝し、仰せに従う旨を誓う請文を書いている。通常、請文には丁重に花押を用いるのだが、信長は朱印を用い、その朱印の字は「天下布武《てんかふぶ》」であった。天下に武を布くとは、綸旨の「武勇の長上、天道の感応」に対応する表現で、天道思想に基づく信長の行動指針に他ならない。

信長は禁裏御料所の保護を謳い、綸旨を得たことから、武力による天下の静謐を宣言した「天下布武」の朱印を請文に押捺し、その朱印状を広く使用して存在をアピールしてゆく。同日付で天下布武の朱印状六通が今に伝わる。この「天下」とは日本国全体を漠然とさすのではなく、京を中心とする畿内近国のことで、印判状を発給した地域はその畿内近国に限定されていた。

信長は天下布武をもって上洛を決断した。将軍でもない義昭の誘いに乗って上洛しても、先は見えないが、綸旨を得たことで上洛後の方向性が見えたのである。大和で対立していた興福寺在陣衆と松永久秀《まつながひさひで》に向け、十二月一日に和田惟政《わだこれまさ》、佐久間信盛《さくまのぶもり》を派遣し、義昭上洛への忠節を求め、娘を徳川家康の嫡男信康《のぶやす》に嫁がせ、武田信玄の娘を嫡男の信忠《のぶただ》に迎える約をなし、近江の浅井長政《あざいながまさ》には妹の市《いち》が嫁入りして同盟を結び、近江の国人には知行を安堵して味方に加わるよう伝えた。

翌永禄十一年（一五六八）二月から北伊勢の国人の神戸《かんべ》氏や長野氏を攻略して神戸氏に三男信孝《のぶたか》を養子として入れ、越前一乗谷の足利義昭と連絡をとると、義昭は朝倉義景が動かないことから、七月に岐阜城下の寺で信長に対面した。

八月に信長は近江佐和山城まで出て、上洛の路次の確保を求めると、六角氏は拒否するが、上洛間近なことを知った近江の神社や町などは、信長からの禁制を得ており、その制札《せいさつ》に信長は「弾《だん》正《じょうのじょう》忠」と名乗っている。九月七日に尾張・美濃・伊勢・三河四か国の軍勢を率いて上洛を開始、近江の箕作山《みつくりやま》城を攻略すると、六角義賢・義治父子は戦わず観音寺城から落ち、永原・後藤・進藤ら六角の有力家臣は降伏した。

この情報を聞いた「京中辺」は「大騒動」となったが、信長は既に天皇に入洛を伝えており、天皇から、入洛した軍勢には乱逆がないよう、禁中の警固を求められていた。岐阜から義昭を近江の桑実寺《くわのみでら》に迎え、二十六日に東寺に入り、義昭は清水寺に入り、明院良政と義昭近臣の細川藤孝《ふじたか》に禁中の警固を命じ、洛中の上京以下と山城の大山崎以下の各所に禁制を出し、義昭とともに三好三人衆の攻撃に着手した。

十月一日に抵抗していた池田勝正《かつまさ》が降伏、摂津芥川城に入って、石山本願寺に五千貫、堺に二万貫の矢銭《やせん》(上納金)を課し、本願寺に認めさせた。十月四日に松永久秀に大和一国の支配を認め、久秀は大名物《おおめいぶつ》の茶入れ「つくもかみ」を進上し、堺の商人今井宗久《そうきゅう》も「松島ノ壺」「紹鷗茄子《じょうおうなす》」を進上、芥川城下には「異国本朝の珍物」を持った多くの人々が訪れた。十月八日に公家・寺社の本所領を安堵し、十四日に義昭が帰洛して六条本圀寺《ほんこくじ》に、信長は清水寺に入り、軍勢による乱暴狼藉の停止、洛中洛外の警護を命じ、早くも山城・摂津・河内・丹波・近江が信長の支配下に入り、「畿内の逆徒」は十日余りで退散、「天下ご存分に属」した（『信長公記』）。

これに天皇は「今度早速に入洛せられ候。珍重に候」と伝え、すべてが信長の功と讃えた。十月九日に公家や寺社本所領の安堵状を、義昭と信長が出し、三好三人衆の擁した将軍足利義栄《よしひで》が死去したので、十月十八日に義昭は念願の征夷大将軍になった。その際に信長に副将軍になるか、管領に准ずる職への就任かを勧めるが、信長は断った。かつて三好長慶が官位を与えられ将軍の相伴衆《しょうばんしゅう》に列し、朝廷・幕府の体制にとりこまれたのを知っていて、これを避けたのである。

信長の扱いに困った義昭は、信長を「御父織田弾正忠」と称し、「武勇天下第一也。当家再興、これに過ぐべからず。いよいよ国家の安治ひとへにたのみ入る」と、謝意を示し、信長を将軍の後見に位置付けた。信長は、朝廷には天下の護持を、幕府には将軍の父として武家を支える立場をとり、軍事政権を樹立したのであって、十月二十六日、信長は美濃に帰国するが、これは天皇や将軍にとりこまれず、美濃・尾張両国の国主の立場を改めて表明する意味があった。

天下の成敗

翌永禄十二年（一五六九）正月、信長の美濃帰還の隙を突き、三好三人衆と牢人衆が義昭の本圀寺を攻撃すると、この報を聞いた信長は豪雪の中を二日で京に駆けつけると、すでに池田勝正・明智光秀《みつひで》・三好義継らによって退けられていたのだが、信長は『殿中御掟《でんちゅうおんおきて》』九か条の掟書を義昭に示した。前半の四か条は、御所に奉公する人々を不断奉公衆、公家衆・御供衆・申次、惣番衆に分類して、彼らの勤務を定め、後半の四か条では、訴訟や裁判に関わる手続きを記し、最後の一条で公方に伺候する人々の範囲を規定、公方義昭の恣意的動きを規制している。

十六日には追加として「寺社本所領・当知行の地」を規定、「請取沙汰停止」、「喧嘩口論」の停止、理不尽の催促停止、直の訴訟停止、奉行人を通じての訴訟、当知行地への下知には請文を要件とするなど、七か条を定めて裁判の指針を示している。幕府の規範や先例を踏まえて信長が定め、義昭が袖に花押を加えて認めたことにより、幕府再興が信長の手になることを示したのである。

それとともに将軍御所の造営を、畿内と、東は三河、西は播磨の畿内近国の武士に命じ、濠を拡張して四方に石垣を高く築いて防備を固め、洛中洛外の番匠や鍛冶を召集し、細川氏の屋敷から「藤戸石《ふじといし》」、東山の慈照寺庭園から「九山八海《くせんはっかい》」など名石や名木を集め「武家の御城」を築いた。

禁裏の修理も村井貞勝や朝山日乗らに命じ、元亀《げんき》二年（一五七一）に完成し、「織田弾正忠奇特の沙汰、都鄙貴賤の男女、言語道断、不可説」と人々の目を引いた。信長は義昭が御所に入るのを見届け、京都の留守を細川藤孝、明院良政、木下秀吉《きのしたひでよし》らに託して四月下旬に帰国すると、伊勢の北畠具教《とものり》の弟木造具政《こづくりともまさ》が信長方に転じたことから、その日のうちに南伊勢に侵攻、大河内城を大軍で包囲し、籠城戦の末に十月に和睦して次男の信雄《のぶかつ》を養嗣子として北畠家に送り込んだ。すぐ上洛するが、わずか六日後に岐阜に帰った。

そのため義昭・信長の不和が「上意とせりあゐて下了ぬ」と伝わり（『多聞院日記』）、京都の警固に不安を覚えた天皇は、帰国の理由を問う勅使を信長に派遣したが、この不和は、元亀元年正月に信長が五か条の事書を義昭に示して承諾させたことで決着をみた。その第一条は、諸国に御内書を出す時にはその内容を信長に伝え、信長が書状を添える事、第二条は、これまでの御下知はすべて破棄し、御思案の上で出すべき事、第三条は、公儀に尽くした輩には、信長が上意に基づいて信長の所領から恩賞を与える事、第四条は、天下の儀は信長に任せ置かれ、上意を得ずに信長の考えで成敗を加える事、第五条は、天下静謐のため禁中の儀を油断なくあたる事などである。

義昭が信長に断りなく毛利元就と大友宗麟《そうりん》、上杉謙信と武田信玄などの講和を独自に進めた動きへの対応であり、義昭には禁中の事を勤めるように求め、天下の成敗は信長が実行する、と宣言し、諸国の大名・国衆には「禁中御修理、武家御用、そのほか天下いよいよ静謐のため、来る二月中旬、参洛すべく候」と、上洛して禁中・武家の御用を馳走するように求め、「御延引あるべからず」と強く念を押している。

禁裏と武家の権威を梃に天下護持の立場から、信長が「天下静謐」のため西は備前・因幡、東は遠江・飛騨・甲斐、北は越中、南は紀伊・近江の大名・国衆に上洛を求めたのである。三河の徳川家康、備前の宇喜多らが上洛（『言継卿記』）、四月一日の御所普請の完成を祝う能に招かれた北畠具教・三好義継・松永久秀らも上洛した。

七月、上京衆の風流が室町御所に参り、一条室町以下の町衆が「雪躅鷺」の風流、西陣町衆の田植風流と座頭の浄瑠璃を語る風流、立売の町衆の薦僧《こもそう》の尺八を吹く風流があり、絹屋町の町衆は「鐘鋳《かねい》」以下入破《いりは》三番「道明寺」「西王母《せいおうぼ》」「黒主《くろぬし》」を踊った。

信玄と謙信の領国支配

駿河を領国化した信玄の次の照準は北条家にあった。信長や将軍足利義昭を通じて越後上杉氏との和睦（甲越和与《こうえつわよ》）を試み、永禄十二年（一五六九）五月に上杉氏と和睦を成立させると、越相同盟に対抗するため、常陸の佐竹氏など北関東勢力と同盟を結んで北条に圧力を加え、十月に小田原城を包囲するが、その撤退の際の三増峠《みませ》の戦いでは武田軍の被害も大きかった。

この年に正親町天皇に扁額を乞い、比叡山延暦寺の法性院の什物《じゅうもつ》である弘法大師筆の不動明王画像を請い受け、仏法の護持者として国家安穏を唱える立場をとり、翌年正月には駿河の花沢城を攻めて駿河の大半を手に入れた。領国支配の面では、天文二十一年（一五五二）七月、甲斐の二宮社壇《しゃだん》の上葺《うわぶき》の勧進を「判升《ばんます》」で行なうよう命じ、升の統一をはかったが、これが甲州升（京升三升分）へと繋がり、升造りは小倉家が担った。秤は守随《しゅずい》家が細工人を抱えて甲州一国の秤所とされ、この秤によって計量された甲州金が流通、その鋳造に関わる松木家は永禄十二年十月に所領を安堵された。

甲斐金産地の黒川金山は、窪八幡《くぼはちまん》神社別当寺である普賢寺住職の著した『王代記』に見え、十六世紀前半には本格的な金の採掘が専門の職人集団である金山衆《かなやましゅう》によって始まっており、出土した中世陶磁の検討により、戦国時代初期には開始されていたことが確認されている。黒川千軒と呼ばれる家屋が建ち並び、人口が千人前後まで増加して鉱山町が形成された。元亀二年（一五七一）の武田家朱印状によれば、黒川金山衆は北条綱成《つなしげ》の守る駿河国深沢城攻めに動員され、この時の功績により人足普請や棟別役など諸役免除の特権を得ている。

信玄により編成された武田家臣団は、『甲陽軍鑑』所載の「甲州武田法性院信玄公御代惣人数事」から知られ、御親類衆、御譜代家老衆、先方衆《さきて》（他国衆）、海賊衆、旗本足軽大将衆、諸役人奉行衆からなっていた。このうち御親類衆の小山田信茂《おやまだのぶしげ》、穴山信君《あなやまのぶただ》、木曾義昌《きそよしまさ》は、自身の家臣を独自の一手衆として構成、信玄の弟の信廉《のぶかど》も先方衆を組衆として指揮下に配していた。他の有力家臣には軍役衆や先方衆を預ける寄親・寄子制がとられ、騎馬数は九千百二十一騎、雑兵五人連れで四万五千騎強、旗本足軽・家中足軽などを含め五万騎強が最大の軍勢で、戦国最強軍団と恐れられた。

永禄八年（一五六五）、義昭から上洛を促された越後の上杉輝虎は、下総の関宿城《せきやど》（千葉県野田市）が北条氏康の攻撃に晒され、西上野の倉賀野城が信玄に攻略されるなど、関東の経略に手を取られたこともあり、すぐには応じられなかった。大軍を率い武田軍の上野の拠点・和田城を攻めるなど、関東への侵出は数度に及んでいた。

永禄九年、常陸の小田氏治《おだうじはる》を降伏させ、同盟を結ぶ安房の里見氏救援のため下総に奥深く侵攻するが、千葉氏の拠点の臼井城攻めに失敗し、輝虎に味方・降伏していた関東の大名・国衆らは次々と北条氏に降った。永禄十年にも上野・武蔵・常陸・下野・下総などで転戦したが、東上野を掌握するにとどまる。

翌年、越中の一向一揆と椎名康胤《しいなやすたね》が武田信玄に通じたために一向一揆と戦い、信濃北部の飯山城に攻め寄せた武田軍を退け、離反した康胤を討つべく越中に入って松倉城や守山城を攻撃した。ところが信玄と通じた揚北《あがきた》衆の本庄繁長《ほんじょうしげなが》が反旗を翻したので、帰国を余儀なくされる。繁長と手を組んだ出羽尾浦城の大宝寺《だいほうじ》義増《よします》を攻めて降伏させ、繁長の居城の本庄城に猛攻を加えて鎮圧するが（本庄繁長の乱）、永禄十二年に蘆名盛氏《もりうじ》・伊達輝宗の仲介により本庄繁長の嫡男顕長《あきなが》を人質にとって繁長の帰参を許した。

上杉輝虎はこの年閏五月、足利義昭の入洛を祝して織田信長に鷹を贈り、八月には越中に出兵し、椎名康胤を討つため大軍を率いて松倉城を攻囲するが（松倉城の戦い）、信玄が上野に侵攻したために帰国し、上野の沼田城に入城した。

北条領国の軍事編成

北条氏は北に上杉、西に武田、東に里見の三方面に敵を抱える苦しい情勢から、その打開をはかって、氏康が上杉輝虎に和を申し入れ、武田信玄への対抗から越相同盟が成立すると、北条氏照が関宿城の包囲を解除し、上野の北条方の豪族は輝虎に降った。

元亀元年（一五七〇）正月、下野の佐野昌綱《まさつな》が背くと、輝虎は唐沢山《からさわやま》城（栃木県佐野市）を攻撃、これを氏康が支援して上野に出陣し、武田軍と交戦した後、輝虎は年内に帰国、四月に氏康の子北条三郎を養子として迎え、景虎《かげとら》と名乗らせ、自らは十二月に不識庵謙信《ふしきあんけんしん》を称した。

北条家は軍事力強化に力を注いだ。永禄四年（一五六一）の上杉の小田原城攻めには鉄砲五百挺を用意し、十月には越後勢の再来に備え「軍陣定書」を触れ、鎧・小旗・馬鎧を綺麗にするよう命じ、本来参陣すべき人数と不足人数を武士ごとに記し、「在郷被官」をも駆り集めるよう命じ、武装の用意がない武者も動員することにした。

城郭の普請にも意を注ぎ、関東に侵攻してくる上杉勢に備え、永禄六年六月に相模の玉縄城《たまなわ》（鎌倉市）の塀の修築を、東・三浦郡と武蔵久良岐《くらき》郡の三郡に普請役を課しており、その際、柱や竹・縄などの寸法から数量まで記し、塀の造りや手間、修復など細かく指示している。永禄八年に江戸城の夏普請を定め、翌年には小田原城修築のため郷村から千二百二十五人の人足を徴用、「鍬・もっこ」を持参させている。

永禄十二年（一五六九）の武田軍の侵攻に対しては、滝山城《たきやま》（八王子市）の攻撃を受けた北条氏照が八王子城に移って備えた。三増峠の戦いでの苦戦から、「信玄相豆武の間、来年出張」という信玄再来に備え、留守番の城々を防備するため、十二月に「惣国掟」として「人改」（戸口調査）を寺社領にまで行ない、「当郷にこれ有る者、一人も隠し置き、此の帳に付けざるを、後日、聞き出し次第、小代官・名主の頸を切るべき事」と、城番に百姓も使用した。

臨戦態勢に備えて永禄七年（一五六四）、反銭《たんせん》を米で納める穀反銭を創設、そのための公定歩合を、永楽銭百文を米一斗二升から一斗四升に改めて定め、翌八年には棟別銭も麦二に対し永楽銭一の割合で納める正木棟別の制度を設けた。麦の公定歩合も百文につき三斗五升に定めるなど、銭納から穀物納に転換した。永禄十三年二月に出した人改令では、「虎印判《とらいんぱん》」により御用の命令が来た時には、一日も間違いなく馳せ参ずるよう命じ、「乱世の時」には、国にある者すべてが、ひとしく奉公せよ、と総動員体制を築いた。

郷村の構成は神社の棟札から知られる。四月の喜多見氷川神社の棟札には「代官」香取新兵衛、「大旦那」江戸頼忠、「本願」斎藤道善以下五名、「百姓中」は孫右衛門以下十名が見え、郷村は小代官・名主・百姓を中心に構成されていた。伊豆の岩科郷の郷鎮守の神明社の天正九年の棟札には「本願」佐藤氏、「政所屋」渡辺氏、「役人」の中村氏を始め、多くの村人の名が見える。

海水運輸送では軍需物資の運搬が重視され、天文二十三年（一五五四）七月に「船方中法度」四か条が出され、船持中に公方の公事を勤めるよう命じ、船賃の徴収や家屋敷の売買、欠落対策、郡代・地頭・主人による諸役駆使の禁止などを定め、翌年三月には船番匠の公用、緊急時の伺候、棟別銭の免除などを定めている。

永禄四年三月には、伊勢の廻船中、問屋中に兵粮米の徴用を依頼するなど、分国の湊への警戒も怠らなかった。紀伊から梶原氏を水軍として招いて三浦郡に知行地を与え、水軍を強化した。良港の神奈川湊を支配していた矢野氏は、廻船の「日吉新造」と称する船が寄港した時には、臨検し、材木の古河公方への転送を命じられていたが、永禄九年には三崎城の城主となり、神奈川郷が三崎城の管轄下に入った。

北条家の職人の編成と伊達家

専門職人も編成され、永禄二年（一五五九）二月の『北条氏所領役帳』に載る職人衆は、職人頭の須藤惣左衛門を筆頭に、鍛冶、番匠、大鋸引、切革、青貝師、石切、紙漉、結桶師、笠木師、経師など二十六名からなり、給地が与えられた。

鍛冶職人には、永禄八年に武蔵の「柏原鍛冶」が十二間の棟別銭免除と不入《ふにゅう》の特権を与えられ、元亀元年（一五七〇）四月九日、大工の棟梁太郎左衛門に、番の細工として番匠七人を箱根湯本に派遣するように命じ、その構成は国府津二人、花水三人、鎌倉・金沢一人からなっていた。永禄十一年十月二日、相模藤沢の大鋸引の頭森木工助に対し、作料を一日一人五十文、公用としても一日一人十七文ずつ支払うので、一手を着到させ、残り一手を待つよう伝えている。

石切は、永禄十一年十月十六日に棟梁の左衛門五郎と善左衛門に、土肥に来て石切を行ない、城の土蔵の根石を三日中に出すよう指示し、公用を支給している。元亀元年四月十日に左衛門五郎を武州の石切に任じ、江戸城や川越城、岩槻城で勤めるよう命じた。

鋳物師は他国から招かれ、小田原新宿の鋳物師の山田氏は、河内の日置荘から天文年間に移り、永禄十二年に分国中の自由な鋳物師商売を認められ、天正十四年に鋳物師の棟梁になっている。分国内の薬種販売を認められた小田原の有力商人宇野氏は、大陸から渡って来て博多や京都で活動した医師の外郎《ういろう》氏の流れを汲む。

北条家は永禄元年に印判状による伝馬手形を交付する伝馬制度を本格化させて、交通体系を整備した。浦賀で大型軍船を建造するため、永禄十年七月に金沢から浦賀までの銀鍛冶職人の荷を運ばせる伝馬手形が今に伝わっている。十二年七月には大磯から小田原城まで鋳物の鋳型に使用する砂が運ばれ、天正元年（一五七三）に厚木宿からの炭が、船で相模川を下り河口の須賀湊を経て小田原に運ばれた。元亀元年には須賀から熱海まで麦百三十俵を須賀郷代官・船持中に命じている。

奥州の伊達《だて》稙宗《たねむね》は、天文十一年（一五四二）に後継者のいない越後の上杉定実《さだざね》に三男実元《さねもと》を入れ、伊達領を婿の相馬顕胤《あきたね》に割譲しようとしたため、長男の晴宗《はるむね》や桑折景長《こおりかげなが》・中野宗時《むねとき》らの家臣団との対立を深め、奥州全域に及ぶ天文の乱が勃発した。当初は稙宗が優勢だったが、天文十六年に稙宗支持の会津の蘆名盛氏が田村・二階堂氏との対立から晴宗方へと寝返って、戦況は晴宗有利に傾き、翌年、将軍足利義輝の仲裁で晴宗が継いだ。

晴宗は本拠を出羽の米沢城に移し、米沢の町を中心にして伊達氏発祥の地の桑折西山城や梁川城を結ぶ道、弟実元の大森城を結ぶ板屋道、越後を結ぶ「越後のつう路」、会津を結ぶ土湯通など道路網を整備、乱で動揺した伊達氏家臣団の統制をはかった。天文二十二年（一五五三）には乱最中に両陣営から乱発された安堵状を整理し、改めて家臣に知行地を安堵・給与し、棟役・段銭・諸公事を免除する判物《はんもつ》を与え、家臣団の所領と家格を確定させた（『伊達晴宗公采地下賜録《さいちかしろく》』）。

同年には和睦に不服な懸田俊宗《かけだとしむね》・義宗《よしむね》父子を滅ぼし、長男親隆《ちかたか》を岩城重隆《いわきしげたか》の養子となし、我が子を岩城氏・二階堂氏・佐竹氏に送り込み、縁戚関係を結んで勢力回復に努め、天文二十四年に奥州探題職に補任された。父稙宗が陸奥守護に補任された際には、大崎氏の奥州探題職は否定されていなかったが、晴宗の補任は、伊達氏の東北地域支配の正当性を幕府に認めさせたもので、次男を元服させ将軍義輝の偏諱を受け輝宗と名乗らせ、永禄七年（一五六四）に家督を譲った。

伊達家と国衆

伊達輝宗は、実権を晴宗と重臣中野宗時・牧野久仲《ひさなか》父子に握られていたが、永禄十三年に中野宗時の謀反を理由に中野父子を追放し、家中の実権を掌握すると、鬼庭良直《おににわよしなお》を評定衆に抜擢し、中野宗時の家人の遠藤基信《もとのぶ》の才覚を見込んで、外交を担当させ、南奥羽諸侯間の紛争を調停しつつ勢力を広げ、会津の蘆名氏とは同盟関係を保った。

その蘆名盛氏は、嫡男盛興《もりおき》が伊達輝宗の養女と結婚し、伊達との和平が成立、家臣団の反乱も克服し、会津全域を掌握したほか、安積・岩瀬両郡や越後国小河荘をも押さえた。天文十八年には郡中の番匠に細工の法度を定め、永禄三年（一五六〇）から何度も徳政令を出し、簗田《やなだ》氏を商人司として登用、流通支配の強化を図った。その本拠の黒川城の城下には馬場町・大町・南町・材木町の町場があり、永禄四年から向羽黒山《むかいはぐろやま》城を築き、その山麓の宿町には二千余の家が連なっていた。

東国の戦国大名の国家編成を見てきたが、規模の小さな国衆のあり方は、永禄十一年に越後で上杉氏に反旗を翻した揚北衆本庄繁長の一族色部《いろべ》氏の『色部年中行事』からわかる。色部氏は、越後北部の小泉庄色部条（新潟県村上市）を拠点とする小泉庄本庄氏の庶流で、その色部勝長《かつなが》が、永禄十一年の本庄繁長の反乱の際に謙信方として戦って亡くなると、その跡を顕長《あきなが》、顕長弟の長実《ながざね》（長真）が継いで、年中行事はこの三代の時期に成立した。

主に正月の儀礼や秋の祭礼、色部氏領の粟島からの貢納物などを記しており、その構成は、①正月の椀飯・御礼参上の次第、②十二月の大歳からの準備の次第、③正月行事以外の行事や神事における諸役、調進物の記録、④領内栗島よりの貢納品の書立、⑤正月中の「御前様」の饗応・引出物の次第からなる。「拾弐月つごもりに本百姓・やどた（宿田）の百姓まいり、御門たて申し候」とあって、大晦日には色部氏の館の門に、門松が立てられた。

館は居城の平林城の山麓にあり、宿田は平林城のすぐ北西の集落で、色部一族の宿田氏の居館があった。参集した百姓には樽・鶴口の酒が振舞われ、十一日までに約百七十人の客が年頭の挨拶に訪れる。「年々正月一日より御親類・御家風衆、春之御礼として参上之時、椀飯の御祝御酒・御肴之次第の日記」には、「正月朔日、田中・今泉・早田・山上、彼面々」、及び家臣団の中核をなす「御親類・御家内衆」が最初に出仕し、続くのが「小島同名衆」「岩船衆」「牛屋衆」などの「在郷衆」、最明寺や青龍寺などの寺家、千眼寺の衆徒や先達山伏、番匠衆・大工・染屋・曲師などの職人、「神主殿」「八幡の大夫」の神職、「御百姓衆」である。

正月三日には、「色部・牛屋両条、早く沙汰致すべき事」「先づ神社仏寺等を奉る事」「溝池堤を築き固むべき事」「御年貢以下雑米等未進を為すべからざる事」の三か条からなる吉書が書かれ、領主支配が始められる。神事、勧農、乃貢《のうぐ》などからなる大名吉書の三か条に倣ったものだが、ここでは吉書を記したのが家政機関ではなく「青龍寺」の寺家であり、寺の役割は大きかった。

陸奥結城白河氏にも、永禄五年十二月の「結城白河氏年中行事」があって、正月の椀飯を始めとする贈答や挨拶のあり方が知られる。戦乱の最中にあっても、各地の大名や国衆はこうした行事を毎年行ない、日常は平穏な生活を送っていた。

信長の経済力と軍事力

東国の大名が抗争を繰り返しながらも国家編成に取り組むなか、信長は独自の領国支配を展開していた。当初、尾張では大法や筋目に基づいて在地の諸権利を安堵していたのだが、永禄六年（一五六三）四月十七日に尾張妙興寺に出した禁制は、軍勢の濫妨狼藉、棟別・徳政、寄進地への違乱など三か条について、改めて審査をして「一国無双の伽藍」を理由に認定している。由緒がない寺においてはその権利を否定したのである。

十二月の尾張の瀬戸への制札は、瀬戸物の流通に関し、商人の国中往来を保障して商取引を定め、違反者には成敗を加えると新たに制定し、居城を小牧山に移した頃からは商業や職人編成を重視する政策を展開した。伊勢湾岸には湊町が多く、尾張国内には瀬戸・常滑の陶器の生産地があるなど、経済活動が盛んなことから、このことに目を付けたのであるが、美濃を領有するとすぐに出したのが楽市場令《らくいちばれい》である。

岐阜の円徳寺《えんとくじ》に伝わる永禄十年十月の制札は、円徳寺内にあった楽市場の要請に沿って出されており、市場住人の分国内の自由通行と諸役を免除している、これまで楽市場に認められていた権利を認め、経済の活性化を図ったのである。翌年九月に岐阜郊外の加納の地に掲げられた制札は、第二条で「楽市楽座の上、諸商売すべき事」とあり、自由商売の楽座をも認めている。枢要な市町には楽市楽座の特権を安堵・付与していった。

上洛した信長は、堺や草津・大津に代官を置き、「天下」のため往還の旅人の煩いをなくすとして関所を廃止、永禄十二年に近江の堅田中《かただちゅう》に諸公事の免除特権を認め、堺には二万貫の矢銭を提出させ、三月に畿内や上京・山城・奈良中に撰銭令《えりぜにれい》を出している。悪銭が流通している事態には、鐚銭《びたせん》を三つに分類、その二倍、五倍、十倍の量で精銭と同価値に取引をさせた。上京には米での売買を禁じ、金銀での売買を行なうよう定め、「金拾両」を銭十五貫文、「銀拾両」を銭二貫文とする交換比価を定め、畿内近国の商品流通の掌握を目指した。

信長は軍事技術を積極的に取り入れ、機動力に優れていた。桶狭間の戦いや稲葉山城攻めはその点をよく物語るものである。元亀元年（一五七〇）三月、徳川家康を始め諸大名・国衆が上洛すると、四月十四日に将軍の二条御所の完成を祝う立会《たちあい》の能七番を観世・金春の大夫が演じ終わるや、すぐ二十日に「信長公京都より直に越前へ御進発」と京を発った。若狭の武藤氏を討つのを名目に、近江の坂本・和邇・田中、若狭の熊川へと進み、武藤の背後には越前の朝倉氏が関わっているとして越前を目指し、敦賀を経て木の芽峠を越え、越前の国中に乱入するという手早さであった。

そこに近江の浅井氏が朝倉氏と結び信長軍を挟み撃ちにする情報が伝わると、急ぎ金ヶ崎《かねがさき》城に木下秀吉や明智光秀、池田勝正を置き、若狭を経て朽木谷《くつきだに》を通って京に戻った。この情勢に一向一揆が蜂起、美濃三人衆の稲葉良通《よしみち》の近江の守山を一揆が攻めたので、五月九日、信長は岐阜への帰り道を確保するため、森可成《よしなり》・佐久間信盛《のぶもり》・柴田勝家《かついえ》・中川重政《しげまさ》らを要衝に配したが、浅井長政が鯰《なまず》江《え》城に軍勢を集め、市原野《いちはらの》郷で村人が一揆して通路を塞いだことから、信長はやむなく千草《ちぐさ》峠を越え伊勢に抜けたが、そこを鉄砲で狙われ、あやうく命を落とすところだったという。

六月には六角承禎が南近江に入ってきたが、佐久間信盛・柴田勝家が退け、浅井長政が朝倉の支援を得て坂田郡に要害を構えると、六月十九日、出陣して長政の小谷《おだに》城に迫り、虎御前山《とらごぜんやま》に陣をしき、二十二日には館《たつ》（竜）が鼻に陣を移し、横山城を攻めた。これには朝倉勢が浅井に加勢して近江に入り、織田勢には徳川勢が援軍として加わって、両軍が姉川《あねがわ》を挟んで対陣し、二十八日に合戦が始まり、激戦の末に姉川の戦いを制した（『信長公記』）。

信長は上洛してすぐに岐阜に帰ったところ、三好三人衆の挙兵で、八月下旬に再び岐阜を発って京に入り、二十五日に京から出陣したが、その時の軍勢は数万、三人衆が籠る摂津の野田・福島城を攻めるが、そこに立ち塞がったのが本願寺である。

本願寺勢力の基盤

本願寺法主の顕如《けんにょ》は、信長の美濃平定時に祝意を示していたのだが、本願寺はもともと三好三人衆と結びついており、信長の築いた砦が本願寺の近くにあったことから、危機感から反信長に転じた。元亀元年（一五七〇）九月、顕如は美濃の郡上《ぐじょう》惣門徒中や近江の中郡門徒中に、「仏敵信長」と戦うよう蜂起を促す檄文を送っている。

河内・紀伊から四国・九州の坊主衆・門徒中には、「大坂より諸国へ悉く一揆をこり候へ」と触れ、九月十二日から信長方と戦闘状態に入った。義昭と仲違いし京を出奔した関白近衛前久《このえさきひさ》は、薩摩の島津氏に送った書状に、本願寺には六角・浅井・朝倉・三好三人衆が悉く一味している、と記しており、本願寺の挙兵に呼応し、朝倉・浅井軍三万が南近江、坂本口へと進み、二十日に大津に放火、翌日には逢坂《おうさか》を越えて醍醐《だいご》・山科《やましな》を経て京に迫った。

信長は急いで京に戻って近江坂本に入ったが、朝倉勢が比叡山と結んで対抗したので、要害を各所に設け、山僧にかけあったが、了解をえられず、両軍は滋賀郡で睨み合いとなった（滋賀の陣）。この情勢に各地では戦いが広がった。十月一日に四国から篠原長房《しのはらながふさ》が三好三人衆に加勢するため摂津中島に到着、山城の西岡では徳政一揆が起き、三好三人衆が京に迫る情勢となった。

信長は、浅井と長年の対立関係にあった六角承禎とは和解にこぎつけたが、伊勢長島では本願寺一族の願証寺《がんしょうじ》を中核とした一揆が起きて、尾張小木江《こきえ》城にいた信長の弟信興《のぶおき》が自害、近江の堅田を守る坂井政尚《まさひさ》も朝倉・浅井連合軍に攻められ戦死した。

本願寺法主は、親鸞の血統に相続しており、法主の一族、家臣、門徒などを教団の構成員をなし、その会議の衆議が教団の意思を決定、戦国大名と同様な意思決定システムをとっていた。門徒は国ごと、郡ごと、特定の村や町ごとに門徒団を結成、その中核には取次の寺院があり、法主の指令を伝達していた。

石山本願寺は、山科から拠点が移されて以来、証如《しょうにょ》の下で寺領を拡大させ、城郭の技術者を集めて、周囲に堀や土塁を築き、塀、柵をめぐらし寺内町を形成、防備を固めてきた。天皇・公家衆に接近をはかり、細川晴元の養女を室に迎え、甲斐の武田氏、相模の北条氏とも親交を保った。
イエズス会のガスパル・ヴィレラの永禄四年（一五六一）八月の書状は、「日本の富の大部分は、この坊主の所有」と記し、その信仰について「夜になって坊主が彼らに対して説教をすれば、庶民の多くは涙を流す。朝になって鐘を鳴らして朝のお勤めの合図があると、皆、御堂に入る」と、記したほどに篤い信仰があった。

本願寺はこの信仰心を梃にして勢力を広げてきており、これを経済的に支えたのが大坂をはじめとする各地の寺内町である。寺内町には三つのタイプがあり、真宗寺院の主導によって成立したタイプが越前の吉崎や山科、伊勢の一身田《いしんでん》の寺内町で、土豪の門徒化で成立したタイプには摂津の久《きゅう》宝寺《ほうじ》、越中の城端《じょうはな》、大和の今井など、門徒集団が土地を買得《ばいとく》し、占拠したタイプに河内の富田林《とんだばやし》、大《だい》ケ塚《がつか》、和泉の貝塚などがあった。

そのうち今井町は興福寺一乗院の今井庄を母体に生まれ、天文二年（一五三三）に一向宗道場が建てられ、越智氏によって破却されもしたが、松永久秀が国衆と争うなか、永禄年間に顕如から寺号の称念寺を得て、河瀬兵部丞（後に改め今井兵部房）と河合清長《かわいきよなが》（後に改め今西正冬）が門徒や在郷武士・牢人を結集して形成、成長してきた。石山合戦では石山本願寺、三好三人衆側に味方し、堀を深くして土塁や見通しを妨げる筋違いの道路等を築き、枡形や虎口を固め、西口に櫓を設け、今西家を城構えとする環濠都市となった。

摂津の久宝寺は、蓮如の布教活動から始まって西証寺（のちの顕証寺）が創建され、周囲に環濠をめぐらして環濠集落・寺内町が形成されたもので、石山合戦時には土豪の安井氏が織田方に付いて寺内町の一向宗派と対立した。

富田林は永禄三年（一五六〇）に興正寺証秀《しょうしゅう》が石川西側の河岸段丘の荒芝地を百貫文で購入し、「大坂並」の寺内特権を獲得したことから始まり、周辺四か村の「八人衆」が協力して芝地を開発して御堂（興正寺別院）を建立、町割等を行ない、八人衆が年寄として自治を担った。石山合戦では本願寺側につかず、信長から「寺内之儀、別条有るべからず」との安堵状を得た。

信長包囲網

本願寺も、織田信長も、ともに裕福な町を掌握し、朝廷や武家と関係をもちながらもそれに従属しないという共通面があり、それが故に十年に及ぶ対立を繰り返すことになったのであり、四方に敵をつくり窮地に陥った信長は、浅井と講和をとりつけるも、朝倉氏や山門、本願寺との和議については難航した。そこに天皇が中に入って和平交渉に臨んだ。

信長のもとに関白二条晴良《にじょうはるよし》と義昭が赴き、信長からの誓紙を得ると、穴太《あのう》の陣所で綸旨や御内書を示して和平交渉が始まった。信長の荘園押領に悩まされていた山門は応じなかったが、晴良が和議不成立の場合は、高野山に隠遁すると迫って講和が実現、山門領の保護を約束する綸旨が山門に出された。義景から信長に三か条の起請文、信長から義景に五か条の起請文が出され、人質交換がなされ、浅井と織田の領国の境界が確定、朝倉は越前に帰り、信長も岐阜に帰った。

信長は危機を脱すると、改めて岐阜を拠点に周辺の地の経略に乗り出した。正月二日、木下秀吉に命じ、越前と大坂を結ぶ道筋のうち東北近江における姉川・朝妻の間での諸商人の通行を停止させ、伊勢の神戸《かんべ》具盛《とももり》を近江の日野城に幽閉した。二月には近江佐和山城の磯野《いその》員昌《かずまさ》を浅井氏から寝返らせてその跡に丹羽《にわ》長秀《ながひで》を入れ、員昌を高島郡に移したので、浅井氏が反抗したが、秀吉に退けられた。五月には一向一揆の拠点の伊勢長島を攻めたが、中州を利用したゲリラ戦に悩まされて、退却するところを反撃され、柴田勝家が負傷、氏家卜全《うじいえぼくぜん》（直元《なおもと》）が討死した。

越前の朝倉義景の娘と本願寺の顕如の子教如《きょうにょ》との結婚が決まり、同盟関係が深まると、信長は近江に出陣し、北近江の浅井氏と一向一揆を攻めて牽制しつつ、南近江の一向一揆の拠点である金森《かねがもり》を攻め、鹿垣《ししがき》を結回《ゆいまわ》し、出入りを止めて降伏させると、元亀二年（一五七一）三月、比叡山山僧の行為・活動を「出家の作法にも拘わらず、天下の嘲弄も恥ぢず、天道の恐れをも顧みず、淫乱、魚鳥を服用せしめ、金銀に耽り」、天下・天道に背くものと指弾、九月十一日に比叡山焼討ちを決行した。山下の日吉社《ひよししゃ》境内を焼き、八王子山に逃げ込んだ僧や俗人を殺害、山上にまで殺戮が及んだ。

これにより信長は、滋賀郡を明智光秀に、本願寺勢力の金森や延暦寺領・六角氏家臣の闕所地《けっしょち》を佐久間信盛にあたえた。山門焼討ちについて『信長公記』は、比叡山が壊滅的な打撃を受けたと記すが、これまでにも比叡山は焼討ちされており、被害が著しかったのは山下の坂本の町であって、知らせを聞いた公家の反応もさして大きくなかった。

山門滅亡の知らせに驚いたのは、仏法を尊崇する甲斐の武田信玄である。山門焼討ちで天台座主の覚恕法親王（正親町天皇の弟）を迎え、仏法の再興を懇願され約束した。信玄は、信長と結ぶ徳川家康を討つべく、元亀二年（一五七一）二月に遠江・三河に侵攻し、同年五月までに小山《こやま》城、足助《あすけ》城、野田城などを落とし甲斐に帰還していた。十月三日、小田原で北条氏康が亡くなると、跡を継いだ嫡男の氏政《うじまさ》は、謙信との同盟を破棄し、弟の氏忠《うじただ》、氏規《うじのり》を信玄に人質として差し出し、十二月二十七日に信玄との甲相同盟を回復させ、東国から信長包囲網を形成していった。

信長は内裏の建物群を元亀二年（一五七一）に完成させ、天皇家経済の安定のために洛中の町人に米を貸し付け、その利息を毎月納入させた。田畠一反あたり一升の米を禁裏の賄とし、京の町一町あたり五石を預け、年三割の利息で納めるよう下京四十三町、上京八十四町に触れ、毎月十三石の利息米を禁裏御倉職の立入氏に納めさせた。

信長への包囲網は翌年に顕在化する。正月に六角承禎が一向一揆と結んで蜂起し、南近江の金森・三宅に立て籠もり、三月に三好義継・松永久秀らが信長への敵対行動に入って河内の交野《かたの》城を攻め、摂津の伊丹忠親《いたみただちか》も高槻の和田惟政との縁戚関係から義継と同盟を結んだ。四月には紀州の門徒が本願寺に入る。本願寺の顕如は武田信玄に書状を送り、信長が摂津・河内に出陣するならば信長の背後を脅かすよう伝え、五月に信玄は、義昭に忠節を誓う誓紙を提出、義昭から「天下静謐の馳走」を求める誓紙が信玄に送られた。

信長は三月に浅井を攻めて上洛すると、四月に佐久間信盛・柴田勝家らに河内の反信長勢力を攻めさせ、三好義継が若江城、松永久秀が大和の信貴山城、久秀の子久通が多聞山城に逃れたので、信長軍は大和に入るが、筒井順慶《じゅんけい》との交渉で奈良中には入らなかった。

将軍義昭と信玄

元亀三年（一五七二）五月、岐阜に帰った信長は、浅井攻めに取り懸る。子の奇妙《きみょう》（後の信忠《のぶただ》）の初陣を兼ね、近江横山に陣を構えて大吉寺《だいきちじ》を攻め、一揆していた僧俗を切り捨て、琵琶湖北岸の浦々を焼き払い、七月十七日に虎御前山に要害を築いた。これに浅井長政は朝倉義景に救援を頼み、義景が一万五千の兵を繰り出し小谷城近くの大嶽に布陣すると、信長は虎御前山と横山城とを結ぶ連絡路を通した小谷城側に築地を築いて攻める体制を整えた。一進一退のまま、信長は木下秀吉を虎御前山城に据えて岐阜に帰る。

九月、信長は京の義昭に十七か条の意見書を申し入れた。元亀元年の五か条の事書への違反を指摘したもので、その第一条は、禁中の儀を油断しないようにあたる事への違反であって、「近年の御退転」はあってはならぬといい、第二条は、諸国に御内書を出す時には内容を信長に伝え、信長が書状を添える事への違反で、馬などを所望するなど、公方としてあるまじき行為と記し、最後に、義昭が欲に耽《ふけ》って耳を貸さないその態度から「悪しき御所」という噂が立っている、と意見した。

これらを示された義昭は、信玄に期待をかけていた。本願寺と信長の和平の斡旋を信玄に求めるかたわら、越後の上杉謙信にも信玄との和睦を求めた。義昭に期待された信玄は、元亀二年（一五七一）七月、覚恕の斡旋で僧正に任じられると、北条氏との和議を背景に駿河に侵攻した後、十月三日に甲府を進発、諏訪から伊那郡を経て、山県昌景《やまがたまさかげ》・秋山虎繁《とらしげ》らを徳川氏の三河へ向かわせ、自らは馬場信春《のぶはる》らと青崩峠《あおくずれとうげ》から遠江を攻めた。浅井・朝倉氏に信長への対抗を要請しつつ、徳川方の諸城を落としてゆき、昌景も柿本城、井平城を落として信玄本隊と合流する。

信長は上杉謙信と誓紙を交わして信玄を背後から襲うように求めていたが、十一月、叔母おつやの方の治める東美濃の岩村城が武田方の手に落ちた。信長が浅井・朝倉・本願寺勢力に対峙していたため、援軍の数少ない家康は、十月に武田軍に敗退し（一言坂《ひとことざか》の戦い）、十二月には二俣城も落され、劣勢になり浜松に籠城の構えを見せていたが、武田軍が浜松城を攻囲せずに西上していったのに誘われて、出陣したところ、十二月に遠江の三方ヶ原《みかたがはら》で惨敗する（三方ヶ原の戦い）。

信玄は、浅井長政援軍として参陣していた朝倉義景が撤退したことを知り、義景に文書を送って再度の出兵を求めるが（「伊能文書」）、義景は動かず、信長包囲網の一角が崩れたため信玄の軍勢は前進を止め、元亀四年（一五七三）に三河に侵攻、二月十日に野田城を落とした（野田城の戦い）。都での信玄への評価は高く、ルイス・フロイスの書状は、戦術によって坂東の七、八か国を征服し、軍兵を損ずること甚だ少なく、数日のうちに三河・遠江を占領し、武力によって畏怖され、部下から大いに尊敬されている、と記している。

野田城落城の報を聞いた義昭は喜び、二月十三日に挙兵の意思を浅井・朝倉に表明、二条城の堀を掘らせ、防備を固めた。この「公儀御逆心」の報を得た信長は、信玄への対応もあってすぐに動きをとらなかった。ところが、信玄が野田城落城直後から度々喀血、持病が悪化し、進撃を突如停止して療養、近習・一門衆の合議により四月初旬に甲斐への撤退を決めた。
四月十二日、軍を甲斐に引き返す途中の信濃駒場で信玄は死去した。死を三年間、伏せるように
との遺言で、三年後の天正四年（一五七六）四月十二日に恵林《えりんじ》寺で葬儀が営まれた。

二　織田政権

幕府消滅から織田政権へ

信玄の動きや情勢を見守っていた信長は、三月二十九日に上洛して義昭との和議を試みるが、信玄頼みの義昭は、畿内の情勢も好転していたこともあって、和平を拒否したうえ、京都支配を担当する村井貞勝の屋敷を囲み対決の姿勢をとったので、信長は、四月四日に「上京悉く焼き払ひ候」と、上京の焼討ちで二条御所を孤立させた。

危険が禁裏にも及びそうになって天皇が調停に動き、和平がなって、信長は岐阜に帰るが、その途中、近江の百済寺《ひゃくさいじ》が一揆に通じていたとして焼き払って、五月十五日に佐和山城に出向き、五千の大軍を運べる大船を造るように命じた。

義昭は信玄の死が伝えられたこともあり、元亀四年（一五七三）七月三日に二条御所を三淵藤英《みつぶちふじひで》に預けて京を出ると、山城の守護所の槙島城《まきしま》に籠もった。一旦、没落した後に京に迎えられるという、これまでしばしばあった作戦で、今度の頼みは西国の雄の毛利氏であった。しかしこれは信長の思い描いていたところであり、信長は建造したばかりの大船で琵琶湖を渡り坂本から入洛、十三日に毛利輝元に宛てた書状で「（義昭が）天下捨て置かる上は、信長上洛せしめ、取り鎮め候」と、十六日に出陣して槇島を攻めると、義昭はあっけなく降伏した。

その身柄を秀吉が河内若江城に送ったが、同行したのは奉行衆、奉公衆数名だけであり、多くは京都に残り、義昭は幕府関係者にも見捨てられた。以後、義昭は将軍職は保持したものの、実権も権威も失い、ここに室町幕府は消滅した。

信長は、七月二十一日に元亀の年号を不吉として、改めるよう天皇に奏上、二十七日に京都支配のために村井貞勝を「天下の所司代」に任じ、翌日、元号が多くの案のなかから望んでいた「天正《てんしょう》」となり、正親町天皇から信長に伝えられた。天正の出典は『老子経』の「清浄なるは天下の正と為す」であり、ここに「天下静謐、安穏」を実現した武家政権としての信長政権が始まるが、それは幕府の再来ではなく、新たな武家政権の誕生である。

八月二日、義昭から離れた細川（長岡）藤孝《ふじたか》は、山城西岡の地の支配を「一職《いっしき》」に信長から与えられた（『東寺文書』）。これまでの重層的土地支配権の整理の始まりを意味するものであり、信長は藤孝に命じて、淀城に立て籠もる三好三人衆の岩成友通《いわなりともみち》を討たせ、自からは三万の軍勢を率い越前に侵攻して朝倉軍を破ると、朝倉義景は一乗谷を捨てて大野郡の賢勝寺《けんしょうじ》に逃れて自刃した。

続く八月二十六日の浅井攻めのため虎御前山に陣を据え、秀吉が小谷城に攻め上り、二十八日に久政、九月一日に長政を自害に追い込んだ。信長の妹市《いち》らは、落城前に信長に引き取られ、浅井氏旧領は秀吉に与えられた。九月二十四日、信長は尾張・美濃・伊勢の三万の軍勢を率い、伊勢長島の攻略に向かった。

滝川一益《たきがわかずます》らが長島周辺の城を次々と落とし、伊勢の大湊に長島攻略のための出船を桑名衆に命じるが、うまくゆかず、十月に矢田《やだ》城に滝川一益を入れ、その撤退のところを一揆軍の奇襲にあい林通政《みちまさ》が討死した。長島攻めの進まないなか、十一月五日に秀吉は堺で義昭と帰洛の交渉に入った。

義昭は人質を条件としたために交渉が決裂、河内の三好義継《みよしよしつぐ》が義昭に同調して反乱を起こしたので、佐久間信盛を派遣すると、義継は家臣の裏切りで自害し、義昭は紀伊の由良に追われた。本願寺の顕如はこの情勢から、信長に名物茶碗「白天目《はくてんもく》」を贈って和解に至る。信長は妙覚寺での茶席に堺の茶人の津田宗及・今井宗久を招き、「白天目」を出し、千宗易(利休)の手前で茶を喫した。十二月には松永久秀が多聞山城を明け渡して、京周辺の情勢は信長の思う通りに進んでいった。

四方の敵対勢力

毛利氏は、永禄六年(一五六三)に輝元の父隆元が亡くなるが、同九年に祖父元就が尼子氏を破り、中国地方最大の大名となっていた。輝元は義昭から京都復帰を依頼されて、安国寺恵瓊《あんこくじえけい》を派遣したが、和平交渉は決裂、天正元年(一五七三)十二月十二日に恵瓊は、備前岡山から国許に送った書状で、その交渉の経過を記している。

恵瓊は、信長側の交渉役は木下秀吉と朝山日乗《あさやまにちじょう》で、人質を求める義昭に、秀吉は自らの立場を弁《わきま》えないものと言い放った、といい、また、信長の代は長くはなく、来年には官職について公家になるが、仰向けに転んでしまう、とも記し、秀吉を「さりとての者」と高く評価していた。

恵瓊は、安芸守護の武田氏出身の安国寺の僧で、毛利に仕えて交渉役となり、浦上宗景《むねかげ》の使者や別所長治《ながはる》らとともに上洛した。信長が宗景の使者に備前・播磨・美作の領知《りょうち》安堵の朱印状を与えたことや、宗景と別所長治との境界を定めて双方の当知行を認めたことなど、今後の信長政権の方向性などをも伝えていた。

同十二年に毛利家は、出雲の大半を尼子勝久《かつひさ》・山中幸盛《ゆきもり》の挙兵により奪われたが、元亀元年に取り返して勝久らを京に追い、領国支配では、家臣の所領を貫高基準で軍役を賦課することはなかったが、同二年に元就が死去すると、輝元は一族の吉川元春・小早川隆景らに支えられ、信長に対抗する一大勢力となり、永禄三年に検地を実施し、それに基づいて知行地を与え、軍事面では中小領主層を「一所衆」「同道衆」として編成した。

信長は、毛利には木下秀吉を取次にあたらせ対応させてゆくが、越前では、天正二年正月、守護代に任じていた朝倉氏旧臣の桂田長俊《かつらだながとし》に国内の武士が反発、府中城の富田長繁《とだながしげ》によって殺害されるが、その富田も一向一揆により殺害され、「一揆持ち」の国になった。信玄の跡を継いだ武田勝頼も侮《あなど》れず、天正二年二月に東美濃に侵攻したので、信長は子信忠とともに迎撃したが、信長の援軍到着前に明智城が落城し、信長は武田軍との衝突を避けて岐阜に撤退した。

不安定な状況が続くなか、信長は上洛して三月に従五位下に叙され昇殿を認められ、それとともに勅許を得て東大寺正倉院の香木蘭奢待《らんじゃたい》を見るべく奈良に下った。この報を聞いて、警戒していた奈良中の人々は、信長が一行の三千人に陣取りを堅く停止したので、「一段の善政の下知」と喜んだといい（『多聞院日記』）、南都にその存在を示した。

松永久秀の多聞山城に入り、「三国に隠れなき御名物の蘭奢待」を一寸八分ほど切り取り、これを馬廻り衆に見せて、信長の「御威光」「御憐愍《ごれんびん》」を思い知らせ、切り取った蘭奢待を周辺に分与して求心力を高めた。贈物は名物であればあるほど価値が高くなるもので、三月には上杉謙信に『洛中洛外図屏風』を贈ったが、これは天皇の周辺から信長に贈られた屏風であったと考えられる。

四月になると再び本願寺勢力が動き始めた。摂津中島城を攻め落とし、河内の遊佐信教《ゆさのぶのり》の高屋城を反信長勢力の拠点となし、四国の三好康長《やすなが》が加わった。そこで大和の筒井順慶が、信長の命を受け十一日に出陣して信教を討ち取っている。

五月には武田勝頼が遠江の高天神《たかてんじん》城を攻めたという報が入って、信長は岐阜に帰って兵粮米の手当を命じ、岐阜を発ったが、十七日に高天神城が落城したため、三河の吉田城で浜松城から来た徳川家康に軍資金の黄金を渡して岐阜に戻った。

岐阜の城下町と長島一揆

信長の根拠地とした岐阜城は、比高差が三百メートルもある金華山の山上と山麓の御殿、城下町からなる。山上を居所とし、山麓の御殿を各地の使者や客人を受け入れる接待空間とした。永禄十二年（一五六九）五月にルイス・フロイスが布教の許可を求め岐阜を訪れて岐阜城を次のように記す（『日本史』）。永禄六年に横瀬浦（長崎県西海市）に上陸して布教活動を開始していたものであった。

宮殿は非常に高い、ある山の麓にあり、その山頂に彼の主城があります。驚くべき大きさの加工されない石の壁がそれを取り囲んでいます。第一の内庭には、劇とか公の祝祭を催すための素晴らしい材木でできた劇場ふうの建物があり、その両側には、二本の大きい影を投ずる果樹があります。

御殿はいくつかの郭が連結され、二階(婦人部屋)、三階(茶室)、四階(展望室)があり、上の城には百名以上の若い貴人がおり、信長と家族に仕えていた。山麓の御殿の近くには木下秀吉や武井《たけい》夕庵《せきあん》、織田信広などの屋敷があったという。

その城下は周りを廻らした惣構の中に武家屋敷地と内町から成り、内町の北側に大桑の住人が移住して百曲通に町が立てられ、その南に従来の住人が七曲通に町家を建て、その通りは長良川に注ぐ井川に向かい、南には、尾張からの商人や職人を招いて、空穂屋《うつぼや》町・新町を形成、武家屋敷や家臣の宿所は、商人や職人の居住地にもあり混在していた。

信長が次に狙いを定めたのは、伊勢長島の一向一揆であって、七月に数万の大軍に、織田信雄《のぶかつ》・滝川一益・九鬼嘉隆《くきよしたか》らの伊勢・志摩水軍を率いて攻めた。信長は「天下の儀を仰せ付けられ」たことを名分として臨み、大鳥居城などに立て籠もる一揆衆を水陸から包囲し、「大砲」で攻撃し、詫び言を申してきても認めず「干殺《ひごろ》し」の兵粮攻めにした。

飢え死にが続出し、八月二日に大鳥居城から逃げ出した一揆勢男女千人余を討ち取り、九月二十九日に長島城の門徒が船で大坂方面に逃れようとすると、鉄砲で一斉射撃を浴びせ掛け、中江城・長島城に立て籠もる長島門徒二万人を城の周囲の柵で包囲、焼き討ちで全滅させた（『信長公記』）。河尻秀隆《かわじりひでたか》に送った書状に「根切るべき事に候の間、その咎を免ぜず候」「男女悉く撫切《なでぎり》に申し付け候」と記し、最初から「根切り」（根絶）する方針であって、この「根切」「撫切」の方針は、信長が一揆を反乱軍と見做したためである。

長島一揆との合戦の最中、摂津・河内では本願寺勢力にも動きがあり、荒木村重《むらしげ》や長岡藤孝《ふじたか》、明智光秀が対応したが、その際にも「大坂根切の覚悟」で油断なく才覚するよう伝えている。十一月、荒木村重が摂津伊丹城を攻めて伊丹忠親《いたみただちか》を逐い、伊丹城が有岡城と改称され村重に与えられた。閏十一月には分国の国々の道作りを坂井文助《ぶんすけ》・河野藤蔵《とうぞう》・篠岡八右衛門・山口太郎兵衛の四人の奉行に命じ、年三回の道の修築、橋の架橋、水道などを指示し、関の停止とともに分国の交通網の体制を整えた。

天正三年（一五七五）正月には洛中洛外の寺社本所領について、管理する雑掌に退転がないように指示し、三月十四日に前権大納言中山孝親《なかやまたかちか》に米五石など公家・門跡衆に米を分配し、徳政令を発して公家衆を保護し、三月二十三日に塙直政《ばんなおまさ》を大和国の守護に命じた。大和には守護が置かれなかっただけに衝撃をあたえたが、これは大坂攻めの布石であった。

四月に石山本願寺・高屋城周辺に押し寄せて焼き討ちし、両城の補給基地の新堀《にいぼり》城を落とし、三好康長を攻めて降伏させ、河内の諸城を破城した。

長篠の戦い

天正三年（一七七五）四月二十八日に岐阜に帰った信長は、武田との合戦に向かった。十二日に、武田勝頼が信玄三回忌を府中の館で供養した後、本願寺と連携して尾張・三河に向かって出陣したという報告が届いたからである。

勝頼は四月二十八日に越中の杉浦氏に宛て「織田上洛の上、大坂へ取り掛かり候」と記し、信長の留守を狙って諸城を落とし、五月一日に武田に離反し徳川方についた奥平貞昌《おくだいらさだまさ》の長篠城（愛知県新城市）を一万五千の軍勢を率いて攻め寄せると、六日、小幡信真《おばたのぶざね》に十三か条の軍役条目を示し、十一日に長篠城攻略に取り懸った。

奥平勢の抵抗に武田軍が手間を取っているのを知った信長は、十二日に三万の大軍を率いて出陣、十七日に三河の野田で徳川軍八千と合流した。勝頼は「信長・家康、後詰として出張候と雖も、指せる儀なく対陣に及び候」と長坂光堅《ながさかみつかた》宛ての書状に記すなど、戦いを楽観視していたのだが、地の利を有効に活用したのは織田・徳川連合軍方であって、十八日に設楽原《したらがはら》に陣をしき、二十一日に武田軍との合戦が始まった（長篠の戦い）。

武田軍一万五千に、織田・徳川連合軍は十万の大軍で、武田の騎馬隊に応じて馬防柵を設け、「鉄砲千丁ばかり。佐々内蔵介《さっさくらのすけ》（成政《なりまさ》）、前田又左衛門（利家《としいえ》）、野々村三十郎（正成《まさなり》）、福富平左衛門（秀《ひで》勝《かつ》)、塙九郎左衛門(直政)」が奉行し、火縄銃を用いた射撃もあって武田軍に圧勝した。武田軍は馬場信春《のぶはる》、内藤昌豊《まさとよ》、山県昌景《まさかげ》など有力な武将を失い、勝頼は何とか戦場を脱するも、領国拡張ではなく領国支配の充実へと向かった。

鉄砲の製造技術が伝わって以来、各地の大名が使用するようになっていた。上杉謙信は上洛して義輝から鉄砲の玉薬調合の書物を拝領したが、これは大友宗麟《おおともそうりん》献上のもので、上杉家は永禄十年に家臣に鉄砲を装備させており、天正三年の『御軍役帳《ごぐんやくちょう》』には、鉄砲三百の軍役が記載されている。上杉に攻められた北条氏も鉄砲を装備し、畿内でも三好長慶や根来《ねごろ》衆が実戦で使用、信長は元亀元年(一五七〇)五月の美濃の遠藤胤俊《えんどうたねとし》・慶隆《よしたか》に宛てた書状で、鉄砲を塙直政・丹羽長秀に調達させたと記しており、早くから目をつけていた。

鉄砲は長島合戦と長篠合戦でその威力を大いに発揮、戦いは新たな段階に入った。長篠合戦自体は、圧倒的な武力の差によるものであり、武田の騎馬隊は上層の武士だけが乗馬でき、遠征軍だったために敗れたのであるが、それにも拘わらず武田軍の強さが謳《うた》われ、鉄砲の威力が知られたのは、信長が勝利を誇張して広く世間に伝えたからである。

六月二十七日、織田軍圧勝の成果をひっさげ、摂関家以下、諸国の国衆の迎えを受けて入洛すると、そこで常陸国での天台宗と真言宗の僧侶の争いに端を発する、真言僧にも天台僧の着ている素《そ》絹《けん》の衣を認めるべきか、認めないかで、二転・三転する綸旨が出されていたのを知り、公家の中から五人の奉行を任命して問題の解決に当たらせた。

信長が誠仁《さねひと》親王の禁中での鞠遊びに黒戸《くろど》御所の縁に祗候していると、正親町天皇が信長に官位を与えようとしたが、信長はこれを固辞して家臣への苗字や任官をもちかけ、松井友閑《まついゆうかん》に宮内卿《くないきょう》法印《ほういん》、明智光秀に惟任日向守《これとうひゅうがのかみ》、塙直政に原田備中守、荒木村重に摂津守、羽柴秀吉に筑前守とするなど、武家独自の官位を模索していた。

信長政権の新展開

信長は朝廷の政治体制を整える動きに出るとともに、越前を平定する必要に迫られていた。それというのも天正三年（一五七五）四月に顕如が北陸道の門徒に宛て、信長が宗旨《しゅうし》破却を企てているので、籠城に際しては兵粮に注意し、仏法の擁護・再興にあたるよう指令を出していたからである。

八月十二日に岐阜を出た信長は、十四日に越前に着くと、本隊三万が敦賀から、金森勢が美濃から大野郡を目指し、海からは水軍が侵攻、十五日に総攻撃、一揆方の防衛ラインを突破、一揆軍の西光寺や下間和泉《しもつまいずみ》を討ち取った。信長はその戦場の様を「府中町は死がい計にて、一円あき所なく候」「山々谷々残る所なく捜し出しくびをきり候」と、一万人を超える門徒を「撫切」にしたと記す。

加賀の能美《のみ》・江沼両郡に簗田広正《やなだひろまさ》・佐々長秋《ながあき》・堀江景忠《かげただ》らを配し、九月二日に越前北庄《きたのしょう》に築城を命じ、柴田勝家に越前八郡を与えて越前に国掟九か条を定めた。最初の三か条は、越前が「一揆持ち」の国となったことへの対応であり、「国中へ非分の課役」を懸けないよう（第一条）、「国にたて置き候諸侍」に勝手な扱いをしないよう（第二条）、「公事」は正しい道理に基づくよう（第三条）求め、第四条は、「京家領」を乱以前の知行に基づいて安堵した。

第五条は、諸関の停止を他の分国と同様の措置をとると定め、第六条から大国を預け置かれた大名の心構えを示し、最後の第九条で「何事に於いても信長申す次第に覚悟肝要に候」と、信長への絶対服従を要求、「侍の冥加有りて長久たるべく候。分別専用の事」と、侍の本分を尽くすように、とダメを押した。掟は越前国宛ではあっても、回覧されて他国にも運用された。

信長は越前での合戦の成果に基づいて、本願寺を赦免する方向で交渉に臨んだ。松井友閑・三好康長に仲介を命じ、和議の条目を十月五日に入手して十日に岐阜を発ち、完成したばかりの瀬田橋を渡って入洛した。二十一日に本願寺赦免を伝え、本願寺から年寄が礼を述べに来た。「当寺の儀、御懇望について御無事の上は」と、本願寺の懇望で赦免する形がとられた。

十月三十日に勧修寺《かじゅうじ》晴右《はれすけ》の屋敷で「信長昇進の事」の談合があり、十一月四日に信長は権大納言に任じられ、七日に右近衛大将を兼任したが、簡便な消息宣下の任官ではなく、陣座を木村高重《たかしげ》につくるように命じ、正式な陣座での任官儀式が行なわれた。信長は積極的に朝廷内部に入ってゆき、十一月六日・七日に門跡や公卿に広く新地を朱印状で宛行《あてが》い、当知行安堵の政策を一歩進めていったのである。

摂家の一条内基《いちじょううちもと》がこの五月に土佐から上洛すると、新地を与え、十一月十四日に内大臣になり翌年十一月に右大臣に転じたので、その跡に信長が入って内大臣となり、天正五年に内基が左大臣に転じると、その跡に信長が右大臣になった。そのため公家は、これまで信長を「信長」と呼び捨てにしていたが、「大将殿」と表記するようになる（『兼見卿記《かねみきょうき》』）。家臣の書状も、十一月十六日に松井友閑が村井貞勝に宛てた青蓮院《しょうれんいん》門跡の知行地の扱いに関わって「上様の御前、相済む事に候」と記しており、以後、「信長」ではなく、「上様」と記すようになる。

信長が右大将になった十一月七日、嫡子信忠が秋田城介《あきたじょうのすけ》に任じられ、二十八日に信長は家督と尾張・美濃領国を譲って後継の体制を固め、天正四年（一五七六）、岐阜城を信忠に譲り、新たな居城を安土山《あづちやま》（滋賀県近江八幡市）に求め、築城を丹羽長秀《にわながひで》に命じて二月に城内の仮御座所に移った。安土は岐阜と京を結ぶ中間に位置し、分国の中央にあって琵琶湖に臨んで水運も利用できる要衝である。四月一日から尾張・美濃・伊勢・三河・越前・若狭・畿内の諸侍を動員して石垣造りが始まり、天主の築造には京・奈良・堺の職人を徴発、普請奉行は木村高重で、大工棟梁は岡部又右衛門であった。

石山本願寺攻め

天正四年（一五七六）四月、本願寺が再び挙兵すると、信長は摂津知行の荒木村重、山城の光秀と長岡藤孝、南山城・大和の原田（塙）直政らに出陣を命じた。村重は野田、光秀・藤孝は森口・森河内に入り、直政は本願寺南の天王寺の砦に入って木津を攻めた。これに本願寺は、楼岸と木津を押さえ、海上との連絡路を確保して楼岸から討って出て、直政軍を鉄砲でさんざんに撃ち、五月三日に直政は戦死する。

信長は安土城築城を信忠に託し、四月晦日に上洛して妙覚寺《みょうかくじ》からあわただしく天王寺砦を守るべく五月五日に出陣、七日に軍勢を率い、天王寺砦を包囲する本願寺軍一万五千の中に攻め入った。自身も銃撃され負傷するが、本願寺軍を撃破、追撃して二千七百人余りを討ち取り、天王寺砦に佐久間信盛・松永久秀を配し、大和知行を筒井順慶に託し、石山本願寺の四方十か所に砦を築き、住吉浜に要害を構え、水陸から包囲して兵粮攻めとした。

京には恒常的な座所《ざしょ》のため、関白二条晴良《にじょうはるよし》を大報恩寺《だいほうおんじ》に移して、その「泉水大庭、眺望面白く」という二条殿を屋敷とするなか、五月、毛利輝元が断交を伝えてきた。天正二年に浦上宗景《うらがみむねかげ》が山中《やまなか》幸盛《ゆきもり》と結んで、尼子勝久が因幡の鳥取城に入るなど、信長勢力が中国地方に及び、二月に足利義昭が紀伊国から毛利領内の備後の鞆《とも》に移り、毛利の保護を得て反信長勢力を糾合したことなどによるものであったが、本願寺の再度の挙兵も関係していた。越後の上杉謙信も本願寺と和睦し信長と敵対するようになった。

七月、児玉就英《こだまなりひで》らの率いる能島《のしま》・来島《くるしま》の毛利水軍八百隻が押し寄せると、本願寺包囲網の一環として信長の命で海上封鎖にあたっていた淡路の安宅信康《あたぎのぶやす》の水軍はなす術がなかった。木津川口の戦いには「ほうろく火矢」という火薬を詰めた丸い器物を投げ込まれて大敗を喫し、毛利軍は本願寺に兵粮・弾薬を運び込んだ。

このように毛利輝元・石山本願寺・上杉謙信及び紀州の雑賀《さいか》衆などの反信長勢力が立ち現れたことから信長はこの事態に禁裏との関わりを強めた。本願寺攻めに際しては勅使派遣を要請、清涼殿で信長出陣の祈禱が行なわれ、十一月に信長の奏請で神泉苑が東寺に還付され、十三日に女房奉書で「天下の御いのり」が東寺に命じられたが、その奉書の袖には信長の朱印が捺され、天下に関わる朝儀を信長が主導していることを示した。

天正四年十一月二十日に信長は内大臣になって、翌年二月に本願寺攻めのために河内・和泉攻めに出陣、和泉の貝塚で一向一揆を退け、本願寺に味方して兵を繰り出してきた紀伊の雑賀一揆を攻めた。これは紀ノ川河口域の雑賀郷・十ケ郷《じっかごう》を中心に広がる土豪の一揆衆で、鉄砲を所持し、大名などの傭兵として活動していた。

三月一日にその一揆の中心人物である鈴木孫一《まごいち》の居城雑賀城を囲み、三月十五日に降参させて帰洛するが、中国地方では毛利方についた備前の宇喜多秀家《うきたひでいえ》が三月に播磨に侵攻、四月には室津に進み、毛利輝元が三原に本陣を進めるなど緊張感が高まっていた。

安土の首都計画

天正四年（一五七六）冬、信長は翌年の安土行幸を計画した。山科言継の娘阿茶は、父に「みやうねんは、あつちへ大りさまきやうかう申され候はん」と、行幸があると書いている。譲位に向けて礼服の風干しが行なわれており、行幸が正親町天皇なのか、誠仁親王の践祚後なのかはともかく、行幸が実現し、そのまま居座れば遷都という事態にもなる。それだけに安土整備は急がれた。

十一月十一日に杣大鋸引《そまおがびき》・鍛冶・桶結・屋根葺・畳指を動員し、国役として作事を行なうように木村高重に指示している。『フロイス日本史』は「信長は新しい町と屋形とを安土山といわれる山上に造った。七階建てで」あり、これまでに日本で建てられたうち最も威容を誇る豪華な建物であった、と記している。

六月に信長は「安土の山下町中」に十三か条の法を定めた。第一条の楽市楽座に始まり、往還の商人の寄宿を強制（第二条）、普請と伝馬の免許・免除（三、四条）、火事や咎人、盗人の処罰規定（五から七条）、徳政免除（八条）、来住者の権利保護（九条）、喧嘩口論など、町の平和（十、十一条）、家並役免除（十二条）、博労による馬売買（十三条）など、市場法の性格を越えた都市法である。なかでも第十二条の町並みや居住の者の規定は、奉公人や諸職人であっても家並役を免除していて、奉公人や諸職人を優遇したのは、安土への来住を促したものである。

安土の整備が進むなか、信長は閏七月に完成した京の二条の屋敷に入り、ここに安土を中心に京都・岐阜を押さえとする領国の空間構造が形成された。だが八月に雑賀一揆が再び蜂起し、北陸では謙信が能登に侵攻して七尾《ななお》城を包囲した。この前年九月に謙信は越中に侵攻、一向一揆支配下の富山城以下の諸城を攻め落とし、椎名康胤《しいなやすたね》の蓮沼城を陥落させて康胤を討ち取って越中を平定、十一月に能登に進み、畠山氏の熊木城以下の諸城を次々に攻略し、七尾城を囲んだものである。九月十五日に畠山の家臣遊佐続光《つぐみつ》が謙信と通じ、信長と通じる長綱連《ちょうつなつら》を殺害したことで七尾城が落城、これにより謙信は越後・上野・越中・飛騨・能登を領国とした。

長綱連の要請を受けた信長は、柴田勝家や羽柴秀吉・滝川一益・丹羽長秀・前田利家・佐々成政ら三万の大軍を派遣したが、秀吉は勝家と意見があわずに離脱し、残った軍が九月十八日に手取川を渡河し水島に陣を張ったところ、七尾城陥落の報が入って退却を始めたところ、背後から謙信勢に襲われて、惨敗を喫した。

八月に天王寺砦にいた松永久秀が、信貴山城に立て籠もり挙兵すると、九月に信忠を派遣し、信貴山城を攻め、久秀が十月十日に自刃し、信忠は久秀を滅ぼした功により十五日に近衛中将に任じられ、十一月二十日に信長は右大臣に昇進した。

翌天正六年（一五七八）正月、信長は安土に出仕した五畿内・若狭・越前・尾張・美濃・近江・伊勢の面々から礼を受け、座敷で信忠以下十二人に茶を出し、狩野永徳の描いた御座所の濃絵をはじめ、完成した安土城の御殿の所々を人々に見せている。『安土日記』によれば「御殿主ハ悉黒漆也。御絵所皆金也」で、前年五月に立柱、十一月に屋根が葺かれた。

七重からなる城郭は、一重の座敷が黄金で装飾され、中国古典古代の皇帝や儒者・賢人などの図を狩野永徳が描いた。二重目は八角四間で外柱が朱、内柱が皆金の装飾で、印度の仏教的世界が描かれた。三重目には絵はなく、四重目は岩の間に龍虎之戦の絵、竹の間に松の絵、桐に鳳凰の図、「てまりの木」「庭子之景気」、鷹の間などからなっていた。全体は花鳥風月を描き、素材を中国の古典に求め、山水画の世界を基調としたもので、唐絵を求めた室町将軍の武家趣味の延長上にある。

城下から、琵琶湖の対岸から見ると、壮麗で偉容を誇る建物であって、城下には直属の宿老衆や先手衆、尾張から弓衆・鉄砲衆・馬廻衆・小姓衆・小身衆を移し、機動性を有する直属軍団を編成した。東国の上杉景勝には柴田勝家・前田利家・佐々成政らを配し、武田勝頼に滝川一益・織田信忠らを、西国の波多野秀治に明智光秀・細川藤孝らを、毛利輝元には羽柴秀吉を、石山本願寺には佐久間信盛を配して、安土中心の体制を整えた。二月に安土に相撲取り三百人を集めて相撲を取らせ、京では朝儀復興で節会を行なわせるなど、安土・京は安穏な年明けとなった。

越後の上杉家と安土城下町

北陸戦線から離脱した羽柴秀吉は、信長から叱責されて播磨に派遣され、服属してきた黒田孝高《よしたか》の姫路山城を本拠に播磨・但馬を転戦し、但馬の太田垣輝延《てるのぶ》の竹田城を落とし、竹中重治《しげはる》・黒田孝高を派遣して毛利方の福原城を落とし、備前・美作国境に近い赤松政範《まさのり》の上月《こうづき》城をも十二月に落とし、尼子勝久・山中幸盛を入れた。

毛利輝元が大軍を上月城奪還に向けて動くなか、天正六年二月に播磨の書写山《しょしゃざん》に要害を築くと、別所長治が播磨三木《みき》城（兵庫県三木市）に立て籠もって本願寺・毛利方についた。丹波では長治の姻戚関係にある波多野秀治が反旗を翻し、信長は光秀を派遣するなど西で慌ただしい動きが始まり、北では、謙信が三月九日に春日山城内の厠で倒れて十三日に急死し、謙信死去の報が三月下旬に信長の耳に入る。

謙信には実子がおらず後継者を定めていなかったため、養子の景勝・景虎の間で相続争いが起きた。景勝が先手をうって三月二十四日に春日山城本丸と金蔵を占拠し家督を宣言すると、景虎は五月に城を抜け出して城下の御館《おたて》に立て籠もり争った（御館の乱）。

景虎の実兄北条氏政は甲相同盟により武田勝頼に出兵を依頼したので、勝頼が信越国境まで出兵したが、景虎を支援せず両者の調停に動くが不調となり、三河の徳川家康が駿河に侵攻したため、越後から撤兵した。代わって北条の軍勢が越後に攻め込むが、これもうまくゆかず、天正七年（一五七九）三月に景勝に攻められた景虎は、二十四日に自害し、景勝は勝頼の異母妹と婚約し同盟を結んだ。

天正七年四月、信長は突然に右大臣を辞し、嫡男信忠への地位継承を奏請《そうせい》するが、信忠への譲りは認められなかった。信長は自ら戦場に出馬することを考えて職を子に譲ろうとしたのだが、天皇は出馬せぬように求めた。その四月、毛利輝元が備中松山城に陣をしき、十八日に吉川元春・小早川隆景が六万の兵を率いて上月城を取り囲んだ。秀吉の急報で信長は出馬を言い出すが、佐久間信盛、滝川一益、明智光秀、丹羽長秀らに抑えられ、織田信忠が派遣されることになる。

五月十一日に信長は完成した安土城天主に移り住んだ。この日は信長の誕生日であった（『フロイス日本史』）。その安土で浄土宗の霊誉《れいよ》玉念《ぎょくねん》長老が町で法談をしていると、法華信徒の建部《たけべ》紹智《しょうち》・大《おお》脇伝介《わきでんすけ》の二人が問答を仕掛けて論争になり、都鄙の僧俗が安土に集まった。これを伝え聞いた信長が是非を判定をする、と両宗に伝えたところ、浄土宗側からは指示に従う返答があったが、法華宗は同調しなかったので、宗論で決する事になり、五月末、五山南禅寺の鉄叟景秀《てっそうけいしゅう》らを判者に招き、安土町末の浄厳院《じょうごんいん》の仏殿で、浄土宗の僧（玉念《ぎょくねん》・貞安《ていあん》・洞庫《どうこ》）と、法華僧（日珖《にちこう》・日諦《にちてい》・日淵《にちえん》）との間で

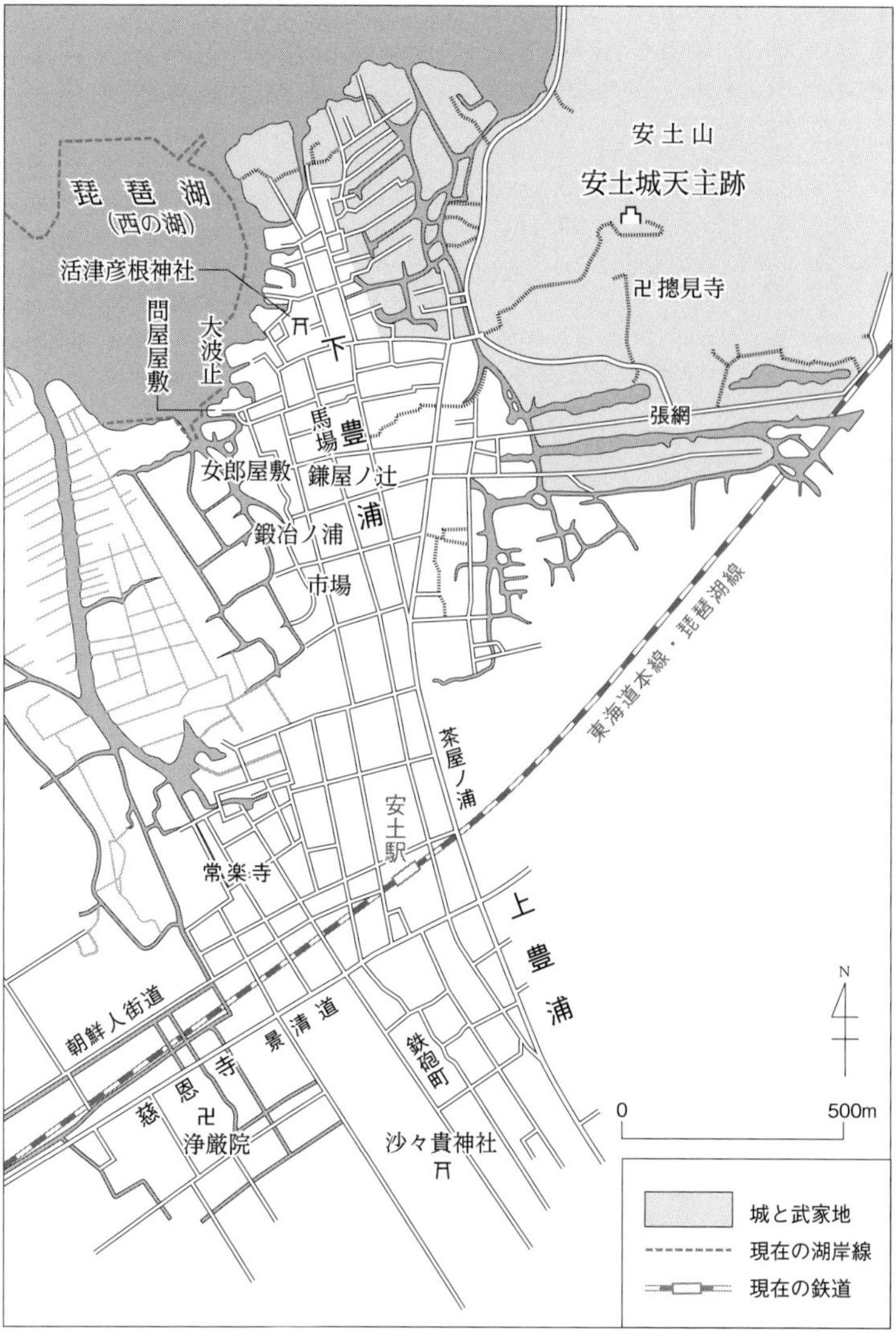

安土山
安土城天主跡
卍 摠見寺
琵琶湖
(西の湖)
活津彦根神社
問屋屋敷
大波止
下
豊
浦
馬場
女郎屋敷
鎌屋ノ辻
鍛冶ノ浦
市場
張網
東海道本線・琵琶湖線
茶屋ノ浦
安土駅
常楽寺
上
豊
浦
朝鮮人街道
景清道
慈恩寺
卍
浄厳院
鉄砲町
沙々貴神社
N
0
500m
城と武家地
現在の湖岸線
現在の鉄道

安土の城下町

宗論が行なわれた。

浄土宗側が、釈尊が四十余年の修行をし、以前の経を捨てたならば、汝は方座第四の「妙」の一字を捨てるか、捨てないか、と問うと、法華側が答えに窮したので、判者や満座一同がどっと笑い、法華僧の袈裟を剥ぎ取った。時に五月二十七日の辰刻である。

宗論の記録が届くと、信長は浄厳院へ出向き、法華宗・浄土宗の当事者を召し出し、法華宗に他宗誹謗を禁じて詫証文を書かせ、逃げた建部紹智・大脇伝介を捕えて頸を切った。詫証文に法華宗側は、信長を「上様」と記して従属を誓った。

宗論が信長の下で安土を場に公開で行なわれ、その結果、両者が信長に従属する意思を示したことの意義は大きく、信長は天皇の権威によらない高次の権力を創出したことになる。フロイスは、信長は当初は法華宗に属したが、「顕位《けんい》」についてからは、誇らしげにすべての偶像より自分を優れたものになすようになった、と記している（『日本史』）。

安土の城下町は上級家臣の屋敷地が惣構の内に、中小級家臣の屋敷と商人・職人の居住地が外にあり、ほぼ南北に通る三本の道路とこれに交差する東西道路がある下豊浦地区と、その西南の常楽寺・慈恩寺地区の二つからなる。

前者は、安土山麓で琵琶湖の西の湖に接して湊の機能を有する大波止《おおはと》・問屋屋敷の地名が残り、南にかけ女郎屋敷・馬場・鎌屋ノ辻・鍛冶ノ浦・市場の地名があって、城下の中心地である。後者は西の湖と別に運河で結ばれ、舟入の跡があり、相撲の興行が行なわれた。大道をはさんで慈恩寺地区には、多くの寺院が存在し浄厳院もあり、ここから東北の上豊浦地区には鉄砲町があった。

本願寺赦免

天正七年（一五七九）六月一日、明智光秀は丹波の波多野秀治の八上《やかみ》城を落とし、宇津頼重《うつよりしげ》の宇津城をも落として丹波の禁裏御料所である山国荘《やまぐにのしょう》を復活させ、丹後の一色氏の弓木《ゆみのき》城も落とした。六月十六日、上洛した秀吉は信長に面会し、上月城からの撤退と別所攻めを命じられて、撤退を余儀なくされ、七月三日に上月城が陥落、尼子勝久が自害、山中幸盛は備中松山城に護送中に処刑され、秀吉の三木城攻略は容易に進まなかった。

毛利水軍による大敗の経験に学んだ信長は、大型船の建造を志摩水軍の九鬼嘉隆と伊勢の滝川一益に命じており、その嘉隆の六艘、一益の一艘の装甲を施す大型鉄甲船が、七月に和泉の堺に廻航して、大坂沖に配置され海上ルートを遮断した。喜んだ信長は大船を見るため九月末に堺に赴き、大船を幟《のぼり》や指物《さしもの》、幕で飾って出迎えられて船に乗った。

九月に籠城を続けていた荒木村重が毛利との連携をはかって城を抜けたので、信長は有岡《ありおか》城（兵庫県伊丹市）を攻め、置き去りにされた妻子をはじめ荒木一族三十七人を京の六条河原で斬殺し、郎党も尼崎で殺害した。秀吉は、村重とは旧知の仲の黒田孝高を有岡城に派遣、村重に翻意を促すが、逆に孝高が村重に捕らえられて幽閉された。信長も説得を試みたが、不調に終わる。十月二十四日に光秀が安土に凱旋、丹波・丹後の平定を報告すると、信長から「天下の面目を施し候」と称えられた。

毛利水軍の六百余艘が本願寺に大量の兵粮米を積載して木津川の河口に向かい、十一月に織田・毛利の水軍による戦端が開かれたが、九鬼嘉隆が敵船を引きつけて大砲で撃破、毛利水軍を敗走させ、毛利・本願寺間の粮道遮断に成功した。鉄甲船には大砲三門が搭載されていた。この毛利水軍の敗走と、十一月十六日の高槻《たかつき》城の高山右近、十一月二十四日の茨木城の中川清秀《きよひで》の降伏により、村重は孤立するが、有岡城に籠城し、三木城の別所長治ともども織田軍に抗したので長期戦の様相を呈した。

信長二男で北畠家に入った信雄が、信長に無断で伊賀に出兵し敗れると、信長は九月二十二日に「第一に天下のため、父への奉公、兄城介（信忠）大切、且は其方のため」にあってはならぬことである、と記す譴責《けんせき》状を送って謹慎させた。本願寺の本格的攻撃を控えての勝手な行動に怒ったものである。

備前の宇喜多直家が服属するなど戦局が好転するなか、十一月に信長は京屋敷の二条新御所を誠仁親王に進上し、親王の五男邦慶《くによし》親王を猶子《ゆうし》となし、ともに二条新御所に移った。信長は親王に接近して関係を深め、再び天皇を動かし本願寺との和睦に動いたが、信長には圧倒的有利な条件がそろっていた。

十二月十五日に天皇の意向が勧修寺晴豊《はれとよ》と庭田重保《にわたしげやす》を勅使に本願寺に、十八日に安土の信長に伝えられた。翌天正八年（一五八〇）正月に三木城が落城して顕如も決断を迫られ、三月一日、「叡慮」

が勧修寺晴豊と庭田重保を勅使に本願寺に伝えられ、信長から前関白の近衛前久が派遣された。十七日に信長側の七か条の講和条件として、「惣赦免の事」、天王寺北城、大坂退城後の扱い、末寺の地位保証、南加賀の二郡の返還、退城の期限を盆明けとすることなどが示され、誠仁親王からの退城を求める消息も添えられていた。閏三月三日に本願寺への加賀国返付も伝えられ、七日に顕如側近の下間頼廉《しもつまらいれん》・下間頼龍《らいりゅう》・下間仲孝《ちゅうこう》が誓紙を差出し、ついに講和に至った。

顕如は禁裏からの仰せに従う立場をとり、信長は赦免をしたという立場から和議成立となったものであるが、雑賀衆や淡路の門徒と結ぶ子の教如《きょうにょ》は抵抗を続け、四月九日に顕如が本願寺を嫡子の新門跡に渡して紀伊の鷺森《さぎのもり》御坊に退去した後も、信長に抵抗して本願寺を占拠し続けた。しかし荒木村重が花熊《はなくま》城（神戸市）の戦いに敗れるなどの情勢悪化や、近衛前久の再度の説得工作で、教如も本願寺の明け渡しを受け入れて雑賀に退去し、八月二日に本願寺は信長の手に入り、その直後に本願寺は出火、三日三晩、燃え続け焼き尽くされた。

天下支配の深まり

天正八年（一五八〇）八月二日、信長は大和・摂津・河内の諸城の破却を命じ、大和国の筒井順慶の筒井城を始めとして概ね破却し、十五日に大坂に着くと、畿内諸城の破却をも命じ、譜代家臣である佐久間信盛と嫡男信栄《のぶひで》に対し、十三日付けで十九か条の折檻状を突き付けた。他の武将が天下の面目を果たす働きをしているのに、本願寺を包囲するだけで人任せにし、積極的に戦を仕掛けなかったことなどの理由を事細かくあげ、出家して高野山への隠棲を命じた。突き付けられた佐久間父子は高野山に赴き没落した。

続いて古参の林秀貞《はやしひでさだ》、安藤守就《あんどうもりなり》、丹羽氏勝《にわうじかつ》にも、かつての謀反の企てや野心を抱いたことから追放、本願寺赦免とともに家臣の引き締めをはかった。八月十三日、完成した安土の様子を狩野永徳に描かせた『安土屏風』がなって、禁裏に運ばせたが、これは後にヴァリニャーノに贈られ、ローマに運ばれた。

九月には諸国で検地が行なわれた。天正五年に「越前国掟九箇条」を受けた柴田勝家が越前で「国中御縄打」（検地）を行なっていたが、播磨では秀吉が実施、九月二十五日に佐久間信盛の跡の大和に入った明智光秀と滝川一益も、大和の寺社本所・諸寺諸山・国衆に所領の指出検地を命じた。

十一月に摂津・河内・大和の国々の城を破却させていた筒井順慶に大和を与え、順慶は郡山《こおりやま》城を居城とした。柴田勝家は加賀に侵攻して一向一揆の拠点である尾山《おやま》御坊（金沢御堂）を陥落させるが、この御坊は天文十五年（一五四六）に建設され、本願寺の惣赦免でも安堵されていたのだが、すぐに破られた。天正九年二月に越中国を佐々成政に宛行い、三月に堀秀政に和泉の所領の指出しを行なわせ、丹後の領知を長岡（細川）藤孝に検地させている。

宗教勢力で残るのは高野山と根来寺であって、高野山が荒木村重の残党を匿っていたとして、召し出すよう命じる使者十数人を差し向けると、高野山側が使者を殺害したので、報復として八月十一日に高野聖を捕えて殺害、十月二日には堀秀政を派遣、連携していた根来寺を攻めさせ、三百五十人を捕虜とし、十月五日には高野山七口から筒井順慶軍が総攻撃し、高野山側も応戦し、戦闘は長期化した。

九月三日には伊賀国の惣国一揆に対し織田信雄が発向、甲賀口・信楽口・加太口・大和口の諸口から攻め入り、十一日に平定したので、信長は十月十日に伊賀国に入って伊賀一宮の上の国見山から国中の様子を見ている。この十月二日には、前田利家に能登国を与え、十月二十五日には、七月から始まっていた羽柴秀吉による兵粮攻めで因幡の鳥取城が落ち、因幡を平定すると、秀吉は十一月に毛利水軍の基地となっていた淡路の岩屋城を落として、淡路をも平定した。

天正九年（一五八一）正月十五日、信長は、爆竹を使用して小正月の火祭りである左義長を安土で挙行、松原町の西の琵琶湖岸に馬場を築かせ、馬廻衆には思い思いの頭巾や衣装などで飾らせ、自身は黒い南蛮笠、赤い布袴、唐錦の羽織、虎の皮の行縢《むかばき》の姿で、葦毛の馬に乗り、近衛前久や一族を従えて町中を行進、「見物群集をなし、御結構の次第、貴賤耳目を驚かし申すなり」と見物人を驚嘆させた。

ついで正月二十三日に京でも馬揃えを行なった。光秀が上京の東に構築した馬場は、南北に八町、毛氈で包んだ柱で柵を作り、行宮《あんぐう》を建て金銀の装飾で施されるなか、信長一行は本能寺を出て室町通を北進、一条を東に曲がって馬場に入った。一番に丹羽長秀、二番に蜂屋頼隆《はちやよりたか》、三番に明智光秀、四番に村井貞成で、それぞれ国衆を従え、その後ろを織田一門衆（連枝衆）、近衛前久・正親町季秀《すえひで》・烏丸光宣《からすまるみつのぶ》らの公家衆、細川昭元・細川藤賢らの旧幕臣衆、そして信長の馬廻衆・小姓衆、柴田勝家らの越前衆、さらに弓衆百人が進み、最後に信長が入場した。

その「花やかなる御出立、御馬場入りの儀式」は、「さながら住吉明神の御影向もかくやと、各神感をなし奉り訖」と評されたが、これは神である信長が降臨し、「天下泰平」をもたらしたという演出であった。フロイスの書簡は「信長に、天皇に謁見できるようにと助力を求めたが、信長は、汝らが寵を得る必要はない、何故なら予が国王であり、内裏であると私に語った」と記しており、信長は自身が天皇を越えた存在と考えるようになっていた。

東国諸国の平定

信長の次の標的は東の甲斐の武田氏となった。武田勝頼が天正九年三月に遠江の重要拠点の高天神城（静岡県掛川市）を徳川家康に攻め落とされ、家臣に失望が生まれるなか、十二月に新府《しんぷ》城（山梨県韮崎市）を築城して甲府の城館を捨てて入り、信玄の娘婿の木曾義昌《よしまさ》が従属するようになったのを機に、信長は武田領国への侵攻の動員令を発し、木曾から信忠が、駿河から徳川家康が、相模から北条氏直が、飛騨から金森長近《かなもりながちか》が武田領攻略に向かった。

信忠軍は滝川一益と信忠譜代衆の河尻秀隆・森長可《もりながよし》・毛利長秀《もうりながひで》等で構成され、天正十年（一五八二）二月二日に新府を出た武田軍と、諏訪の上の原で対陣すると、伊那城の城兵が下条信氏《しもじょうのぶうじ》を追い出して織田に降伏し、南信濃の松尾城（長野県飯田市）の小笠原信嶺《おがさわらのぶみね》も織田に投降した。

織田長益《ながます》・織田信次《のぶつぐ》・稲葉貞通らの織田軍は、深志《ふかし》城（長野県松本市）の馬場昌房《ばばまさふさ》と戦って開城させると、駿河江尻の穴山信君《のぶきみ》（梅雪《ばいせつ》）も家康に投降、徳川軍はその先導によって駿河から富士川を遡り甲斐に入国した。

勝頼は、穴山梅雪の裏切りを知って諏訪の陣を引き払って新府に戻ったので、仁科盛信《にしなもりのぶ》の籠もる信濃高遠城（長野県伊那市）が孤立し、三月二日の信忠率いる織田軍の攻撃を受けて落城、この信濃諸城の落城により、勝頼は新府城を放棄し、城に火を放って小山田信茂《おやまだのぶしげ》の岩殿城《いわどの》（山梨県大月市）を目指すが、信茂にも裏切られ、三月十一日に自刃して武田氏は滅亡した。

信長が安土を出たのはその六日前、十三日に美濃の岩村城から弥羽根に進んで、十四日に勝頼の首級を実検、十九日に高遠から諏訪の法華寺に入り、二十九日に知行割を行なった。木曾義昌に信濃二郡、穴山信君に甲斐の本知行分を安堵し、滝川一益に上野国と信濃二郡、河尻秀隆に穴山領を除く甲斐の領地、徳川家康に駿河、森長可に北信濃四郡、毛利秀頼（長秀）に南信濃を与えると、三月には甲斐・信濃の国掟十一か条を定めた。「越前国掟九箇条」の七条までとほぼ同じだが、次に、城普請（第八条）、鉄砲・兵粮（第九条）、道作り（第十条）、堺目の公事（第十一条）を具体的に定めており、分国支配の体制は明らかに深まった。

四月三日、信長は甲斐に向かって富士山を見つつ新府に立ち寄り、甲府の信玄館の仮御殿に入って恵林寺の僧衆の成敗を命じ、快川《かいせん》長老ほか「老若上下百五十人余り」を焼き殺した。富士山麓の駿河大宮浅間神社を経て東海道を上り、家康の接待を受けつつ浜松城に入城、浜松からは船で吉田城に至って四月二十一日に安土城に帰った。

二十三日、信長の東国平定を祝う正親町天皇・誠仁親王の贈り物が届き、二十五日に、信長を太政大臣・関白・征夷大将軍のいずれかに任じる、という天皇の意向が村井貞勝を通じて示されたが、信長が望んだのは安土行幸であって、安土城には「皇居の間」があり、行幸の段取りが進んでいた。遷都も構想していたのであろう。

中国と四国の平定に向け、中国に秀吉を派遣していたが、四国は長宗我部元親《ちょうそかべもとちか》が勢力を拡大しており、明智光秀を通じて服属をはかったが、応じなかった。元親は、天正三年（一五七五）に一条兼定《かねさだ》を四万十川で破って土佐を平定した後、織田信長と同盟を結び、伊予・阿波・讃岐に侵攻し、天正八年までに阿波・讃岐両国をほぼ制圧していた。

しかし信長が土佐と阿波南半部のみの領有を認めて、臣従を迫ったので要求を拒絶するが、天正九年三月に三好康長・十河存保《そごうまさやす》らの反攻を受けるようになり、天正十年に信長が三男信孝の派遣を決め、五月七日に讃岐を信孝に、阿波を三好康長に与えるものと定めた。

天下人信長の死

その天正十年五月十五日、徳川家康と穴山梅雪が駿河国を与えられたことへの礼のために安土を訪れ、接待役の光秀に手厚くもてなされ、京・大坂を経て堺へと向かった。秀吉の使者からは、備中高松城攻めの援軍の依頼があり、光秀に援軍に向かうよう命じ、自らも五月二十九日に中国遠征の準備のために上洛して本能寺に逗留した。

本能寺は日隆《にちりゅう》が応永二十二年（一四一五）に京都に建立、弟子の日典《にちてん》・日良《にちりょう》は種子島にまでも教線を伸ばし、伝来した鉄砲を普及させたと言われる。応仁の乱後に町衆の塩屋・小袖屋、茶屋一族が旦那となり、天文五年（一五三六）の法華一揆では、法華宗徒が山門の攻撃から二万の兵で四条口を固めるが破れ、堺の末寺に逃れた後、天文十一年（一五四二）に勅許が下り、十五本山が京都に戻り、本能寺は四条西洞院に再興されていた。

この本能寺にいる信長を、光秀は丹波の亀山で「逆心の企」を謀り、京都に戻って六月二日に襲撃した。百人ほどの手勢の信長は、自ら槍を手にして奮闘したものの、圧倒的多数の明智軍の前に力尽き、居間に戻って自ら火を放ち、燃え盛る炎の中で自害し、妙覚寺にいた信忠は、異変を聞いて駆け付けようとしたが、時既に遅く明智軍に取り巻かれ自刃した（本能寺の変）。

光秀は信長を滅ぼすと、毛利・上杉に味方につくよう誘い、京都と近江とを押さえるべく動いて、居城の坂本城に入った。坂本城はフロイスが「日本人にとって豪壮華麗なもので、信長が安土山に建てたものに次ぎ、この明智の城ほど有名なものは天下にない」と絶賛し、大小二つの天守があった（『兼見卿記』）。城下は坂本の湊町、日吉社の門前町である。

光秀は安土・長浜・佐和山城を押さえ、六月五日に安土城の信長畜蔵の金銀財宝を奪って家臣に配した。天皇から勅使の吉田兼見《よしだかねみ》が派遣され、「京都の儀、別儀無き様、堅く申し付く旨」を伝えられて、京都の治安維持を託され、六月九日に昇殿を果たし、朝廷に銀五百枚、五山や大徳寺に銀各百枚を贈った。これによって光秀は朝廷の保護者となった。

光秀が与党勢力として期待していたのは、姻戚関係にある丹後の細川幽斎《ゆうさい》・忠興《ただおき》親子であったが、信長への弔意から髻《もとどり》を払って松井康之《やすゆき》を通じて織田信孝に二心無きことを示し、光秀の娘で忠興の室の珠《たま》（後の細川ガラシャ）を幽閉し、光秀の誘いを拒絶した。大和一国を支配する筒井順慶や摂津衆の高山右近も動かなかった。

備中に侵攻していた秀吉は、毛利方の清水宗治《むねはる》が守る備中高松城を水攻めしており、毛利輝元・吉川元春・小早川隆景らの毛利軍と対峙していた。高松城は天正年間に石川氏によって周辺の低湿地を利用して築城され、五つの郭から構成されていて、秀吉は足守川《あしもりがわ》の水を引き入れ、水攻めをしていたのだが、事件の報を得るや、すぐさま清水宗治の切腹と開城、備中・美作・伯耆などの割譲を条件に、毛利輝元と講和して急ぎ軍を引き返した。

摂津富田（大阪府高槻市）に着いたところで、池田恒興・中川清秀、丹羽長秀・織田信孝らが参陣、六月十三日に天王山の麓の山崎で光秀軍と戦い、兵力で優る秀吉軍が勝利し、光秀は敗北して勝龍《しょうりゅう》寺《じ》城（長岡京市）に逃れた。勝龍寺城は桂川右岸にあって山城国の守護所であり、細川藤孝が入城して大改修され、領国支配の核として土塁と堀で囲まれていたが、敗れた光秀は深夜に坂本城（大津市）を目指して落ち延びる途中、落ち武者狩りにあい、竹槍で刺され深手を負い自害した（山崎の戦い）。

三　天下人秀吉

秀吉の覇権

天正十年（一五八二）六月十四日、明智軍敗退が伝わると、天皇と誠仁親王は秀吉・信孝に太刀を贈り、京都の治安維持を秀吉に託した。翌十五日に安土城が焼け落ち、秀吉は十六日に安土に入り、長浜城を奪回して美濃・尾張に入って迅速に信長・信忠の領国を掌中におさめた。

家康は本能寺の変の際に堺にいたが、急ぎ伊勢を経て三河に逃げ帰るが、帰路で別行動をとった穴山梅雪を殺害、甲斐に軍勢を送ってその旧領や河尻秀隆の旧領を手に入れた。素早く動いた秀吉・家康とは違い、遅れをとったのが柴田勝家である。

馬揃えで上洛した時、上杉景勝の越中侵入の報が入り、北陸に戻って富山城を奪回、魚津城を攻め落としたところに信長の変事の報が入ったが、すぐには動けなかった。上州にいた滝川一益は、北条氏直に神流川《かんな》の戦いに敗れ、厩橋《まやばし》城から伊勢の長島に移っていた。

六月末、清洲で織田家の家督と遺領の配分を決める清洲会議が開かれると、織田家の筆頭家老の柴田勝家は勇んで会議に臨んだ。出席したのは、秀吉・勝家に池田恒興・丹羽長秀らであるが、会議の主導権は秀吉が握っていた。勝家は後継者に信長三男の織田信孝（神戸信孝）を推すが、秀吉は信長の嫡男信忠の長男三法師《さんぼうし》（後の織田秀信《ひでのぶ》）を推して優勢となり、結果は、信孝を幼少の三法師の後見人とする妥協案で、三法師が信長の後継者、堀秀政が傅役《もりやく》とされた。

信長の遺領は、信雄が伊勢・尾張、信孝が美濃、勝家が越前と秀吉旧領の長浜、秀吉が播磨と光秀の丹波・山城・河内を、丹羽長秀が若狭と近江の滋賀郡・高島郡を、池田恒興が摂津池田・伊丹と尼崎・大坂・兵庫を、堀秀政が長秀旧領の近江佐和山を得た。これにより、信長の事実上の後継者は秀吉であるとの評判が京に伝わり、秀吉が七月十一日に京都本圀寺に入ると、公家が相次いで訪問した。

秀吉は山崎と丹波で検地を実施、九月九日に信長百日忌の法要、十月十五日には大徳寺で信長の葬儀を執り行なった。フロイスは、秀吉が主君信長の供養を豪華にかつ盛大に行ない、近隣の諸侯・諸武将を召集し、王者の風格があって優れた人物にふさわしい葬儀を営んだ、と記す。信長には太政大臣が追贈され、秀吉は大徳寺に位牌所として總見院《そうけんいん》を建立、銭一万貫を寄せ、信長は總見院殿と称された。

信長の後継者としての地位を広く認めさせた秀吉に、柴田勝家や滝川一益、織田信孝らが対抗すると、秀吉は信雄と結んで、信孝打倒の兵を挙げた。十二月九日に五万の大軍を率いて出陣、十一日に堀秀政の佐和山城に入り、勝家養子の勝豊《かつとよ》の守る長浜城を落とし、ついで美濃に侵攻して信孝を攻めて降伏させた。

小牧・長久手の戦い

信長の遺産をほぼ継承した秀吉の次の課題は、三河の徳川家康と尾張・伊賀・北伊勢を領した信雄への対処である。家康が前年五月に家老の石川数正《いしかわかずまさ》を大坂に派遣し、賤ヶ岳《しずがたけ》の勝利を祝し大名物を贈ってきたので、秀吉は八月に家康に刀を贈り、関東の「無事」（和睦）に向けて動くよう求めたことから、家康は甲斐・信濃へと勢力を拡大し、十月末に北条氏政と和議を結んでいた。

その氏政・氏直は、上杉・武田軍の再来襲に備え、小田原の城下を取り込んだ堀と土塁からなる周囲約九キロの惣構を築き、さらに箱根外輪山から延びる三本の尾根にそって横堀と土塁を築いた。堀の深さは十メートルを越え、堀底は障子堀で、海岸部にも塁を築いていた。城郭は本丸・二の丸が堀で囲まれ、その東に三の丸、西に東・本・西曲輪があり、その城と裾には武家屋敷が広がり、丘陵の縁、砂丘の上を東西に通る東海道、北に分岐する甲州道、街道沿いに町場があった。

天正十二年（一五八四）三月六日、信雄は、秀吉に内通したとして重臣を謀殺し、秀吉と絶交、家康に連携を求めると、翌日に家康が浜松から出陣して連携がなった。四国の長宗我部元親や紀伊の根来衆・雑賀一揆、越中の佐々成政にも働きかけ、秀吉包囲網を形成した。これらに秀吉は、北陸の佐々成政には前田・上杉を、中国地域では毛利・宇喜多を、四国には淡路の仙石秀久《せんごくひでひさ》を、紀州勢には岸和田城の黒田孝高をあたらせ、関盛信・九鬼嘉隆・織田信包《のぶかね》ら伊勢の諸将をも味方につけた。

そこに大坂から美濃に移っていた池田恒興が、三月十三日に尾張の犬山城を守る中山雄忠《かつただ》を攻略、蒲生氏郷・堀秀政らが伊勢の峯城を落とすと、家康・信雄連合軍も反撃に出た。羽黒にいた森長可を破り、小牧山に布陣した。秀吉は三月二十一日に大坂から出陣、二十八日に犬山城近くの楽田に陣をとり十万、徳川連合軍三万と対峙する（小牧山の戦い）。四月六日、森長可・池田恒興らが秀吉の甥羽柴信吉《のぶよし》（豊臣秀次）を擁し、三河に奇襲をかけようと動くが、これを察知した徳川軍の追跡を受け、九日に池田恒興父子と森長可らが戦死、この後、戦いは膠着状態に入った（長久手の戦い）。

手筈の狂った秀吉は、八月に正式に大坂城に入り、朝廷に銭一万貫を納め、これまでの実績を踏まえ、正親町天皇が望んでいた譲位を申し沙汰すると伝え、左少将に任官、譲位後の仙洞御所の縄打を行なって築地を築き始め、親王の即位費用として三千貫、作事に五千貫の一万貫の拠出を約束して（『顕如上人貝塚御座所日記』）、伊勢に入り、十一月十五日に桑名南方の矢田河原《やだがわら》で信雄と会見し、講和を成立させた。

講和が家康の了解なしに行なわれたため、信雄は事情を家康に伝えるため、浜松に出向いて説明、家康から了承が得られて、秀吉・家康の和議も十二月十二日に成立、家康の次男が人質として秀吉に送られるとされ、信雄は翌年二月二十日に上洛、秀吉の執奏《しっそう》で大納言に任官したが、この任官は信雄が秀吉に臣従したことを意味する。

根来寺焼き討ちと雑賀攻め

天正十三年（一五八五）三月八日、秀吉は信長墓所の大徳寺總見院で茶会を開いた。信長の威光を背景に、京や大坂・堺の茶湯衆百四十三人を召しており、そのうち堺衆は、津田宗及・千宗易（利休）が南北に分担して触れていた。秀吉は茶湯の道具を並べ、多くの見物人に見せた。三月十日に「平朝臣《たいらのあそん》秀吉」を内大臣に任じる宣旨が出されると、慶を奏するために参内、朝廷内部に積極的に入っていった。

前年、紀伊の一揆勢三万の大軍が和泉岸和田城を攻め、大坂城にも迫る勢いから、中村一氏《かずうじ》・黒田長政が一揆勢を退けたが、秀吉はその紀伊の一揆勢を攻めるべく、毛利方に分国の諸浦の警固船を岸和田沖に向けるように触れ、天正十三年（一五八五）三月十一日に大坂城を出陣すると、翌日、天皇は出陣祈願を石清水八幡宮に命じた。

根来衆や一揆衆は、小山・田中城、積善寺《しゃくぜんじ》城、千石堀《せんごくぼり》城、沢城など泉南諸城を築いていたが、千石堀城を落とされると、一揆勢は雑賀へ、根来へ、高野山へと逃れていった。二十三日に秀吉軍が根来に入ると、根来衆は八千から一万人いても、立ち向かう者はなく、一部は高野へ、主力は雑賀へと逃れていた（『フロイス日本史』）。根来寺は本堂、多宝塔（大塔）や南大門など一部を残し三日間も燃え続け、灰燼に帰したという。

根来寺は、高野山を離れて紀ノ川北岸の根来の地に伝法院を移し、金剛峯寺と抗争を繰り返し一揆集団として勢力を拡大してきた。根来衆は、長禄四年（一四六〇）五月、粉河寺との水樋相論から粉河寺方を支援する守護の畠山義就《よしひろ》勢と争い、紀ノ川で千人余の軍勢を溺死させており（『碧山日録《へきざんにちろく》』）、強大な武力を備え、杉ノ坊や泉識《せんしき》坊らの指導のもとで周辺の所領に介入、土地集積を展開、和泉や南河内にまで勢力を伸ばし、大塔の造営は天文十六年（一五四七）に完成した。

境内は四里にわたる清浄で広大・優美な地で、僧は坊をもち、大きな囲いが施され、千五百以上の寺院、神仏像があり、それらの持ち主の僧は日本で見られる最も豪勢、富裕な人々であったという（『フロイス日本史』）。寺内の発掘調査によれば、坊院からは高価な輸入陶磁器や茶道具・文房具・金製品のほか、食膳具や調理具などの日常の生活用具が検出され、多くの職人が働いており、境内都市の様相を示している。坊院の蔵には備前焼の大甕が設けられており、これを用いて火薬が製造されたかとも考えられている。寺内を横切る道に沿い、また谷筋にも在家が存在し、南の丘陵を越えたところに「備前町」という備前焼に因む町があって町場が展開していた。備前焼の甕は紀ノ川から荷揚げされ、寺にもたらされた。

根来焼討があった前日の天正十三年二十二日、有田郡の国人白樫《しらかし》氏に誘われた雑賀荘の岡衆が、同じ雑賀の湊衆を銃撃したため、雑賀衆は大混乱に陥り、一部は長宗我部元親を頼って土佐に逃亡、湊衆も脱出しようとして船が沈没し、大勢の死者が出ていた。秀吉勢の先鋒が雑賀荘に侵攻し、翌日に秀吉も根来から紀ノ川北岸を西進して雑賀に入って、粟村の居館を包囲、湊・中之島一円に放火、雑賀荘は「雑賀も内輪、散々に成」り自滅した。

秀吉は紀伊湊に城を拵え、国中の置目を申し付けようとしたが、太田左近宗正《おおたさこんむねまさ》を中心にした地侍が宮郷《みやごう》の太田城に籠城したので、堤を築き水攻めを行なった。四月二十一日、小西行長の水軍が堤防内に入って安宅船や大砲を使って攻撃、翌日、五十三人の首を差し出し、籠城衆が降伏したことで、秀吉は四月二十二日に三か条の朱印状を発した。その第三条は、百姓から弓箭・鑓・鉄砲・腰刀などを取り上げ（刀狩り）、鋤や鍬など農具を持たせ、農耕に精を出すように命じたもので、兵粮や鋤・鍬・鍋釜・家財・牛馬などの道具や小屋などは返した（『太田文書』）。

越前北庄城から大坂城下町へ

天正十一年（一五八三）正月、滝川一益が秀吉方の伊勢の峯《みね》城（三重県亀山市）を守る岡本良勝、関城（岐阜県関市）・亀山城（京都府亀岡市）を守る関盛信らを破り、二月十日に北伊勢に侵攻、秀吉方の蒲生氏郷、細川忠興・山内一豊らを攻撃し亀山城を落としたが、桑名城（三重県桑名市）を落とすまではゆかなかった。

この情勢に二月二十八日、勝家が前田利長《としなが》を出陣させ、三月九日に利長が三万の大軍を率いて出陣したので、秀吉は三月十一日に柴田勢と対峙したが、四月に織田信孝が岐阜で再び挙兵したので美濃に赴くや、その隙を突いて勝家の重臣佐久間盛政が奇襲し、大岩山砦《おおいわやま》（滋賀県長浜市）の中川清秀《ひで》を破り、岩崎山砦《いわさきやま》（愛知県小牧市）の高山重友《しげとも》（右近《うこん》）を敗走させた。

四月二十一日に引き返した秀吉は反撃に出て、福島正則と加藤清正・片桐且元《かたぎりかつもと》ら「賤ヶ岳の七本鑓」と世に謳われた子飼いの武士の活躍により、賤ヶ岳の合戦で柴田軍に勝利した。大敗を喫した勝家は越前北庄《きたのしょう》（福井市）に逃げ込むが、秀吉はこれを追って府中城を攻めて前田利家を降し、その利家を先鋒として二十三日に北庄城を包囲して惣構《そうがまえ》を破った。

北庄城は、ルイス・フロイスが訪れた時には、城の屋根すべてが石で葺かれ、立派なものだったというが、秀吉が本城に取り懸って九重の天守にかけ上ると、勝家は正室の市の方と共に自害していたという。秀吉は加賀と能登をも平定し、それを前田利家に与え、織田信雄が信孝を岐阜城に攻めたので、逃れた信孝は、尾張野間に逃れたところで自害した。

秀吉は安土から坂本に移り、これまでの一連の動きを毛利輝元に伝えた。来月中旬までに国分け・知行分けを済ませ、毛利との境目を定め、東国の北条氏政や北国の上杉景勝も、秀吉の覚悟に任されたことなどを指摘し、毛利も我に任されれば、「日本の治、頼朝以来これにはいかでか、増すべく候や」と、輝元に服属を迫った。

秀吉は、坂本城や安土城を上回る城郭として、大坂本願寺の跡地を選び、信長一周忌の供養を済ませて大坂に入ると、城の縄張りと城下の町割を行なった。六月末、堀秀政が近江の佐和山から材木を送るよう指示、七月に近江の検地を行なわせて日野の蒲生氏郷《がもううじさと》を伊勢松ヶ島に移し、大坂では大名の屋敷割を始め、八月に近江の職人を大坂城築城に動員するための諸役を浅野長政が免除、石垣の石運搬の掟を定めた。関東の領主への書状に、大坂を五畿内の「廉目《かどめ》」よき城に定めたと記している。

築城工事は九月一日から上町台地上で始まり、本丸は巨大な水堀と空堀でめぐらされ、東北に天守閣が、真ん中に詰め丸の居住空間、正室・側室・人質などの奥御殿は南にあり、本丸の南の黒鉄門が政庁の表御殿を結んでいた。天守は外観は五層からなり、石垣の中の三層を加えて八階、上部は黒漆喰、下部の腰板も黒と黒色で統一され、屋根は金箔の軒瓦で光り輝いていた。フロイスは「内部には障塀画が描かれ、金・銀・生糸・緞子・茶の道具などが充満していた」という。

秀吉は諸侯に邸宅を造るよう命じ、四十日間に二千五百以上の家屋が完成、城下の北と南に寺地を、上町台地上に武家屋敷が並び、八月に四天王寺を結ぶ二つの南北の道筋を開いた。惣構は東の猫間川、西の東横堀川に囲まれ、西には熊野街道を東端とする幾筋かの道を通し、南部にも道を通して武家屋敷を配した。

城郭の北は大川（淀川）で、それを南端、専念寺・九品寺を北端として、天満宮を取り込み天満寺内町を形成した。惣構の南の四天王寺と結ぶ熊野街道に沿って寺町を形成したが、多くは浄土宗寺院である。谷町筋八丁目寺町と八丁目寺町の間には、奥行二十間の短冊状の地割で町家が造られて平野町が形成された。

天満寺内町と郡山城下町

紀伊一国を弟の羽柴秀長領にすると、秀長は紀伊湊に吉川平介《きっかわへいすけ》、日高入山《にゅうやま》（和歌山県日高郡）に青木一矩《かずのり》、粉河に藤堂高虎《とうどうたかとら》、田辺に杉若無心《すぎわかむしん》、新宮に堀内氏善《うじよし》を配し、和歌山城を藤堂高虎に築城させ、同年閏八月に「紀州国中　惣百姓中」に宛て、検地のための検地掟目を小堀新介《こぼりしんすけ》に与えて遣わし、百姓は境にあって脅すことのないよう触れた（『神前文書』）。刀狩りと城下町の形成、検地の三つの施策が同時に進められたもので、紀伊のみならずこれらは各地で進められた。

雑賀攻めに関わった中村一氏は、近江の甲賀郡に知行地を得ると、五月八日に岸和田城から甲賀に移って水口《みなくち》城を居城にした。本願寺の顕如は、雑賀滅亡時に、鷺森《さぎのもり》にいて中立を保っていたが、「羽柴の足下に平伏して許しを求め」たところ、秀吉は眼中にないがごとく、平伏している顕如に向かい、遥かな高座から言葉をかけたという（フロイス『日本史』）。

大坂に戻った秀吉は、顕如の使者の下間頼廉《しもつまらいれん》と円山内匠《まるやまたくみ》を四月二十七日に迎え、大坂城の天守から風呂や便所まで見せ、顕如に大坂に移るように伝え、五月四日にその寺地の縄打ちを秀吉自身が行なった。大坂城の北、中島河崎の天満宮の東に隣接して、東と南は大川に囲まれた天満寺内町《てんまじないまち》である。町割りは南北五単位、東西七単位からなり、五月二十一日に作事が始まり、七月には御堂の作事も終わった。

天満寺内町は、東の大川に接して天満御坊が置かれ、その東を南北に走る天満橋筋通があって、寺内中央部に北から南へと、北・西・南町、市場町・市場東町・樵斎町・樵斎下町・五日講町・サイカ町・長柄町が並び、西端は天満天神の東の道で、天満天神の西を天満橋筋通が走る。顕如は七月四日に雑賀の鷺森から貝塚の寺内町に移り、八月三十日に貝塚から中島に船で向かった。

本願寺の坊は寺内町の東端に置かれ、大坂城から見下ろされて監視下にあった。宅地の開発が行なわれ、諸国の参詣者が集い、大坂城下町全体の活性化が図られた。本願寺以外にも、寺町が南の天王寺寺町とその北の上町台地の南、天満の北にも設けられ、浄土宗ほかの諸寺院は城下町に包摂された。

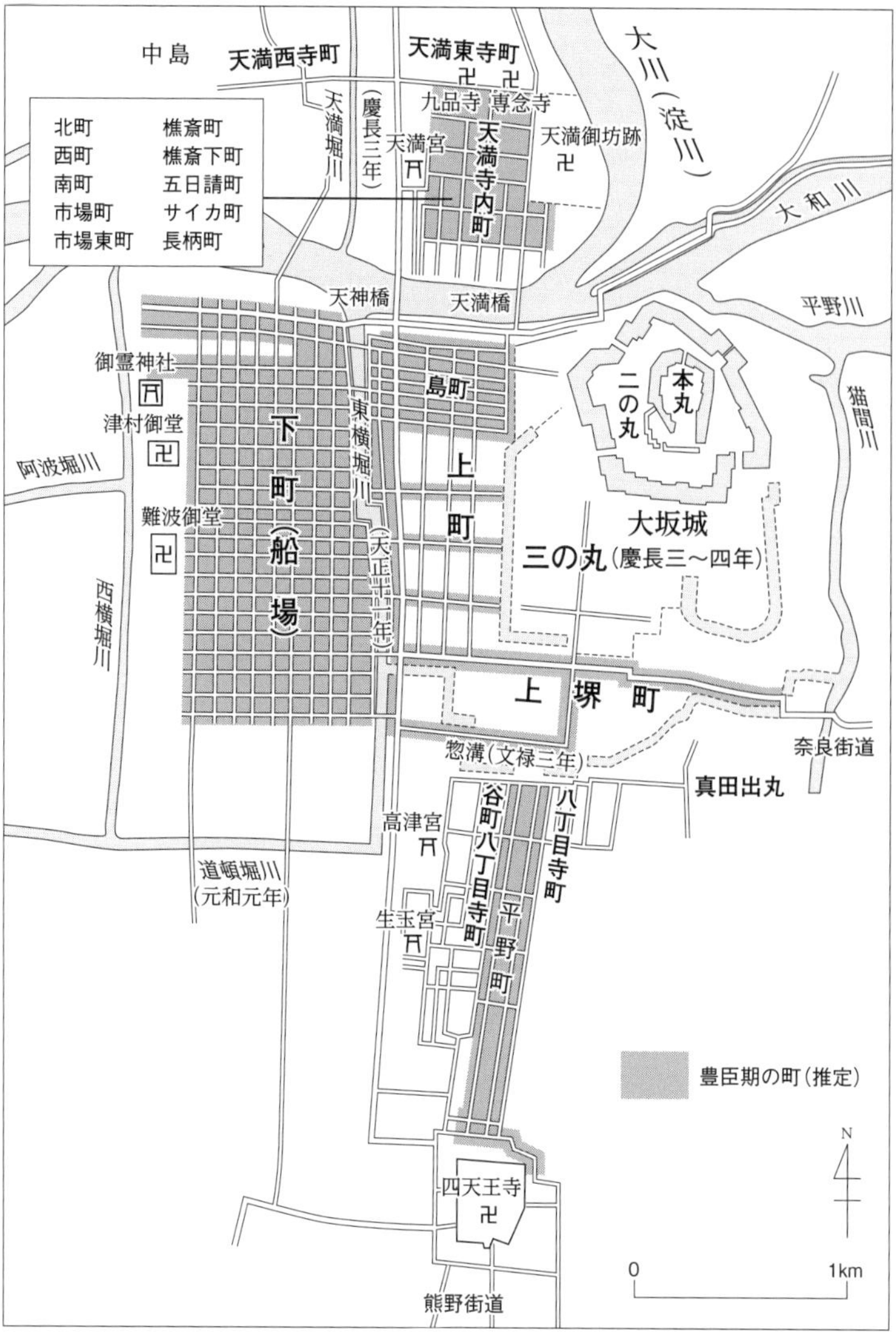
中島
天満西寺町
天満東寺町
九品寺
専念寺
天満御坊跡
大川(淀川)
大和川
天満堀川
(慶長三年)
天満宮
天満寺内町
北町
西町
南町
市場町
市場東町
樵斎町
樵斎下町
五日請町
サイカ町
長柄町
天神橋
天満橋
平野川
御霊神社
津村御堂
阿波堀川
難波御堂
西横堀川
下町(船場)
東横堀川
(天正十三年)
島町
上町
本丸
二の丸
大坂城
三の丸(慶長三〜四年)
猫間川
上 堺 町
奈良街道
惣溝(文禄三年)
真田出丸
高津宮
谷町八丁目寺町
八丁目寺町
平野町
道頓堀川
(元和元年)
生玉宮
豊臣期の町(推定)
N
0
1km
四天王寺
熊野街道

大坂の城下町の形成

大和郡山の筒井定次《つついさだつぐ》は、天正十三年閏八月に伊賀へ転封《てんぽう》を命じられ、筒井が去った大和では、国衆が残らず国中を追い出され、多武峰《とうのみね》の衆徒も、弓・鑓・鉄砲・大小刀・具足などを没収された。郡山城に入った秀長は、残っていた侍衆も在所から追放、奈良町の商業を禁じ、郡山町の商業独占をはかった。

天正十六年に本町以下の十三町に地子を免許し、碁盤目状の町割が行なわれた。本町・魚塩町・堺町・柳町・今井町・錦町・蘭町・奈良町・雑穀町・茶町・材木町・紺屋町・豆腐町の十三町が成立、紺屋町・豆腐町などは天正十六年の『郡山惣分日記』に「箱本十三町」と見え、紺屋町には営業の独占を認めた秀長の書状が伝わる。

城郭は本丸・二の丸を石垣で築いて堀をめぐらし、その東に曲輪と馬出、南に曲輪があり、東南に武家屋敷があったと想定されている。本町・堺町・今井町・奈良町は、京・堺・今井・奈良からの移住者により形成され、魚塩町・錦町などの町は同業者によって形成され、さらに本町の枝町の鍛冶町のようにその周囲にも町が形成され、やがて惣構が作られた。

四国平定から関白へ

秀吉は日野の蒲生氏郷を伊勢松ヶ島に移し、天正十二年（一五八四）六月に「日野町中」に七か条の条規を定めると、翌十三年閏八月に近江を与えられた羽柴秀次が、安土城を引き払って、近くに八幡《はちまん》城を築いて城下町を形成、翌年六月に近江八幡山下町中の法を定めた。

伊勢に移った蒲生氏郷は、拠点の松ヶ島が、参宮街道の通る、北に湊町が存在する交通の要衝であったが、十六年に居城を松坂に移転、参宮街道を城下に通し、武家地の殿町、日野商人の日野町、大湊商人の湊町など町人地を形成したが、このように各地には城下町が生まれた。

信長の死により四国攻撃軍が解体し、危機を脱していた土佐の長宗我部氏は、柴田勝家と結んだ後、小牧・長久手の戦いで織田信雄や家康らと結んで秀吉に対抗、秀吉が送り込んだ仙石秀久の軍勢を破り、雑賀衆の一部を受け入れるなど、政治的空白に乗じて勢力を拡大、阿波の大半を支配下に置き、九月には勝瑞《しょうずい》城（徳島県藍住町）を落として阿波を平定していた。

勝端城は、東西百二十メートル、南北百五十メートルをはかり、周囲を上幅約十一メートルに区画され、館内の南西部に枯山水式の庭園が、その北側に礎石建物の会所があって付近からは青磁盤や天目茶碗・茶入れなど茶道具が多く出土、金箔を貼った瓦も多数出土し、土師器皿が京都系のものが過半を占め総じて京文化を受容していた。

秀吉は四国服属へと向かい、元親に伊予・讃岐の返納を命じ、元親が伊予割譲を条件に和平を講じたが、秀吉は認めず、宇喜多秀家・黒田孝高らを讃岐に、毛利輝元・小早川隆景を伊予に、羽柴秀長・秀次を阿波にとあわせて十万を超える大軍を派遣した。これに元親は阿波白地《はくち》城（徳島県三好市）を本拠に阿波・讃岐・伊予の海岸線沿いに防備を固め抗戦したものの、諸城は次々と攻略され、阿波白地城に迫られて、元親は七月二十五日に降伏、阿波・讃岐・伊予を没収され、土佐一国のみを安堵された。

四国を平定した秀吉は、天正十三年（一五八五）七月十一日、関白になった。施薬院を復興し、侍医の徳雲軒全宗《とくうんけんぜんそう》を施薬院使代としたことで、全宗は禁裏の南門に施薬所を設け、身分の上下を問わずに診療をするなど、病気への対策を講じた。八月、秀吉は越中に出陣して小牧・長久手で対抗した佐々成政を攻め、八月二十五日に成政が剃髪し、降伏すると、織田信雄の仲介もあり、成政に越中新川郡を与え、越中の残りを前田利家の子利長に与えた。そこに島津氏の圧迫を受けていた大友《おおとも》宗麟《そうりん》が助けを求めてきた。

九州では豊後の大友氏・肥前の龍造寺《りゅうぞうじ》氏、薩摩の島津氏の三大名が鼎立、天正六年に大友氏が日向耳川《みみかわ》の戦いで島津氏に敗れ、天正十二年三月に龍造寺隆信《たかのぶ》が有馬氏を攻めた際に援軍の島津氏に敗れて戦死したため、島津義久《よしひさ》の勢力は北九州にまで及んでいた。

秀吉は、天正十三年十月に島津義久・大友宗麟に停戦命令を発し、奥州の果てまで綸命に任せ静謐になったのに、九州は未だに「鉾楯」の状態にある故、「国郡境目の相論」については互いに存分の意見を提出せよ、それらを聞いて、追って秀吉が裁定を下す故、先ずは敵味方双方に弓箭を止めよ、これは「叡慮」であり、実行しないならば成敗を下す、と伝えた。

紛争を調停し、停戦命令を発し、命令違反には処罰するという三段階の調停方針を掲げたもので、これは天皇を補佐して国政を総攬する関白の立場を越え、天皇の了承を得ずに政務を代行する摂政の立場から命令を発したものであって、調停を望んでいた大友はすぐに同意した。

関白秀吉

島津は、九州平定が目前にあり、「由来なき仁」の秀吉が、関白顔するとは何事か、などの反発が生まれて、同意には至らなかったが、勅命を無視できず、使者を大坂に送ると伝え、翌年正月、島津義弘《よしひろ》が、信長の定めた講和条件を大友が破ったためであるとして、鎌田政弘《かまたまさひろ》を使節として送って来た。

秀吉は、肥後半国・豊前半国・筑後を大友に、肥前を毛利に与え、筑前を秀吉直轄とし、残りを島津領とする九州国分け案を提示、七月以前に返事するよう求めた。毛利輝元にはこの国分け案とともに、「弓箭の覚悟」の軍勢派遣と兵粮確保を命じ、「高麗渡海の事」をも触れている。

前年、対馬の宗義調《そうよししげ》に「日本の地に於いては、東は日下など悉く治掌し、天下静謐のこと候」と、東国を掌握したので「筑紫を見物しながら」動座し、さらに「高麗国へ御人数を遣す」と、朝鮮半島への軍勢派遣を表明していた。

ただ西下にあたっては、家康の処遇を何とかせねばならず、正月二十七日に織田信雄が岡崎に赴いて、秀吉と家康の間を仲介して和睦が成立した。秀吉はこの件を「如何様にも秀吉次第の旨」であるとし、家康が懇望したので赦免したと、諸大名に伝えたが、実際は、妹の朝日を家康の正室とし、甲斐・信濃の支配を家康の裁量に任せたものであって、秀吉譲歩の和睦であった。

二月、『顕如上人貝塚御座所日記』は、京都の内野辺に建てる「関白殿の御殿」のために諸大名が在京し、大普請が始まった、と記し、翌年には「関白殿新殿」は「聚楽《じゅらく》」と号された。聚楽は「長生不老の楽しみを聚《あつ》むるもの」の意であって、その聚楽第は堀に囲まれ、本丸・北の丸・西の丸などの曲輪からなる。ジョアン・ロドリーゲス『日本教会史』は、聚楽第を「日本でこれほどに立派なものはかってなかったし、将来もないだろうと噂された構えを持つ」と記している。四月には、京都に大仏を建立するため、二十二日に東山に地を求め、藤堂高虎ら諸大名に用材の運上を命じ、八月には大仏作事のために明の工匠を肥前松浦から召した。

さらに家康との和睦を利用し、越後の上杉景勝に上洛を促した。前年十一月に家康との人質交渉の進まない段階では、「家康成敗」に動くことを景勝ら大名に伝えており、正月に出馬すると報じていた。秀吉の強い上洛要請に、五月に景勝は春日山城を発つと、加賀の金沢で石田三成の出迎えを受け、六月十四日に大坂城に到着、秀吉に臣従の礼をとった。秀吉は、景勝に佐渡を与え、執奏して景勝を四位少将となし、九月二十五日には「関東其の外隣国面々の事、入魂次第に申次らるべし」と、関東隣国の諸大名の取次役を命じた。

西に向けては、瀬戸内海の「海賊大将軍」村上掃部《かもん》が能島《のしま》で海賊を働いたとして、その成敗を小早川隆景に命じ、六月には堺政所の松井友閑《ゆうかん》を罷免し、石田三成と小西立佐《りゅうさ》を堺奉行に任じた。『フロイス日本史』には、立佐は秀吉側近のキリシタンで、秀吉からその「財宝一切」と堺の町支配を委任され、子の行長《ゆきなが》は「海の司令官」であると記している。

九州征圧

九州では秀吉の国分け案に、島津家中において議論があったが、返答期限の七月も迫った六月十三日、義久が肥後八代《やつしろ》に出陣し、島津忠長《ただなが》・伊集院忠棟《いじゅういんただむね》の大軍も大友方の筑紫広門《つくしひろかど》を攻め落とし、七月には高橋紹運《じょううん》の岩屋城（福岡県太宰府市）を落とし、さらに宝満山《ほうまんざん》城（同）も陥落させた。

義久挙兵の報を七月十日に得た秀吉は、島津「征伐」を決し、長宗我部元親・信親《のぶちか》父子の四国勢に出陣を命じ、毛利の中国勢には加勢を命じ、羽柴秀長・秀次の備前以下六か国の軍勢を派遣することとしたが、その矢先、誠仁親王が七月二十四日に亡くなり、譲位は再び遠のくかに見えたが、親王の第一皇子和仁《かずひと》が皇嗣とされ、譲位が進められた。

九月、秀吉は母の大政所《おおまんどころ》を人質として家康のもとに送って、家康に上洛を促すと、家康も折れて十月十四日に浜松を出発し、岡崎に大政所が到着するのを見届け、二十六日に大坂に着き、「如何様にも関白殿次第」と、秀吉への臣従を誓った。

秀吉は「関東の儀」を家康に任せ、執奏して家康を権中納言とし、十一月七日、正親町天皇が譲位し、和仁親王が天皇になり（後陽成《ごようぜい》天皇）、二十五日の即位礼を沙汰、天皇に即位灌頂を伝授した秀吉は、太政大臣に任官、「天地長久、万民快楽」の意味の豊臣《とよとみ》姓を与えられた。ここに秀吉の羽柴政権は豊臣政権へと転換、その豊臣政権が手掛けた最初の仕事が九州平定であった。

八月に四国勢が豊後に渡り、秀吉の軍師黒田孝高の督促で、容易に九州に出兵しなかった毛利輝元も、九月に九州渡海を始め、十月四日に小倉《こくら》城を落とした。島津義久は、羽柴秀長・石田三成に書状を送って弁明しつつも、日向口から島津家久《いえひさ》が、肥後口から義弘が豊後に攻め入り、十二月に戸次川《へつぎがわ》で四国の長宗我部元親・同信親、十河存保《まさやす》らの援軍と戦って破った。

この情勢に、秀吉は自ら出陣を決し、翌天正十五年（一五八七）正月に宇喜多秀家ら十万の大軍を出陣させ、三月一日に大坂城を発つと、備前片上、岡山を経て備後赤坂で足利義昭の出迎えを受けて同道、安芸の厳島神社に参拝し、大願寺経堂の建立を命じ、二十五日に長門赤間関《あかまがせき》に着いた。

その行軍は、関白殿下の御威光を世間に見せつけるものであり、『フロイス日本史』は、自らの偉大さを日本国中に誇示しようと、豪華そのもの、見事に清潔で調和と秩序を保ち、まるで復活祭の行列の観があったと記し、「金を積んだ五頭の馬と、絹と刺繡でふちどられた衣で覆われた三十頭の馬、および立派な馬具を装備された八頭の馬が右側を歩き、見事に手入れされた百五十頭が前方を進んだ」という。

豊臣軍は長門赤間関で二手に分かれ、島津「征伐」へと向かった、東を進んだのは豊臣秀長率いる毛利・小早川・宇喜多などの総勢十万余、豊前・豊後・日向へと進軍し、四月六日に山田有信《ありのぶ》らが籠る南日向の高城《たか》（宮崎県木城町）を囲み、十七日に義弘・家久など二万を撃破、この時、島津軍は多くの犠牲者を出して敗走した。

秀吉軍は、十八日に小倉から西側を進み、筑前の秋月、筑後の高良山《こうらさん》を経て四月十六日に熊本、十九日に八代、そして二十七日に薩摩に入って五月三日に川内《せんだい》の泰平寺《たいへいじ》に陣をしいたが、行軍は飢餓と病気に苦しみ、帰り道を模索していたという（『フロイス日本史』）。

この間、九州のあらかたの大名や国衆は豊臣方に下り、豊臣軍が迫ってきて島津家久は、秀長に降伏して開城、義久は鹿児島に戻って剃髪、名を龍伯と改め、家老の伊集院忠棟とともに泰平寺に参り、秀吉に謁見して降伏した。

五月九日、秀吉は島津義久に書状を与えて九州平定を宣言し、薩摩一国を安堵するので、今後は心得て叡慮を守るよう命じ、大隅まで巡検し、戻って肥後の佐敷《さしき》に着いた時、北政所からの書状への返事に「高麗の方まで日本の内裏へ出仕申すべきよし、早船を仕立て申しつかはせ候」「唐国まで手に入れ、我ら一期のうちに申しつくべく候」と、高麗・唐を服属させる意欲を示している。

六月七日に博多に着くと、箱崎八幡宮に本営を構え、改めて九州の国分けを行なった。筑前国と筑後・肥前各二郡を小早川隆景に、豊後を大友義統《よしむね》、豊前六郡を黒田孝高、同二郡を毛利吉高、肥前の大部分を龍造寺政家《まさいえ》、日向を伊東祐兵《すけたか》・秋月種長《あきづきたねなが》・高橋元種《もとたね》・島津豊久、薩摩を島津義久、大隅を島津義弘、肥後を佐々成政・相良頼房《さがらよりふさ》、対馬を宗義調にそれぞれ給して安堵した。

博多の町割と伴天連追放令

博多は、天文二十年の大内義隆滅亡後、大友氏が代官を置いて支配していたが、永禄二年の筑紫惟門《これかど》の侵攻、天正八年には龍造寺氏が侵攻、十四年には島津氏が北上して焦土と化していた。フロイスは、秀吉が「過ぐる戦争のために徹底的に破壊され、雑草に覆われた野原に化している筑前国博多の市を再建させることを決意した」と記しているように、秀吉によって博多は再興に向かった。

六月十日、秀吉は「フスタ」という南蛮船に乗って博多を検分、この船には二人の伴天連《ばてれん》と神谷《かみや》宗湛《そうたん》、小姓衆が乗りこみ、翌十一日から博多の町の指図（再興図）が書かれ、十二日から町割が行なわれ、博多奉行の滝川一益・長束正家《なつかまさいえ》・小西行長・山崎志摩（片家《かたいえ》）らのもとで再興に向けて走り出した（『神谷宗湛筆記』）。

秀吉の町割に協力した博多商人の神谷宗湛は、貿易で巨額の富を築いた寿偵《じゅてい》の曾孫で、博多が焦土になったため父紹策《じょうさく》に連れられ唐津《からつ》に移って業を営むなか、天正十年に同じ博多商人の島井宗室《しまいそうしつ》の案内で上洛、本能寺で信長に謁し、天正十四年十月にも唐津から上洛し、堺の茶人の津田宗及《つだそうきゅう》の斡旋で秀吉に近づき、翌年正月から大坂城の大茶会など各地の茶会に出た後、帰国していた。

秀吉は海岸部の息浜《おきのはま》の町割を行ない、各地に避難していた町人に帰還を命じたが、その息浜では東西六十間、南北百二十間の街区が設定されて町割がなされ、博多浜の町割では息浜街区の延長上に東西三十間、南北百二十間の街区を新設、息浜と博多浜を隔てていた入江や湿地帯を埋め立て、その西町・東町は、神谷宗湛・島井宗室の手により割り出され、町家が建設されていった。

博多の蔵には兵粮米が集荷され、続く朝鮮出兵の際の兵站基地となった。聖福寺《しょうふくじ》や承天寺《じょうてんじ》の境内・門前は縮小され、善導寺《ぜんどうじ》・妙楽寺《みょうらくじ》などの寺院は埋立地や南側の縁辺部に移された。諸関諸座の停止、地子諸役の免除、博多の廻船への違濫禁止、喧嘩両成敗、付沙汰の停止、出火放火の処罰、徳政免許、「津内に於いて、諸給人家を持つ儀、有るべからさるの事」、押買狼籍の停止などを規定する九か条の都市法が出され、寺院中心の博多は、町人中心の博多に変わっていった。

秀吉は箱崎の陣所に宣教師らを招いて、フスタ船に自ら乗り込み、彼らと歓談するなか、長崎に来た定航船を博多に廻航するよう求め、博多にはポルトガル船が入れる港がないと聞かされて納得する和やかな交流があったが、六月十九日に態度を一変させ、五か条の伴天連追放令を出した。

第一条は、日本は神国であってキリスト教国が邪法を授けることがあってはならないとして、第三条で、伴天連に二十日以内に帰国するよう命じた。法令を板に書き、博多の公開の場所に掲げるよう指示、「同じ布告を日本の他のさまざまな市や主要な場所に掲げさせた」という（『フロイス日本史』）。秀吉はこれまでキリシタンの教会を京都や大坂に設ける許可を出して保護し、その力を利用してきたのだが、九州を平定するなか、キリシタンの信仰が大きく広がっていたことに直面、仏神徒側の反発なども鑑み、博多の復興を機に追放令を出したのである。

石田三成と生駒親正《いこまちかまさ》が法令を博多と箱崎に触れ回り（『豊前覚書』）、博多の教会の土地を没収、イエズス会準管区長のガスパール・コエリョを呼び、追放令発布の理由として、神社仏閣や仏神像を破壊し、牛馬を食用とし、人身売買を行なっていることなどをあげた（『フロイス日本史』）。キリシタン大名の高山右近は、知行地の高槻や播磨明石において、信徒が神社仏閣を破る事態が起きていて、追放された。

六月十九日、箱崎の陣所での秀吉の茶会に宗湛と宗室が招かれ、博多復興の実施はこの日を起点に始まった。伴天連追放令の第四条は、黒船での商売を認め、第五条ではキリスト教国からの往還も認めており、貿易の利益は損なわれないようにしていた。博多の町復興とリンクしてこの法令が出されたことの意味は大きい。

長崎から北野大茶会へ

秀吉は貿易の利をも考えており、大村純忠《おおむらすみただ》が教会に与えていた長崎と、有馬鎮貴《ありましげたか》が教会に与えていた浦上《うらかみ》の地を没収して直轄地となし、長崎の城塞を破壊（『フロイス日本史』）、翌年四月に佐賀の鍋島直茂《なべしまなおしげ》を長崎代官に任じて支配させ、長崎惣中に地子銭を免除、堺の小西立佐（隆佐）に銀二千貫をもたせて長崎に派遣、ポルトガル船から生糸を一括買い付けさせた。ポルトガル船の来航を促し、貿易を独占していった。

長崎では、元亀元年（一五七〇）、フィゲイレド神父が水先案内人とともに各地で水深を測量し、大船入港に長崎が適しているのを知って、大村純忠と協定を結び、福田に来航するポルトガル船を長崎から出帆させるようにし、翌年からは長崎入港が定例化した。

宣教師はキリスト教布教のために、永禄元年（一五五八）から、読み書きを学ぶ初等学校を各地に、神学予備校のセミナリヨを有馬に、続いて安土に、司祭を養成するコレジヨを豊後府内に設けてゆき、天正十一年頃までに初等学校は二百近くに及んでいた。極めて整備された施設とカリキュラムで教育が進められてきており、閉鎖はされなかった。

長崎には元亀二年に大村純忠の家臣と有馬義直《よしなお》の立会いで町が造成され始め、島原・志岐・五島・平戸・山口・博多から人々が移住して、大村町・島原町・平戸町・横瀬浦町・外浦町・文知町の六か町が成立した。巡察使ヴァリニャーノの記録には、長崎は海に囲まれた高い岬があって、港がよく守られ、陸地に続く方面は要塞と堀で強化され、住民は工人と商人のみで戸数は約四百、日本中から商人が来る、と記されている。その長崎にも秀吉は宣教師追放令を公布、教会領の長崎・浦上・茂木を没収し、貿易の独占を図った。

七月十四日に大坂に帰陣した秀吉は、九月十三日に母の大政所と正妻の北政所とともに京都の聚楽第に移って、ここを本城となした。周辺に大名屋敷と町人地からなる聚楽町が形成された。大坂への遷都も考えたことがあったが、自らが居城を京都に移して天皇を迎えようという目論見であり、その布石として京都の北野天満宮において大茶会を企画、八月二日に洛中上下や奈良、堺にまで次の高札を掲げさせた。

その秀吉の沙汰書によれば、十月一日から北野の森で十日間にわたって大茶湯を催し、名物を残らず取り揃えて数奇・執心の者に見せること、茶湯執心の者ならば若党・町人・百姓らによらず参るよう、座敷は畳二畳敷、着座の順序は自由、日本の国は申すに及ばず、唐国の者まで罷り出でよ、と伝えた。秀吉の威光を世間に披露し、見せつけるものである。

当日の秀吉の茶事は四席あり、秀吉・千宗易・津田宗及・今井宗久の各席に名物が飾られ、北野の森に建てられた茶屋の総数は千五六百軒にのぼった。天正十三年三月の大徳寺總見院での茶会に次ぐ茶人の晴の舞台であったのだが、十日以上は続く筈の大茶会は、一日のみで終わってしまう。

その原因は、七月末に肥後で起きた一揆が広がりを見せていたからである。肥後国を与えられて隈本城《くまもと》に入った佐々成政が、秀吉の朱印状で所領安堵した国人らに所領を渡さず、検地の実施を急いだため、これに反発した国人領主の隈本氏が蜂起、その城に籠った一揆の人数は一万五千人、男八千、侍八百人、鉄砲八百三十挺の、国人・地侍・百姓らの蜂起であった。

天下の秩序と京の芸術

秀吉は小早川隆景をはじめ、小早川秀包《ひでかね》・毛利吉成《よしなり》（勝信）・黒田孝高、さらに毛利輝元にも出兵準備を命じた。だが、九月末に肥前で西郷氏が、十月半ばに豊前で緒方・如法寺氏が一揆を起こし、肥後の和仁親実《わにちかざね》もこの動きに呼応して、田中城（玉名郡和水町）の守備を固め、一万余の軍勢を相手に、千人足らずの守兵で三十八日の籠城戦に堪えるが、安国寺恵瓊《あんこくじえけい》による内応工作もあり、十二月五日に落城して和仁氏は滅ぼされた。

この肥後一揆鎮圧には、翌天正十六年正月に四国衆、浅野長政、加藤清正、小西行長らも出陣、三月に肥後仕置が行なわれ、佐々成政は切腹、肥後は加藤清正・小西行長に与えられた。一段落すると、秀吉は、造営なった聚楽第への後陽成天皇行幸参列を理由に、諸国の大名に上洛を促し、四月十四日の聚楽行幸は、「聚楽から王宮へはたいへん真っ直ぐな一本の道」において、先頭が着いても後尾がいまだ禁裏にあり、その間は十四五町、警固の固めの人数は六千余人で、その道を国王と関白が往来した（『日本教会史』）。

四月十五日、秀吉は京中の銀地子五千五百三十両を禁裏料所に、米地子八百石のうち三百石を院御所に、五百石を「関白領」として六宮智仁《としひと》親王に進呈、諸公家門跡には近江高島郡の八千石の地を与え、続いて大名たちから三か条の誓紙に書かせたが、その第二条で、禁裏や公家の知行地を将来にわたって改変しないよう、第三条で「関白殿の仰せ聴かさるる趣、何篇に於いても聊《いささ》かも違背を申すべからず」と、秀吉の命への服従を誓わせた。

誓紙は同文で二通からなり、一通は前田利家、宇喜多秀家、豊臣秀次、豊臣秀長、徳川家康、織田信雄ら六人が署名、もう一通は長宗我部元親ら二十三人が署名した。徳川家康は源姓、長宗我部元親は秦姓、井伊直政は藤原姓、織田信包は平姓で、他はすべて任官とともに豊臣姓とされ、豊臣姓に包摂された武家の家格秩序が生まれた。

第一のグループは、公家の清華《せいが》の家格に準ずる清華の家格が与えられ、利家や上杉景勝、大江（毛利）輝元も遅れて清華の家とされ、第二のグループは昇殿を許された諸大夫の家格で、誓紙の提出はなく、知行地が二百町、二・三千貫以上の領主と、それ以下の領主の二階層からなっていた。

聚楽行幸が終わると、秀吉は大仏殿の本格的建設に取り掛かり、奉行を五人任じ、大奉行を前田玄以とし、奈良の大仏師・大工を京に呼びよせ、土佐・九州・熊野などから材木を運ばせた。東山の渋谷《しぶたに》の仏光寺《ぶっこうじ》跡地に二十一か国から動員した人夫は三つに分かれ、整地と石垣積の工事に取り掛かり、五月十五日の礎石を据える儀式では、金春・観世の立会能による風流《ふりゅう》も行なわれた。大仏は木像とされ、高野山の木食上人《もくじきしょうにん》の沙汰で工事が本格化、十月朔日から一月交替で、十三番による約七万人以上の大量動員であった（『鍋島文書』）。

聚楽行幸や大仏殿造営は、豊かな財力に支えられてのもので、多くの寺院が建立され、さまざまな芸能・工芸の極みが尽くされ、多数の職能の人々の「仕事」が世間の人々に認知されることになった。彫金師の後藤徳乗《とくじょう》は十両の大判金（天正大判）を作り、鍛冶・番匠の座は廃止された。

聚楽行幸の少し前に千宗易（利休）の名声は諸国に広がり、利休好みの侘び茶の道具の評判は九州にも伝わって利休は「天下一」と称された。ほかに天下一の鏡作り、天下一の釜作り、天下一の能面師も現れた。絵画では狩野一門とともに長谷川等伯《はせがわとうはく》が本法寺《ほんぽうじ》の日通《にっつう》上人や千利休の知己を得て、総見院・三玄院・大徳寺塔頭に水墨障塀画を描いて台頭するなど、天下人をパトロンとする芸術家が頭角を現した。

刀狩・海賊停止令と東国統合

大仏殿普請の手伝令を出した三日後の天正十六年（一五八八）七月八日、秀吉は刀狩令三か条を発した。第一条は、諸国の百姓から刀や脇指・弓・鑓・鉄砲その他の武具の類を没収し、第二条で、没収した刀・脇指を大仏建立の釘や鎹《かすがい》に使用、第三条で、百姓に農業に精を入れるよう命じ、同時に海賊停止令三か条を出したが、その第一条にこう見える。

諸国海上に於いて賊船の儀、堅く御停止に成らるるの処、今度、備後・伊予両国の間、伊津喜島にて、盗船仕る族在るの由、聞し食さる、曲事に候。

備後・伊予両国の間の伊津喜島（斎島）で盗船があったことを例として、「国々浦々の船頭・漁師」など「船遣い候者」が、海賊行為をせぬよう、給人や領主の知行地に海賊の輩があれば、知行地を召し上げると命じたもので、諸国の浦々の支配を進めていった。

二つの全国令を出した秀吉は、次に遥か遠い西の大陸や、南の琉球、東・北の関東・奥州などの諸地域の統合へと向かった。八月十二日、秀吉の命を受けた島津義弘は、琉球国服属交渉のため、琉球国王宛ての秀吉による「天下一統」を告げるとともに、秀吉が「貴邦無礼」と叱っている故、秀吉に使節を派遣するよう要請する書を作成、十一月に日向大雲寺の龍雲《りゅううん》が渡海した。

東国の北条氏には、六月に家康が取次になって上洛と秀吉への臣従を求めており、八月二十日に小田原北条氏政の弟氏規が上洛して秀吉に謁見した。九月一日、秀吉は諸大名に妻子を在京させるよう命じ、各地の大名にも臣従を迫った。九月二十日、奥州の伊達政宗が鷹を贈ってくると、政宗も臣従させるために動いた。

父輝宗の跡を継いだ政宗は、加賀の前田利家を介して秀吉とよしみを通じるかたわら、奥羽南部の統合をめざし会津の蘆名氏と争っていた。蘆名氏は幼い嫡子が天正十四年に亡くなり、常陸の佐竹氏から後継者に義広《よしひろ》を迎え、伊達への対抗から秀吉に使者を送って臣従していたので、これに応じて秀吉は、家康を通じ、伊達・最上・佐竹・蘆名・岩城・相馬などの和合を求め、十月二十六日、家康が、和議の調ったことを祝う書状を政宗に送っている。

翌天正十七年正月、秀吉は前年に上洛していた島津義弘に、大仏殿建立の木材や刀剣を運ぶように求めたほか、琉球の入貢や明国勘合の調整、海賊船の禁止などを命じ、五月二十八日に琉球の尚《しょう》寧《ねい》王が、天竜寺桃庵《とうあん》を使節に派遣してくると、秀吉はこれを服属と捉えて、義久とともに聚楽第で会っている。その前日の五月二十七日に秀吉に子鶴松が生まれたので、秀吉は大いに喜び大名に金銀を、京や堺の町人には紅の褶《しびら》を配り（『当代記』）、家康に銀二千枚、金二百枚を与えなどするが、ここに後継者問題が浮上、鶴松の関白継承の道が開かれてゆく。

六月十六日に伊達政宗が会津の蘆名義広の黒川城を攻略したので、秀吉は七月四日にこれを糺問し、上杉景勝や常陸の佐竹義重に、義広を援けて政宗を討つように命じ、さらに七月十三日には富田一白《いっぱく》（知信《とものぶ》）や前田利家を通じ、政宗の会津侵攻に対する弁明を求めた。

小田原攻め

関東では、真田氏が沼田領を領有し、北条の攻撃を退けたので、秀吉は国分けを裁定し、沼田領の三分の二を北条領、三分の一を真田領としたが、十一月に北条方の沼田城主猪俣範直《いのまたのりなお》が、真田氏故地の名胡桃《なぐるみ》城（群馬県みなかみ町）を占領したことが伝わると、これを北条氏の惣無事・裁定違反であると捉え、北条氏に「近年公儀を蔑《ないがしろ》にし、上洛あたはず、殊に関東に於いて雅意に任せて狼藉の条、是非に及ばず」と始まる五か条の宣戦布告状を発した。

その布告状を家康から伝えられた北条氏直は、十二月七日に弁明状を家康に送るが、家康はそれ以前の十一月二十九日に駿府を発っていて上洛、十二月十日に聚楽第で上杉景勝・前田利家らと北条討伐を議していた。その結果、秀吉は十二月十三日に陣触れを発し、東国に自ら下って北条氏のみならず奥州の伊達問題をも一気に平定することとし、増田長盛に命じ三条大橋を石柱橋として架橋、鴨川に架かる四条橋、清水寺への参詣路に位置する五条橋を撤去し、大仏造営の便のため東方への街道のある六条坊門通に長さ七十六間半、幅四間一尺の五条橋を架橋した。

北条氏は天正十五年（一五八七）七月晦日の虎印判状で、武蔵国永田郷に「当郷に於いて侍・凡下《ぼんげ》を撰ばず、自然《じねん》御国御用の砌《みぎり》、召し仕へらるべき者を撰び出し、その名を記すべし」と、侍から凡下（一般庶民）にいたるまで、在郷から動員する体制を築いており、天正十七年十二月に氏政は「天下の大途に至りては、是非興衰この節まで候間、疑心無く、無二したく有るべく候」と、合戦間近なことを臣下に伝え、小田原城を拡大修築し、八王子城、山中城、韮山城なども改築城、箱根山を中心に城砦整備を進めていた。

秀吉は、諸大名の領地の石高に応じた軍役負担を定め、陣触れ直後に米・雑穀二十万石を徴発、天正大判一万枚で馬畜や穀物を集め、長宗我部元親や宇喜多秀家、九鬼嘉隆らの水軍に徴発米を輸送させ、毛利輝元には京都守護を命じ、天正十八年（一五九〇）三月一日に京を出て東海道を進んだ。

家康は、二月に十五か条の軍法を定めて合流し、総勢は二十万になった。東山道からは前田・上杉・真田勢の三万五千が、秀吉に恭順した北関東の佐竹・小田・大掾《だいじょう》・真壁・結城・宇都宮・那須・里見らの軍勢一万八千も、小田原へと進軍し、秀吉は三月二十七日に沼津に到着、二十九日に攻撃を始めた。

北条は、五万余の精鋭部隊を小田原城に集め、山中、韮山、足柄の三城に軍勢を配し、小田原城で数か月は持つ籠城戦を考えていたのだが、伊豆の韮山城に織田信雄勢が攻撃し、城兵の反撃により包囲戦となったが、箱根の中腹に築かれた山中城に豊臣秀次・徳川勢が攻めると、一柳直末《なおすえ》が討死したものの、数時間の戦闘で落とし、徳川勢は鷹之巣《たかのす》城（神奈川県箱根町）、翌日に足柄城（静岡県小山町）をも落とした。

秀吉は四月六日に箱根湯本の早雲寺に本営を構えて攻城戦に入り、四月、北政所に「小田原二、三町に取り巻き、堀・塀二重つけ、一人も敵出だし候はず候。殊に坂東八国の者ども籠り候間、小田原を干殺《ひごろ》しに致し候」と、小田原城に籠った人々を干殺しにする方針を語っている。五月には「はや御座所の城も、石蔵でき申し候間、台所でき申し、やがて広間・天守たて申すべく候」と伝え、小田原城を南から見下ろす笠懸山《かさかけやま》に石垣山《いしがきやま》城を築き、茶人の千利休を招いて大茶会を開き、淀などの妻女も呼び寄せ富と権力を誇示した。

九鬼・毛利・長宗我部の水軍は、大量の兵粮米を沼津に運び、徳川軍は小田原の東の酒匂《さかわ》川に布陣し、上杉・前田勢は三月に上野に入り、本隊から派遣された石田三成は、館林城を五月下旬に攻略、浅野長吉《ながよし》や家康勢の本多忠勝《ただかつ》らは武蔵の玉縄・小机・江戸諸城を落とし、各地に四月付で秀吉朱印状の禁制を与えていった。五月には下総・上総・常陸の諸城を攻略、武蔵の岩付《いわつき》城を五月二十二日に、六月に鉢形城を落とした。鉢形城攻略に協力した上杉・前田勢は、南下して八王子城を六月二十三日に落としたことで大勢はほぼ決まった。

関東奥州の仕置

奥州の津軽為信《ためのぶ》は沼津で秀吉に臣従したが、四月に安房の里見義康《よしやす》、五月に下総の結城晴朝《はるとも》、常陸の多賀谷重経《しげつね》、佐竹義宣《よしのぶ》、宇都宮国綱《くにつな》らも秀吉のもとに訪れて臣従を誓った。ただ伊達政宗は機会を逸した上、母の保春院《ほしゅんいん》による政宗毒殺未遂事件が起きて遅れをとり、参陣が六月十日になった。秀吉は当初、謁見を許さなかったが、九日に呼び出し、伊達が占領した会津を没収、奥羽仕置に協力することを約束させた。

大勢が決まって、秀吉は黒田孝高と織田信雄家臣の滝川雄利《かつとし》を派遣して北条方に降伏を求めると、ついに七月六日に北条氏直自ら秀吉の陣に赴き降った。結果、氏政と弟の氏照、老臣の大道寺政《まさ》繁《しげ》・松田憲秀《のりひで》らが切腹、氏直は家康の娘婿の関係もあって高野山追放となった。片桐且元と脇坂安《やす》治《はる》、榊原康政《やすまさ》が検使として小田原城の受け取りを行ない、九日に氏政と弟氏照が小田原城を出て番所に移動して十一日に切腹した。小田原城開城後、忍《おし》城も石田三成指揮下の攻撃によって北条氏長《うじなが》が降伏して十六日に開城、北条氏は滅亡した。

七月十三日に小田原城に入った秀吉は、家康に北条氏の旧領である武蔵・相模・上野・上総・下総を与え、家康の領していた駿河・遠江・三河・甲斐・信濃の五か国を織田信雄に与えるものとしたが、信雄は、父が築いてきた尾張・伊勢を取り上げられることから拒否して秀吉の怒りをかい、尾張・伊勢没収のうえ、下野の那須のみ二万石をあたえられた。家康の旧領五か国は、改めて尾張と三河の一部が秀次に、三河の他の地が田中吉政《よしまさ》・池田輝政に、遠江が山内一豊《かずとよ》・堀尾吉晴《よしはる》、駿河が中村一氏、甲斐が加藤光泰《みつやす》、信濃が仙石秀久らの直臣に配分された。

続いて秀吉は、七月十七日に宇都宮国綱らとともに小田原から奥州へと向かい、二十六日に宇都宮に入ると、関東・奥羽の大名が参上、奥羽大名への仕置を行なった。二十七日に南部信直《なんぶのぶなお》に南部領内七郡を安堵、信直妻子の在京を命じる覚書の朱印状を与え、佐竹義重には常陸ほかの所領を安堵し、伊達政宗、山形城の最上義光《よしみつ》に奥州仕置の補佐と案内を命じ、その政宗の案内により会津に向かった。会津を約束した蒲生氏郷と奉行の浅野長政が筆頭に奥州仕置軍が行き、家康は南下し八月一日に江戸城に入って本拠地とした。

一度、宇都宮に戻った秀吉は、八月六日に白河に到着、抵抗する葛西氏家臣を退け、七日に会津黒川城に入ると、奥羽諸大名の仕置を行なった。改易は石川昭光《あきみつ》、江刺重恒《しげつね》、葛西晴信《はるのぶ》、大崎義隆《よしたか》、和賀義忠《よしただ》、稗貫広忠《ひえぬきひろただ》、黒川晴氏《はるうじ》、田村宗顕《むねあき》、白河結城義親《よしちか》らで、伊達政宗は会津郡・岩瀬郡・安積郡の三郡を没収され、陸奥・出羽のうちの十三郡七十二万石に減封、所領安堵は最上義光、相馬義胤《よしたね》、秋田実季《さねすえ》、津軽為信、南部信直、戸沢盛安《もりやす》らで、新封は蒲生氏郷、木村吉清である。

秀吉は八月十日に七か条の法令を出した。第一条は検地の実施と百姓への臨時使役の禁止、第二条は盗人の禁止、第三条は人身売買の禁止、第四条は奉公人の役と百姓の農業専念、第五条は刀狩、第六条は百姓の人返し、第七条は永楽銭の換算比率の公定である。

第一条の検地にあたっては、国人や百姓が合点行くように申し聞かせて実施すること、もし従わない者がいたなら、城主でも百姓でも皆、なで斬りにするように命じた。七尺の杖尺（畿内では六尺三寸）が使われ、田畠の面積を五間×六間として三百歩を一反とし、公定升には京升を用い、村ごとに田畠屋敷の地目やその一筆ごとの上中下の等級による斗代《とだい》を定め、その刈高（石高）、名請人を確定して村高とした。耕地には複数の権利が重層していたが、基本的に一人の耕作者とし、耕作権を保障した。

新たな体系的土地制度の成立であり、それとともに石高が大名から家臣への領地給与の基準とされて知行体系が確立し、これを基準に軍役が課された。さらに出羽では本領の三分の一の割合で関白の蔵入れ分が設定され、政権の財政基盤とされた。ここに全国統一政権が誕生した。

四　秀吉の統一政権

帝都に向けて

天正十八年（一五九〇）、秀吉は会津を発って駿府に至った時、来春の「唐入り」を小西行長と毛利吉成に伝え、九月一日に京に到着すると、朝鮮国王の使節が待っていた。対馬の宗氏を通じて高麗国王への日本への出仕を求めていたものであり、十一月に聚楽第で引見した。

朝鮮への返書は、天下を統一し、日本国を豊かにし、都は壮麗になったが、これに満足せず「大明国」に入って「吾朝の風俗を四百余州」に及ぼすつもりなので、朝鮮国王には「征明嚮導《せいみんきょうどう》」（明攻めの先導役）を求めた（『続善隣国宝記』）。朝鮮使節はその内容と要求に驚き、異議を申すが、すでに秀吉は朝鮮出兵の拠点として肥前に名護屋城の普請を命じていた。

京都では周囲を取り囲む御土居《おどい》の構築に取り掛かり、聚楽第には内曲輪部分に加え、北側を除く三方をコの字型に取り囲む三之丸に、秀吉配下の大名が邸宅を構え、その周囲に水堀をめぐらし、外側を町場化した。この聚楽町の形成で、京都は上京と下京とが一体化しつつあったのをさらにすすめ、帝都に相応しい改造となった。

京には多くの浄土宗・日蓮宗寺院が分布しており、町と密接な関係を有していたその関係を遮断し、街区から寺院を追い出し、町人地・武家地・公家地の身分配置による住み分けを行なった。寺院を周縁部に配し、洛中と洛外を分離、寺院には防衛線の役割を担わせた。これにより各寺院の地は検地され、洛中地子を免許され、統制が強化された。東の京極寺町は、鴨川の右岸に沿って南北五キロに及ぶ寺町が形成され、一町（京間六十間四方）の街区に新たに南北に通りが開かれ、縦に二

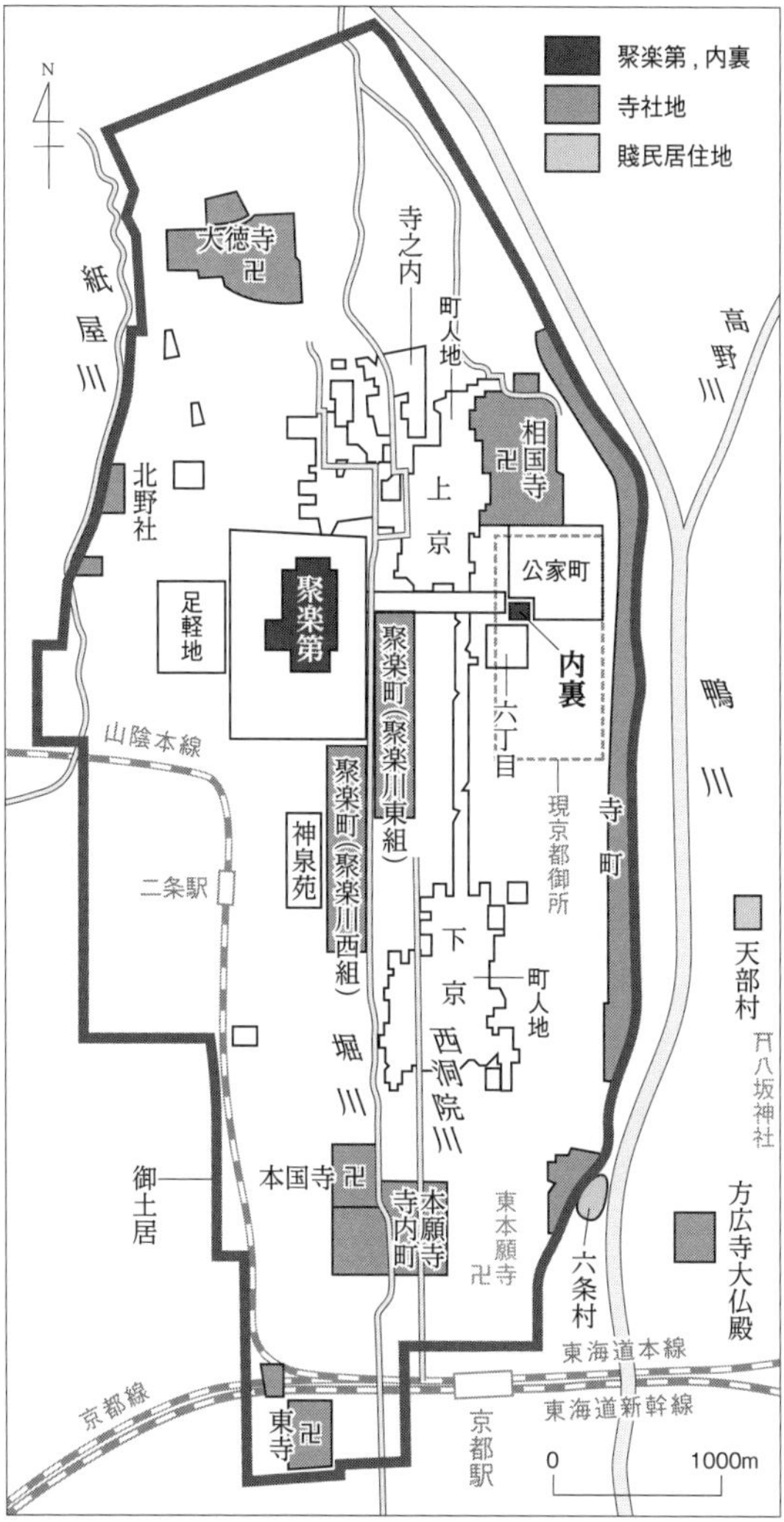

秀吉による京都の改造　御土居が周囲を取り囲む

分する町割が施されて、長方形街区、短冊型地割が創出され、町々を仕切っていた構えが取り払われ、町人地が形成された。

北は御所八幡宮の南の浄善寺から鞍馬口・大原口・荒神口・三条通り・四条通りを経て南端は浄国寺まで百か寺にも及ぶ総延長一里の寺町が形成され、その西側の南北に寺町通りが通された。上京には日蓮宗寺院が集中し、三条以南には浄土宗・時宗寺院が配された。

『フロイス日本史』は「そこに建っていた家屋をほとんど全部取り壊してしまった」「新しくより立派な家屋を建てるために、すでに存在していた二千軒もの家屋を撤去」し、大規模な新都市が形成されていったと記し、ジョアン・ロドリーゲスは、「聚楽から王宮へ」の道の両側にはすべて諸国の御殿が続いていると『日本教会史』に記している。

天正十七年（一五八九）九月に諸大名の妻子に在京を命じ、多くの武家地が生まれ、その武家町の形成にともなって、奉公する人々の町（足軽町）が生まれ、大坂天満の本願寺も移転され、天正十九年正月、本格的な御土居の築造になった。左大臣近衛信尹《のぶただ》は「正月より洛外に堀をほらせらる。竹をうへらるる事も一時なり。二月に過半成就なり」と記している。

わずか二か月に、全長五里二十六町（約二十二キロ）に及ぶ土居と堀が築造された。土居の高さは二から三間、基底部は十から十五間、堀はその外側に二から十間であった。御土居の上に竹が植えられたのは、『フロイス日本史』は美観のためであったという。

洛外への道は御土居によって閉塞され、洛中の非人は洛外に移され、声聞師村《しょうもんじ》は消え、畠山辻子などの辻子女や遊女も移動させられた。落首に「おしつけて、ゆへバ（結えば）ゆわるる十らく（聚楽）の、ミやこの内ハ一らく（楽）もなし」と詠まれた。

土御門《つちみかど》東洞院《ひがしのとういん》の新造内裏は、前年十二月に成り、後陽成天皇が遷幸《せんこう》していたが、この三月十四日に清涼殿が完成、公家町もそれにともなって内裏の北に造られ、遅れていた大仏殿の柱立てが五月二十日に行なわれた。この間に帝都では検地が行なわれ、九月二十二日には京中の地子を免許する秀吉の朱印状が「上京中」「下京中」「六丁町」「聚楽町」の四つの惣町に発給された。

全国支配の大体制整備

このように帝都整備が進捗しつつあった天正十九年（一五九一）二月、千利休が聚楽第の不審庵《ふしんあん》を退出させられ、堺に蟄居を命じられた。大徳寺山門の上に自分の像を据えたのを咎められたという。利休の弟子の古田重然《しげなり》（織部《おりべ》）や細川忠興らが助命嘆願したが、「人生七十《じんせいしちじゅう》　力囲希咄《りきいきとつ》　吾這宝剣《わがこのほうけん》　祖仏共殺《そぶつともにころす》　提《ひっさぐ》る我得具足《わがえぐそく》の一太刀《ひとつたち》　今此時《いまこのとき》ぞ天に抛《なげうつ》」の辞世を残して切腹、その首は一条戻橋に晒された。

帝都整備は帝国の把握とリンクしていた。五月三日、秀吉の命を受けた奉行人の長束正家・増田《ました》長盛《ながもり》・石田三成・前田玄以《げんい》らは、島津氏が知行する大隅・薩摩両国に対し、「御国の御知行御前帳《ごぜんちょう》、調へ上せ申さるべき」と伝え、御前帳を十月までに調進せよ、と命じている。これは「明年高麗御陣、思召し立てらるに就いて、日本国検地帳禁中へ納めらるべき為に仰せ付けられ候」という日本全国を対象とする検地帳の作成であり、広く全国規模で検地が命じられた。

『多聞院日記』七月二十九日条には「日本国の郡田を指図絵に書き、海山川里、寺社田数以下悉く注し上すべき由、御下知ありと云々。禁中に籠め置かれるべきの用と云々」とあり、郡田図の作成も求められ、禁中に納められるので御前帳と言われたという。

奥州では、この二月に南部領内で、南部信直《のぶなお》に対して九戸政実《くのへまさざね》が不満を抱いて蜂起したことから（九戸政実の乱）、信直が救援を二本松にいる浅野長政に求めてくると、秀吉は一揆の鎮圧と仕置のため、徳川家康と豊臣秀次を大将に、一番伊達政宗、二番蒲生氏郷、三番佐竹義宣《よしのぶ》、宇都宮国綱、四番上杉景勝、五番家康、六番秀次からなる大規模な動員を行ない、その仕置軍の手によって検地を実施し、貫高表示を石高表示に変更した。

八月六日、入明の供奉僧に五山の西笑承兌《さいしょうじょうたい》、惟杏永哲《いきょうえいてつ》、玄圃霊三《げんぽれいさん》らを指名、二十一日に身分法令三か条を出している。第一条は奉公人が町人や百姓となることを禁じ、第二条は「在々百姓」が田畠を捨てて商売や賃仕事を行なったり、奉公を行なわなかったりするのを禁じ、第三条では、侍らの奉公人が主人に暇を乞わず出奔するのを禁じた。

奉公人・百姓・町人の身分を明確にしたもので、これにより町や村を母体とする町人や百姓などの地縁組織は新たな段階に入り、村は広く年貢を請け負うようになって、家の形成や継承が整えられていった。

九月に奥州再仕置軍が九戸氏を滅ぼした報が入り、奥州に赴いていた甥の秀次が平泉の大蔵経や金沢称名寺の蔵書を京都に移し、足利学校の蔵書を庠主閑室元佶《かんしつげんきつ》に命じて相国寺円光院に移させるなどして上洛した。秀吉は、側室の淀殿の産んだ鶴松が亡くなったので、秀次を後継者と考え、十一月に権大納言、十二月に内大臣となし、十二月八日に秀吉に背かぬ約束をさせて五か条の訓戒状を与え、十二月二十七日に左大臣になして関白職を譲り、来春三月の高麗への渡海を表明した。

唐入り

秀吉は翌天正二十年（一五九二）正月五日、諸大名に三月一日からの朝鮮渡海を命じ、「今度大明国へ御動座」にともなっての、海道筋での軍勢の陣取りによる、「在々地下人百姓」らの逃散を禁じる「掟」を発した。朝鮮への使者として小西行長と宗義智《よしとし》を派遣し、朝鮮が通過を異議なく認めるよう交渉を命じ、異議を申すなら三月中に壱岐・対馬に軍勢を派遣、四月には朝鮮を「退治」する、と脅した。

正月十八日に、小西派遣を加藤清正や毛利吉成・黒田長政らに伝え、朝鮮からの返答が届くまでの渡海を延期するよう命じ、大坂を三月二十六日に発ち、四月十九日に小倉で、小西行長から朝鮮交渉の経過を伝えられ、「仮途入明」を拒否されたので、四月十二日に渡海を開始し、その数は一万八千七百人で、四月十三日に釜山《プサン》城を攻めたという。

小西軍に続いて加藤清正・鍋島直茂らの第二軍の二万二千八百人、黒田長政・大友義統ら第三軍一万一千、島津義弘の第四軍一万四千、福島正則の第五軍二万五千、小早川隆景の第六軍一万五千、毛利輝元の第七軍三万、宇喜多秀家の第八軍一万人、豊臣秀勝の第九軍の一万一千五百人、あわせ十五万八千人が朝鮮半島に侵攻した。

秀吉は四月二十五日に名護屋城に到着。前年秋から黒田孝高・長政父子が築城奉行として普請され、五層七階の天守、本丸と二の丸、三の丸に、山里丸、遊撃丸、弾正丸、台所丸などの郭から成っていた。大坂城に次ぐ規模で、「聚楽に劣ることなし」といわれ、その威容は『肥前名護屋城屛風《ひぜんなごやしろびょうぶ》』や発掘調査によって確認されている。諸国から三十万人が動員され、諸大名は海岸線に沿って三キロ圏内に陣屋を構え、その数は百三十か所、「諸国の大名衆御陣取りにて候間、野も山もあく所なき」状態だった。

城下町には武家町地区と町屋地区があり、「町中へ直にたうせんを着け」とあるように唐船の着岸する湊が設けられ、「京都・大坂・堺の者ども悉く参集」し、大量の物資が集まり、望みの物は何でも揃う活況を呈した。遠く蝦夷地の蠣崎《かきざき》氏、出羽の最上氏、奥羽の南部氏、京の公家、南蛮船も来て、秀吉や大名は茶会や能・連歌を楽しんだ。蠣崎氏は天文二十年（一五五一）に「蝦狄《えぞ》の商船の法度」を定め、アイヌとの戦争状態に終止符をうっていて、和人専用の「和人地」を創出していた。

渡海した第一軍は、四月十三日に釜山城を攻め落とすと、そこから直ぐ漢城《ソウル》に向けて進軍、西側を進む第三軍と、四月二十八日に漢城で合流し、朝鮮国王は漢城を脱出し平壌《ピョンヤン》へと移った。

漢城入城の報を清正から聞いた秀吉は、五月十六日に朝鮮国王の探索とその「御座所」の普請を命じ、諸軍を朝鮮八道に配置、京畿道が宇喜多秀家、忠清道が福島正則、全羅道が小早川隆景、黄海道が黒田長政、平安道が小西行長、江原道が毛利吉成、威鏡道が加藤清正という布陣で、漢城に集結した日本軍は朝鮮国王を求めて北上した。

しかし五月七日に李舜臣《イスンシン》率いる朝鮮水軍に半島南部の巨済島《コジェとう》近辺で藤堂高虎・脇坂安治《わきざかやすはる》らが敗れ、五月二十九日に亀甲船団にも敗れて制海権を失い、陸上でも朝鮮民衆のゲリラ活動に悩まされた。海戦の敗報にもかかわらず、秀吉は明侵攻の意欲は衰えず、六月三日に大谷吉継《おおたによしつぐ》・増田長盛、石田三成らを朝鮮に派遣して、明への侵攻を督励した。

北上した小西行長は六月十五日に平壌を占領、加藤清正は七月に朝鮮最北部の会寧《フェリョン》にまで達するが、平壌が明派遣の祖承訓《そしょうくん》軍の攻撃にさらされ、朝鮮各地では義兵が蜂起、朝鮮南部で水軍が敗れたため、秀吉は七月十五日に六月三日の軍令を撤回して、当面は朝鮮国内を安定して支配するように命じた。

文禄の役

秀吉の母大政所の危篤の報が届いたので、秀吉は名護屋を離れて大坂に戻ったが、到着した時には亡くなっていた。八月半ばに秀吉は伏見に「隠居所」を設けるよう命じ、縄打ちが二十日に行なわれ、十一月一日に名護屋に戻り、来春三月の渡海を伝えるが、日本軍の進撃は容易でなく、平壌では新たな明軍の攻撃にさらされた。

小西行長は明軍の沈惟敬《ちんいけい》と会談、五十日間の休戦協定を八月二十九日に結ぶが、朝鮮側は和平に反対、義兵や政府軍が反撃を開始し、十月六日に朝鮮南部の拠点晋州城《チンジュソン》（牧使城）を日本軍の猛攻から守りぬいた。翌文禄二年（一五九三）正月六日、李如松《りじょしょう》率いる明軍と朝鮮の義兵・政府軍が平壌を総攻撃、行長はなんとか凌いで漢城へ撤退するも、その漢城をも攻められた。

平壌撤退を聞いた秀吉は、渡海延期を決断、二月十八日に宇喜多秀家を大将として派遣、漢城からの撤退、晋州城の攻略へと方針を変え、徳川家康・前田利家・上杉景勝・伊達政宗らの東国の軍勢派遣をも検討するようになった。前年来の兵粮不足と諸城撤退にともなう士気の低下から、行長は明の沈惟敬と交渉、和平を進め、四月に明の講和使節の派遣、明の朝鮮撤退、日本の漢城撤退で条件に折り合いがつき、明の「勅使」派遣の報が、四月末に名護屋に届いた。

秀吉はこれを「大明よりの御詫言」と捉え、晋州城の攻略と朝鮮半島南東部の全羅道《チョルラド》の侵攻を骨子とする朝鮮南部支配の方針を示した。五月十五日に石田三成・小西行長に伴われた明使が名護屋に到着し、二十三日に引見した。「和平条件」は、明の皇女を天皇の皇妃となし、勘合による日明貿易の再開、朝鮮の二王子の解放などであった。

六月に明の勅使が帰国し、答礼使の内藤如安《じょあん》が同行、六月二十日に釜山を発って、七月七日に漢城に着いた。その間の二十一日、晋州城の攻撃が始まり二十九日に落としたが、この報を明側が知ったのは九月頃で、その抗議を受けた小西行長は、二王子の解放による講和交渉の存続をはかり、朝鮮国王は十月一日に漢城に戻った。待望の晋州城落城を聞いた秀吉は、七月から八月にかけて朝鮮南部に「仕置」の城の普請を命じ、日本軍に在陣を続けさせ、五万の軍勢を九月までに日本に帰還させた（文禄の役）。

文禄二年（一五九三）九月に名護屋を発って大坂に向かう準備の秀吉のもとに、淀殿が八月三日に拾《ひろい》（秀頼《ひでより》）を産んだとの報が入ると、急いで九月二十五日に大坂に戻り、我が子を抱きかかえ大いに喜んだという。聚楽第に秀次を、大坂城には秀頼を置き、自らは太閤として伏見で後見する考えであったらしい。『言経卿記』によれば、日本を五つに分け、そのうち四つを秀次に、残りひとつを秀頼に譲る方針だったという。

十月五日から三日間、家康や前田利家らとの宮中能で、自演の能・狂言を天皇に供し、十一月二十九日に春日若宮祭の後日能に四座皆勤を命じ、伏見城の完成を東国大名に急がせ、翌文禄三年正月に城が完成し、城下町が形成されていった。

宇治川を堤防で巨椋池《おぐらいけ》から分離、伏見に湊の機能をもたせ、宇治川に豊後橋をかけ、伏見山に内堀を設け、城の西に外堀をつくり、七瀬川《ななせがわ》の流水を屈曲させて総外堀として城下町を囲ませ、濠内に南北に通じる京町通りを開いて新大和街道と通じさせた。

徳川領国の統治

朝鮮撤収や後継者問題で太閤政権が揺れるなか、領国統治を着実に行ない、力をつけていたのが家康である。天正十五・十六年（一五八七・一五八八）の両年、給人領・寺社領・蔵入地の別なく三河・遠江・駿河・甲斐・南信濃の領国の全所領に「五十分一役《ごじゅうぶひとやく》」を賦課しており、これは太閤政権に応じて領知《りょうち》体系を整えたもので、天正十七年から翌年にかけ五か国総検地を実施した。

検地は徳川氏直属の奉行人の手で行なわれ、給人領・寺社領の別なく、郷ごと、一筆ごとに所在地、上中下の等級、面積（一段が三百六十歩）、田畠の別、名請人を記す検地帳が作成され、領国内の全所領・諸得分を把握した。検地実施後には「諸郷村に下せる七箇条の定書」を交付し、年貢の納入方法や陣夫役、百姓屋敷分の免除規定、地頭の百姓雇の規定、損耗の検見、竹藪の竹の納入規定を郷村に伝えた。

天正十八年に関東転封となって、八朔の日を期して江戸城に入ると、次々に施策を行なった。三河の家臣を移すとともに北条・武田の旧臣を登用し、江戸城とその城下町を整備し、家臣団の知行割、蔵入地の設定、検地などを行なった。秀吉は、この転封で家康を遠ざけたとも評されるが、むしろ家康は新たな天地を手に入れ支配領域を広げていったのである。

江戸城は太田道灌《おおたどうかん》が居城とし、北条氏が家督を氏直に譲った氏政の居城で、武蔵・下総領国の押さえの機能を担っていた。近辺には江戸宿、浅草石浜、品川湊が存在する交通の要衝で、家康はこの地を早くから知っていたのであろう。家康が入った頃の江戸城は本丸・二の丸・三の丸からなるが、各郭の間には深い空堀があっても石垣は無く、芝の土塁がめぐらされ、建物の破損が著しく、門は大手門と小田原門のほか小さな門がある程度であったが、舟入《ふないり》は備えていた。

そこで本丸と二の丸の間の堀を埋めて本丸を広げ、三の丸との間に石垣を構築した。城下には隅田川・石神井川・平川の三本の大きな川筋があり、石神井川の河口に江戸湊、平川河口に日比谷入江があったので、平川の流路を東に移し、江戸前島の付け根を東西に横断するように道三堀を開削、町割を行ない、「本町の町割」が十月四日に完成し、本所・深川と房総を繋ぐ小名木川《おなぎがわ》を開削し、塩などの必要な物資を運搬させた。

本町は六十間四方の地を三条に割り、真中に空地を設ける形で造られた。普請方や地方の役人と茶屋四郎次郎、奈良屋市右衛門、樽屋藤左衛門、喜多村彦兵衛らの商人が町割にあたり、奈良屋は本町一丁目、樽屋は二丁目、喜多村は三丁目に広大な屋敷を与えられ、町年寄に起用された。

家臣の知行割では十万石以上の井伊直政が上野の厩橋城（群馬県前橋市）に、本多忠勝が上総大多喜城（千葉県大多喜町）に配されたが、これは秀吉の「上意」に基づくもので、家康を牽制させる性格を帯びていた。他の家臣には、榊原康政《さかきばらやすまさ》を総奉行に青木忠成・伊奈忠次《いなただつぐ》などの目付衆が知行割を実施、一万石以上の上級家臣は江戸から遠くに、下級家臣と蔵入地《くらいりち》は江戸周辺に配された。

家康の関東入国とともに、貫高や俵高での領知表示が石高でなされた。検地は天正十八年に伊豆・下総に始まり、十九年には武蔵・伊豆・上総・下総・相模・上野・下野で行なわれた。三百歩が一反の太閤検地の原則に沿い、上・中・下の等級、田畠の別、分付けのある名請人という形式で記され、一筆ごとの石高は記されなかった。

上級家臣は自領を申告し、天正十九年に検使が派遣されて高増によって知行高が決められ、下級家臣の場合は当初から徳川氏が検地を行なった。たとえば松平家忠の忍領の検地は天正十九年正月から伊奈忠次によって行なわれ、六月に忠次から家忠領一万石の所付が「一、四千七百弐拾四石三

斗一升　新郷下・新郷荒木別所共」の形で渡された。

家康の江戸と秀吉の蔵入地

天正十九年（一五九一）六月、家康は秀吉の要請で、奥州の九戸政実の反乱を討伐するために秀次とともに二本松に赴いて軍議を開き、陸奥の岩手沢に至ったところで、九月四日に蒲生氏郷・浅野長吉が九戸政実を降伏させて任務は終わると、奥羽の情勢を把握して十月二十九日に江戸城に戻り、関東の寺社への所領寄進や家臣への知行給与を行ない、翌年に江戸城の本格的な修築に入った。

家康は名護屋出陣で二月二日に江戸を発ったため、江戸城の修築に直接に関わらなかったが、留守中に本多正信《まさのぶ》が総奉行として西の丸の築造工事を行ない、城内にあった寺院を外に出して濠の工事をしたが、これには前年末に武蔵の忍から下総国上代《かじろ》に転封となった松平家忠《いえただ》も動員された。家忠は城造りに長け、これまでに浜松城・牧野城（諏訪原城）・新城《しんしろ》城・横須賀城、高天神城攻めの付城（前線基地）などの城郭の普請や補修にあたっていた。

三月に普請奉行の天野康景《やすかげ》・山本頼重《よりしげ》からの通達で、江戸に着いた家忠は、伝馬町の佐久間の宿所に泊り、四月に屋敷に移り、江戸城修築に頻繁に呼び出され、上代と江戸の間を往来した。家忠が最初に泊まった伝馬町の佐久間は、家康が江戸に入ると、城下の宝田・千代田村に道中伝馬役を命じ、馬込勘解由《まごめかげゆ》、高野新兵衛、小菅善右衛門らに支配させた地で、馬込勘解由が三河にあった時に佐久間を名乗り、江戸に入って馬込姓に改めていた。

家康は北条氏の伝馬制度を継承しつつ旧領国の伝馬制度を取り入れ、江戸を交通網の中心とする新たな体制を関東に築いた。その結果、各地に宿や新宿が生まれ、宿場町や在郷町が形成された。江戸城の修築とともに西の丸の濠の揚げ土を利用して、日比谷入江の埋め立てが行なわれ、八重洲河岸に沿って内町が形成された。

文禄二年（一五九三）の朝鮮撤収とともに、秀吉が大坂に戻って以後、名護屋を引き揚げてきた東国大名の手伝いで伏見城普請が本格化すると、伏見の普請の賦課も家康にもかかってきた。秀吉は正月に朝鮮から帰ってきた小西行長からの報告を聞き、明の返答如何によっては、再出兵があるとして在番《ざいばん》体制維持を命じた。ただ日本軍の兵粮不足は深刻で、将兵の逃亡が相次ぎ、行長は降伏文書の「関白降表《かんぱくこうひょう》」を作成していた（『朝鮮王朝実録』）。

三月に秀吉は秀頼に大坂城を与え、諸侯にさまざまな仮装をさせて、秀次らと吉野の花見に出かけ、蔵王堂前で法楽能を催して「吉野能」を演じ、淀城を壊して八月一日に伏見城に移った。文禄二年から四年にかけ太閤検地は日本全国に及んだ。北の陸奥から、常陸・信濃・越後・尾張・伊勢・大和・摂津・河内・和泉・播磨・筑前・筑後・豊後・肥前・肥後・薩摩・日向・大隅に至るまで、朝鮮出兵による兵粮米不足を解消させる狙いもあった。

摂河泉《せっかせん》・大和・播磨・伊勢の豊臣領国では、初めて本格的総検地が行なわれ、服属した島津・佐竹領では石田三成が、小早川領では山口宗永《むねなが》が、下野の宇都宮領では浅野長政が、北信濃・越後の一部の上杉領では増田長盛がこれに関わり実施された。把握された全国の総石高は、慶長三年の

『伏見蔵納目録』によれば千八百五十七万石に及び、そのうち豊臣政権の蔵入地は二百二十万石で、五畿内、近江・美濃・尾張・伊勢が過半数を占め、他に淡路・豊後・筑前の瀬戸内海沿岸や若狭・越前の日本海沿岸に多かった。家康は二百五十万石で、それに拮抗していたことがわかる。

鉱山町と城下町

豊臣政権の蔵入分には金山からの運上金が三千四百枚（一枚は十両）、銀山からも銀八万枚あった。石見銀山は、永禄五年（一五六二）に毛利氏が銀山の争奪戦に勝利して完全に掌握、銀山の沖泊《おきどまり》（島根県大田市）を直轄し奉行を置き、銀山からの道を整え、沖泊の櫛山《くしやま》城の対岸に鶴丸城を築いていた。天正十二年（一五八四）に秀吉に服属したことで、秀吉と毛利の共同支配となり、銀は朝鮮出兵の軍資金となり、毛利輝元は秀吉に銀三千枚を運上している。

天正十八年頃の石見国図には、「銀山」「せんの山」の鉱山の中腹に、間歩《まぶ》（坑道）が△印で記され、そのひとつに「まぶくち」と見え、手前の「山吹城」の山頂には三重の天守を持つ城郭が描かれ、麓や山の谷間には多くの家並みが描かれ、銀山町が生まれていた。

但馬の生野《いくの》銀山（兵庫県朝来市）は、天正八年（一五八〇）の但馬平定後に秀吉管轄となり、生熊《いくま》左兵衛尉国利《くにとし》・大久保石見守《いわみのかみ》長安らが代官に任じられ、天正十三年に八つの間歩が開かれて最盛期を迎えた。慶長五年（一六〇〇）からは徳川家康が間宮新左衛門を奉行に任じ、幕府直轄領となし、慶長年間には、人数も二万に近かったと推定され、ここにも銀山町が生まれた。

佐渡金銀山が本格的になったのは、天文十一年（一五四二）に越後の商人外山茂衛門が島中西部の鶴子銀山を開発してからで、石見銀山の山師が鶴子銀山の開発を進めてゆくなか、近くの相川金山をも開いた。この金銀を求めた越後上杉氏は、天正十七年（一五八九）に執政の直江兼続《なおえかねつぐ》を派遣、河原田《かわはらだ》城を落して佐渡を支配下においた。上杉の佐渡支配は秀吉に認められ、慶長三年に秀吉に納めた金の量は、全国の総量の六割にも及んでいた。

秀吉は天正十七年五月には公家や大名に金六千枚、銀二万五千枚を施す「金賦《かねくば》り」を行なっていて（『鹿苑日録』『太閤記』）、自らが豊かになるとともに、世間を潤し豊かにする賑わいを創出した。金銀は貿易にも役立った。天正十六年五月に長崎を直轄領として「黒船」（ポルトガル船）の積極的な入港を促して貿易の独占をはかり、黒船が薩摩半島の片浦《かたうら》に着岸したという報告が届くと、奉行を差し下し、銀子二万枚を持たせ、生糸を買い上げるよう伝え、一年に五度でも十度でも、どんな浦でも渡海・着岸してもよいので、「日本の地」での商売を妨げない、と伝えさせた。

各地で城下町が形成されていて、そのひとつの会津若松は、文禄二年（一五九三）、若松城本丸が完成すると、蒲生氏郷が本格的に城下町を形成した。東西三里、南北二里の十字街を設けて南北の通と東西の丁に沿って家臣団の屋敷を割り出し、郭内にあった大町・馬場町などの諸町を郭外に移し、近江日野から氏郷に従ってきた商人・職人の日野町とをあわせ、一体的な町地《まちち》を形成し、その東に新町、西に後町の諸町、城の南に南町、南西に河原町と材木町を形成した。

東北方の町地の外側には、徒侍《かちざむらい》や中間《ちゅうげん》の居住する徒町・中間町を、城下北側の縁辺部には寺社を集中的に配し、郭内にあった東明寺・弥勒寺・融通寺・実相寺などをここに移し、興徳寺と諏訪神社は郭内に残した。町地の中心は大町竪町と一之町で、その交差点に高札場が置かれた。蘆名家臣団の坂内実乗《さねのり》や角田憲光《のりみつ》らは、馬場町年寄として馬場二の町に屋敷を構え、氏郷に従って来た倉田種実《たねみ》や商人司の梁田道幸《みちゆき》は大町年寄として向い合せで屋敷を構えた。梁田家の屋敷は四辻南東の角地にあり、道幸は天正十七年に伊達政宗から商人司の安堵状を与えられていた。

伊達政宗は、会津を占拠した時に米沢の商人司の今泉氏に会津領を兼帯させ、由緒を記して安堵したもので、会津中で市町を立てる事、「諸商人おやかた」として諸商売は梁田に申請する事、諸商人が会津中で山賊・盗賊にあったならば、代物五百文礼儀として梁田に差し出し荷物を通す事、関銭を免除する事などからなる。

梁田の権利は蘆名氏の頃から「商人司」として保有してきたもので、やがて梁田氏配下の商人たちは茶売仲間、小間物仲間などの同業者組織を形成、法度を定めて町が成長し、文禄四年に蒲生氏に代わって会津を領した浅野長吉は十三か条の町掟を定め、楽市としたので、商人司の梁田氏と、町年寄衆の倉田家との間で、商人の論理と町人の論理の対立が起きた。

大坂城下町

大坂城の城下は、秀吉が文禄三年（一五九四）に大坂町を囲む惣構の建設を命じてから本格的に始まり、北は大川、西は東横堀、南は八丁目口、東は猫間川を惣構とするもので、天正十九年（一五九二）に大坂町の地子を免除した際は、南北平野町と上町・玉造であったのが、惣構で上町・玉造のほか大手筋の上本町筋を中心に諸大名の屋敷と商人・職人の町が展開した。慶長三年に秀吉は三之丸を建設して伏見から大名屋敷を移し、下町の新市街地の船場を開発、一万七千の武家・町家・寺院を移し、「大坂町中屋敷替」と呼ばれた大改造を行なった。

三之丸内には細川・宇喜多・蜂須賀・前田・鍋島・浅野・島津・片桐などの大名屋敷が建てられ、商人・職人は惣構内に移された。船場は、大川の自然堤防上に成立していた浜の町、高麗町、道修町の南側に、東を東横堀川、北を平野町、南を博労町、西を心斎橋筋で限られ、本町通りを中軸とした方四十間の街区が形成され、東西を縦町筋とした。上町とは東横堀川に架けられた浜の橋、高麗橋、本町筋橋、久法寺橋、うなぎ谷町橋など十の橋で結ばれており、船場の西端から南側縁辺部には御霊社、津村御堂《つむらみどう》、坐摩社《いかすり》、難波御堂、浄国寺、安曇寺などが寺町を形成、住吉・堺に通じる堺筋が南北を貫通していた。

文禄三年（一五九四）に上洛した家康は長期滞在し、六月に秀吉を京の長者町の屋敷に迎え、京や伏見の屋敷に懇意の人々を招いて将棋・茶会・酒宴などで交流を重ねた。織田信雄、前田利家、浅野長吉、富田知信《とものぶ》らの大名や、亀屋栄任《かめやえいにん》、今井宗薫《そうくん》らの豪商と交流し、公家や学者からは学問を学び、政治の指針や教養を求めた。

翌文禄四年正月二十九日、秀吉は完成した方広寺大仏殿で千僧供養を行なうと、日蓮宗の不受布《ふじゅふ》施《せ》派が出席を拒んだことから、以後、日蓮宗の布施派と不受布施派の日奥との対立が激しくなってゆく。朝鮮では小西行長と明将の陳雲《ちんうん》との講和がはかられ、正月三十日に李宗城《りそうじょう》ら明冊封使が北京を出発、四月十二日に秀吉は島津氏に薩摩などで検地が終了したことから朝鮮からの帰国を命じた。七月三日、聚楽第の秀次のもとに石田三成・前田玄以らが訪れ、謀反の疑いがあるとして五か条の詰問状を示して出頭を促した。

八日、再び伏見に出頭するよう促された秀次は、やむなく伏見城に赴いたが、引見されずに関白・左大臣の職を奪われた上に、剃髪を命じられ、高野山青巌寺《せいがんじ》に流罪・蟄居の身となったばかりか、七月十五日には福島正則・池田秀雄《ひでかつ》・福原長堯《ふくはらながたか》が訪れ、賜死《しし》の命令を伝え、秀次は切腹した。八月二日に秀次の首は三条河原で晒され、その首塚の前で秀次の遺児と側室・侍女ら二十九名が処刑された。娘を秀次に乞われ上洛させていた最上義光《もがみよしあき》は、家康を通じて娘の助命を嘆願していたのだが、斬首され、自身は伏見に幽閉された(『徳川実紀』)。

秀吉後継の体制

七月二十四日に家康・毛利輝元・小早川隆景らが連署起請文を秀吉に提出した。その第四条は「坂東の法度・置目・公事篇、順路憲法の上を以て、家康に申し付くべく候。坂西の儀は、輝元・隆景に申し付くべく候」とあり、坂東を家康の、坂西を毛利の裁量の地となす事、第五条では在京して秀頼に奉公し、国に下った時は、家康・輝元が交替で残るようにする事を誓約している。

秀吉死後の政権運営の大枠を定めたもので、坂東を家康に、坂西を毛利に委任し、中央政治は家康などの大老、光成などの奉行衆が秀頼を補佐して運営する体制がとられることになった。その日に家康・輝元・宇喜多秀家・前田利家・小早川隆景らが、連署して「御掟」を出し、この五人に上杉景勝も入って六大老連署による「御掟追加」を出し、新体制下での政治方針が定められた。

追加の掟の第一条は、公家・門跡はその家道を嗜み、公儀への御奉公を専らにすべき事、第二条は、寺社は寺法・社法を守り、修造や学問勤行を油断なく勤めるべき事を定めており、公家の領域に踏み込んだ法規である。第六条の十人衆とは、長束正家、増田長盛、石田三成、前田玄以らの奉行人衆と、六人の大老である。

秀吉は十二月に大坂に下って病気になるが、翌文禄五年二月に回復したので伏見に戻り、将来への不安から秀頼の参内を企画、五月九日に秀頼を伴って家康らの大名を引き連れ、伏見から京都に赴き十三日に参内した。伏見に戻った秀吉は、二十五日に公家・門跡・諸大名に秀頼への「御礼」を行なわせ、秀頼体制への移行を進めた。だが、昇進を祝うべく八月十八日に行なう予定の方広寺大仏殿の大仏開眼供養が、閏七月十二日に起きた大地震で大仏が大破したために延期となり、伏見城も大きな損害を蒙った。

八月中旬に堺に到着した明使節・朝鮮使節の引見も延期され、九月一日に大坂城での引見となり、明の使節から皇帝勅諭の冊封文や宝冠などを受け取った。秀吉を日本国王に冊封する勅諭を、秀吉は受け入れたが、朝鮮使節が王子を連れて来なかった「無礼」や、明使節が堺で朝鮮の倭城の破却と軍勢の撤退を求めたことに怒り、家康が諫止《かんし》するのを振り切って、九月に朝鮮再出兵を決断した。

文禄五年十月、「天変地妖《てんぺんちよう》」から慶長に改元され、対外情勢が緊迫するなか、八月二十八日に土佐国浦戸にスペイン船のサン＝フェリペ号が漂着したので、派遣された奉行の増田長盛は、臨検して船荷を没収したが、その理由を、ポルトガル人から聞いたとして、船員がスペイン人の海賊で、ペルー、メキシコ、フィリピンを武力制圧しており、それを行なうため測量に来たに違いない、と告げた。すると、船員がスペイン国王の版図は広大で、これにキリスト教布教が関わっている、と言ったため、これを伝え聞いた秀吉は、奉行の石田三成に命じ、京都と大坂に住むフランシスコ会員とキリスト教徒全員を捕縛し、十二月十九日に長崎でキリスト教徒の日本人二十名、スペイン人四名など二十六人を処刑した（二十六聖人殉教）。

慶長の役

翌慶長二年（一五九七）二月二十一日、秀吉は朝鮮再出兵の号令と陣立を諸大名に示した。一番の加藤清正が一万、二番小西行長らが一万四千、三番黒田長政らが一万、他に鍋島、長宗我部、毛利、宇喜多など、八番まで十二万人余、在番衆あわせ十四万余の大軍で、目標は「唐入り」ではなく、「赤国（全羅道）残らず悉く成敗し、青国（忠清道《チョンチュンド》）その外の儀は、成るべき程、相働くべきこと」とあるように、朝鮮の全羅道制圧にあった。

秀吉は秀次に与えていた聚楽第の建物すべてを壊して伏見に運んだ。『フロイス日本史』は秀吉が「老体の狂気」から「巨額の金を投じて先に造営した」城を崩壊させ、周囲の武家屋敷や町屋も伏見に運搬させた、と記している。正月、秀頼のために「新城」を京に造ることを計画、四月に禁裏の東南の地を選定して五月に縄張りを行なった。大仏殿に訪れ、大破した大仏を破砕、信長が甲斐善光寺から岐阜に遷していた阿弥陀如来の遷座を命じ、七月十八日に大仏殿に安置し大仏殿を善光寺如来堂と称した。九月に京の「新城」が完成し、秀頼を伴って入ると、二十九日に秀頼とともに参内、秀頼は元服して四位少将に叙任された。

七月、小西・藤堂高虎が巨済島周辺で朝鮮水軍を破り、小早川秀秋を総大将に釜山浦《プサンポ》に着陣して進撃を開始し、慶尚道《キョンサンド》・全羅道・忠清道へと北進した後、南岸には、文禄の役の際に築いた城郭の外縁部に新たに倭城を築き補強した。八月十五日に宇喜多秀家・島津義弘らが南原《ナムウォン》城を攻め、朝鮮人陶工を捕え九州に送ってきた。鼻切りを行ないその鼻も送られ、九月二十八日に朝鮮人鼻塚の施餓鬼供養が行なわれている。戦争とともに「日本よりも万の商人もきたりしなかに、人あきなひせる物来たり」と、人買い商人が従軍し、朝鮮の男女、子どもを捕え、日本に売りさばくこともあった。

十二月二十二日、要衝の蔚山《ウルサン》城が明・朝鮮軍五万に及ぶ大軍の攻撃を受け、兵粮の備蓄がなく、水にも欠け、投降するものも多く出たが、二十五日に降った恵みの雨に助けられ、加藤清正・浅野幸長らが猛攻に耐え、毛利秀元の援軍で、ようやく翌慶長三年（一五九八）正月四日に危機を脱した（慶念《きょうねん》『朝鮮日々記』）。二月には戦況が芳しくないため朝鮮在番諸将が在番城の縮小再編案を作成し、秀吉に送るが、前年末から病の秀吉は、蔚山城が攻撃された報を聞いていて、これを認めず、兵粮米の備蓄強化と在番城の再編を命じた。

そのかたわら、醍醐寺の五重塔や三宝院を、座主義演《ぎえん》の要請で改修・再建して寺観を整備したので、病回復の秀吉は、三月十五日に醍醐寺で花見を行なった。各地から七百本の桜を集めて境内に植えさせ、秀頼や淀らと山中に設けた八つの茶屋を回遊し花見を楽しんだ。花見を終えると、四月に上洛して十八日に秀頼をともなって参内、秀頼は中納言に任じられ、二十四日に親王や公家が秀頼の京の屋敷に出向いてその昇進を祝った。

秀吉の最期

慶長三年も六月に入って秀吉の病は悪化の一途をたどり、赤痢も患い、ついに死を覚悟した秀吉は、七月十五日に大名や奉行衆、二十五日には天皇・親王・公家・門跡に遺物を配分した。八月五日、絶望的状態になると、家康・利家・輝元・景勝・秀家の五大老に宛て、「秀より事なりたち候やうに、此かきつけ候しゅとしてたのみ申候」「返々、秀より事たのみ申候。五人のしゅたのみ申候」という遺書を認めた。

八月七日には、浅野長政・増田長盛・石田三成・前田玄以・長束正家らに「日本国中の儀」を沙汰するよう、相互に姻戚の縁を結ぶように、と結束を促した（『義演准后日記《ぎえんじゅごう》』）。六大老・四奉行の体制となり、小早川隆景が慶長二年六月に亡くなり、四奉行に浅野長政を入れての五大老・五奉行の体制となった。京都方広寺に遷されていた信濃善光寺の本尊阿弥陀三尊の祟りで、秀吉が重病になったという噂から、三尊像を信濃に帰すべく出発した。翌八月十八日に秀吉は「つゆとおちつゆと消へにし我が身かな　難波のことも夢のまた夢」の辞世を残して伏見城で亡くなる。

秀吉は自身を八幡神として神格化することを望み、遺体は焼かずに埋葬するよう遺言していたので、遺骸は伏見城中に置かれ、九月七日に高野山の木食応其《もくじきおうご》により方広寺東方の阿弥陀ヶ峯の麓に、八幡大菩薩堂と呼ばれる寺の鎮守社が建てられ始めた（『義演准后日記』）。

秀吉の死にともなって、五大老・五奉行は朝鮮からの撤退を決め、八月二十五日の秀吉朱印状を携帯した使者を派遣、日本軍の撤退を告げた。その後も戦いはあったが、明軍と和議を結び、十一月に全軍が朝鮮から撤退した。こうして戦闘は終わるが、朝鮮の国土と軍民は大きな被害を受け、明は莫大な戦費の負担と兵員の損耗により疲弊して滅亡の一因となった。西国大名も大きな痛手を蒙った。豊後の大友氏は、文禄二年の平壌城の戦いで明の大軍に包囲されて小西行長からの救援要請に応じえず、秀吉の逆鱗に触れ、五月に改易され、豊後、豊前宇佐の半郡は豊臣家直割地とされた。

家康も朝鮮出兵による兵力や財力の費えは著しかったが、比較的消耗を免れ、領国を固めることができた。五大老の最上位にあって新たに領知を宛行い、五奉行も着実に所務沙汰を行なったので新体制の滑り出しは順調だった。慶長四年正月に秀頼が伏見城で諸大名から年賀をうけ、正月十日に大坂城に居を移し、前田利家が秀頼の傅役《もりやく》で大坂に移ったにもかかわらず、家康は伏見に残ったので新体制は早くも崩れ始めた。

正月十九日に利家らの大老と三成ら五奉行は、家康が伊達政宗・黒田長政・加藤清正らと縁組を結ぼうとしたのは、秀吉が生前に定めた五大老の私的婚姻禁止に違反する、と責め、その結果、二月七日に家康は大老・五奉行と誓書を交わして和議を結び、伏見城を出て伏見向島《むかいじま》に居を移した。

秀吉の死が正月に公にされ、三月五日に前田玄以が朝廷に秀吉の遺言を伝え、「新八幡」の神号勅許を申し出たところ、八幡神は天皇家の皇祖神であるので、天皇はそれに答えず、十三日に秀吉の遺骸が伏見城から阿弥陀が峯に移された後の十七日、「豊国大明神《とよくにだいみょうじん》」の神号が贈られた。吉田神道の兼見《かねみ》が日本の「豊葦原中津国」とい別名から取ったという。十八日に社は豊国神社とされた。

閏三月三日、前田利家が亡くなって子利長が継承、家康の立場が一段と向上するなか、翌日に朝鮮から帰還していた加藤清正・黒田長政らを中心とした七人の武将が、石田三成の差配を不満にもって襲う動きが生まれ、三成が佐竹義宣の協力で大坂を脱出して伏見に逃れたので、家康が仲介して三成は奉行を退き、家康の次男結城秀康《ひでやす》の護衛で佐和山城に赴いて蟄居、五奉行の一角も崩れ、家康は十三日に向島から伏見城の西丸に移った。

五　家康の天下泰平

大老家康

慶長四年（一五九九）四月、五大老は島津氏に「八幡《ばはん》」の停止（海賊停止）を命じ、七月に家康はパタニの船がもたらした国王書簡に返書して、秀吉の死去と家康が秀頼を補佐したと伝えるとともに、商船の往来を求め、朝鮮との講和交渉や、明との勘合貿易の復活へと動いた。

大老の一角の上杉景勝が会津に転封になり、七月に領国経営のため会津に下るが、これは慶長三年正月に会津の蒲生氏郷の跡を継いだ加藤秀行が、家臣との間の対立から、宇都宮に移ったことにともなう転封であり、八月には前田利家の跡を継いだ利長も、金沢に下ったので、家康の存在感が著しく高まった。

八月十四日に家康は参内、後陽成《ごようぜい》天皇に常御所《つねのごしょ》で対面、三献《さんこん》の儀を行なった後、太刀《たち》折紙《おりがみ》・銀百把を進上、天皇から薫物《たきもの》（練香）を下賜され、秀吉と同等の扱いを受ける。九月七日に大坂に入って、石田三成の大坂屋敷を宿所とし、九日に重陽の節句の祝意を秀頼に述べ、十二日に三成の兄正澄《まさずみ》の屋敷に移る。二十六日に秀吉の正室高台院が西丸を去ると、翌日にその跡に入って居座り、大坂で政務を執った。十月一日の堀尾吉春に宛てた知行宛行状は、家康ら三大老から発せられ、この形式の発給は翌年まで続く。

そこに前田利長・浅野長政・大野治長・土方雄久《ひじかたかつひさ》らが、家康暗殺を企んでいるという情報が入ると、家康は十月二日に長政を徳川領の武蔵府中に蟄居させ、治長を下総の結城秀康の、雄久を常陸水戸の佐竹義宣のもとに追放した。前田利長は、姻戚関係にあった細川忠興とともに謀叛を疑われたが、利長が母の芳春院《ほうしゅんいん》、忠興が嫡子忠利を江戸に人質として差し出すことで決着をみ、ともに家康に完全に屈服した。

慶長五年（一六〇〇）正月、諸大名は本丸で秀頼に年賀を述べた後、西丸の家康にも参り、太刀や折紙を贈って年賀の礼を行なうと、秀頼の側近たちもそれを行ない、五日まで続いた。中旬に家康は大名・小名を呼んで、宴と四座の猿楽を催し、「天下人」としての存在を誇示、これを踏まえて、藤堂高虎に命じて西丸に天守を築かせ、二月には田丸忠昌《ただまさ》に美濃四万石を与える知行宛行状を単独で発給、以後、家康単独の知行宛行状が多くなる。

閏三月、島津氏の家老の伊集院忠真《いじゅういんただざね》が、主君の島津家久《いえひさ》により父忠棟《ただむね》を前年三月に殺害されたことを恨み、日向都城《みやこのじょう》で挙兵すると、家康は寺沢広高《ひろたか》に九州の大名を動員できる権限を付与して、鎮圧にあたらせた。対外関係にも目を向け、前年に朝鮮との和議交渉を宗義智《よしとし》に行なわせ、十二月にはフランシスコ会の宣教師ヘロニモ・デ・ヘスースを伏見城で引見、フィリッピンからメキシコに通うスペイン船の相模の浦賀への寄港や、鉱山技師・航海士の派遣をフィリッピン総督に取り次ぐよう依頼し、正月には明との交渉も開始した。

三月十六日、オランダ船のリーフデ号が豊後臼杵《うすき》湾の佐志生《さしう》に漂着し、臼杵城主の太田一吉《かずよし》が寺沢広高に通報すると、広高は乗組員を拘束し、船内に積まれていた大砲や火縄銃、弾薬などの武器を没収、家康に指示を仰いだ。家康は重病の船長に代わりに航海長のウィリアム・アダムス（後の三浦安針《あんじん》）や船員のヤン・ヨーステンらを大坂に護送させた。

三月三十日に彼らと引見、イエズス会宣教師らが唱えていた海賊船ではないことを知ると、路程や航海の目的、オランダ・イングランドなどプロテスタント国とポルトガル・スペインのカトリック国との争いなどの説明を聞き、彼らを江戸に招くとともに、ポルトガルに警戒心を抱くようになり、日本とオランダ・イングランドの関係が開かれてゆくことになる。

奥州出陣

同じ三月、越後の堀秀治、出羽の最上義光らから、会津の上杉景勝が軍備増強をはかっているという不穏な動きの知らせが入った。上杉の家臣で家康と懇意のあった藤田信吉《のぶよし》が、会津を出奔し、江戸の徳川秀忠に上杉氏に叛意ある、と訴えてきたのである。景勝は境の防備を固め、直江兼続《かねつぐ》に命じて会津若松城の西に神指《こうざし》城を築城させていた。

家康は相国寺の西笑承兌《さいしょうじょうたい》を通じて上洛を促したが、直江兼続が四月十四日付け書状（「直江状」）で十六か条にわたって反駁し、上洛を拒否したので、景勝の叛意は明らかとして上杉氏討伐に動いた。六月六日に諸将を大坂城西の丸に集め、会津攻めの部署を定め、伊達政宗・佐竹義宣・最上義光らを領国に赴かせた。六月八日、後陽成天皇から家康に晒布《さらしぬの》百反が送られ、十五日に本丸の秀頼に暇乞いをし、黄金二万両・兵粮米二万石を与えられた。

六月十六日に家康は伏見城に入ると、鳥居元忠に留守を託し、十八日に伏見を出陣、東海道・東山道方面から福島正則（尾張）・池田輝政（三河）・山内一豊（遠江）・中村一忠《かずただ》（駿河）・堀尾忠氏《ただうじ》（遠江）ら、四国・九州方面からは藤堂高虎（伊予）・黒田長政（豊前）・細川忠興（丹後）・生駒一正（讃岐）・蜂須賀至鎮《はちすかよししげ》（阿波）らを参陣させ、会津領周辺の大名の伊達・最上・佐竹・前田・堀らは、白河・下野・仙道・信夫・最上・津川の六口から攻める手筈とした。

問題は、家康出陣後の備えであり、毛利輝元が国許に下っていて、三奉行が抑えていたので、家康に反感をもつ石田三成らの動向に注視しつつ奥州に下ることになったのだが、その足取りは遅く、慶長五年（一六〇〇）六月二十三日に浜松、二十四日に島田、二十五日に駿府、二十七日に小田原、二十八日に藤沢に到着すると、頼朝の佳例に沿って鎌倉の八幡宮、金沢の称名寺を訪れた後、七月二日に江戸に到着して二の丸に軍勢を召した。

七日に軍法十五か条を定め、奥羽の諸将に二十一日に出陣することを伝えたところ、十九日に増田長盛から三成・大谷吉継が挙兵したとの報が入ったが、同日に秀忠《ひでただ》が出陣、榊原康政《やすまさ》を先鋒に宇都宮に到着、家康は二十四日に下野小山に陣を構えた。そこに伏見城の鳥居元忠からも三成蜂起の知らせが入る。

三成は、家康軍に参陣するために敦賀を発った大谷吉継を説得して挙兵にいたったもので、三成は増田・長束・前田三奉行を誘い、さらに三成・安国寺恵瓊の勧誘によって毛利輝元が大坂に上った。淀殿は、三成らを謀反とみなし家康に大坂に戻るよう伝えたが、三成は十六日に大坂に着いた輝元や宇喜多秀家を味方に引き入れ、輝元が大坂城西丸に入った。

十七日、秀吉の定めた法度や置目・起請文に、家康がいかに違反してきたかを記す「内府ちかひの条々」という十三か条に及ぶ家康弾劾状を諸大名に送り、秀頼への忠節を求めると、十九日、小早川秀秋や島津義弘らが鳥居元忠の守る伏見城を攻め、八月一日に元忠、松平広忠らは戦死、伏見城は落城した。

家康は七月二十五日に諸将を集めて軍議を開いて、東海道の諸城を徳川方に接収して番衆を置き、三成を討つため軍を上方に引き返す、と定め（小山評定）、結城秀康を宇都宮に置き、上杉景勝、佐竹義宣への押さえとし、翌日に福島・加藤ら豊臣恩顧の大名が東海道を上った。

家康は八月四日に小山を出て江戸に着くが、一か月近く動かず、諸大名には「石田治部少輔、大谷刑部少輔逆心」を報じ、三成方に参陣する大名の懐柔をはかった。徳川秀忠は宇都宮に戻り、八月二十四日に同地から榊原康政、大久保忠隣《ただちか》、本多正信ら徳川譜代の軍勢を引き連れ、東山道を進軍したが、途中の信州上田城で真田昌幸の抵抗にあって足止めされる。

関ヶ原の戦い

三成は八月十一日に大垣城に入り、宇喜多秀家も入ったところ、東軍の先発の福島正則らが東海道を進んで清洲城に入り、十三日に織田秀信の岐阜城を落とし、大垣城の北の赤坂に布陣した。家康は岐阜城攻略の報を得ると、九月一日に三万の軍勢を率い江戸城から出陣、十一日に清洲に入って秀忠遅参を知り、十四日に赤坂に着陣した。西軍は吉川広家《きっかわひろいえ》・毛利秀元・長宗我部元親・長束正家らが伊勢から北上し、大垣の西の南宮山《なんぐうさん》の麓に陣をしいた。

こうして九月十五日の午前八時頃から美濃関ヶ原で東西両軍による合戦が繰り広げられ、正午頃に松尾山に陣を敷いていた西軍の小早川秀秋が東軍に寝返り、大谷吉継の軍勢に襲いかかったのを機に、同じく西軍の脇坂安治、朽木元綱、赤座直保、小川祐忠らも寝返ったので、大谷勢は壊滅し、小西・宇喜多・石田らの西軍は敗走した。

合戦前日、吉川広家は、毛利輝元が西軍の盟主に祭り上げられたのは本意ではない、と血判起請文に書いて家康に伝え、家康から戦後の保証を取り付けており、小早川秀秋も血判起請文を家康に送っていた。西軍の諸将は進退に迷いつつ、戦場に臨んでいたのであって、圧倒的な大軍の前に屈し、九月十八日、三成の居城佐和山城が落ちる。

西軍は決戦に至るまでに、細川幽斎《ゆうさい》（藤孝）の丹後田辺城、京極高次の近江大津城を攻めて開城させるのに時間がかかったのが痛かった。田辺城の細川幽斎は、籠城戦を指揮し五十余日に及び、古《こ》今伝授《きんでんじゅ》の書を後陽成天皇に献上したことから、天皇が仲に入って開城となった。

家康は九月二十日に大津城に入って戦後処理にあたった。二十一日に戦場から逃れていた三成を捕縛、二十二日に前田利長に「大坂も一両日中相済申すべく候。すなはち乗懸責め崩すべく候といへども、秀頼様御座所にて候あいだ、遠慮いたし候」と報じ、大坂城が秀頼の座所である故、攻めないことを伝え、西の丸の輝元と折衝し、咎めないと約束し、輝元から二十四日に大坂城西の丸を請け取った。

二十六日、大津城を出て、二十七日に大坂に到着すると、本丸に参って秀頼に戦勝報告をした後、西軍諸将の領知没収と東軍諸将の領知宛行を順次実施した。秀頼の命ではなく、家康の手でなされたのである。焦点は毛利輝元の処遇にあり、輝元は三成や安国寺恵瓊に担がれたとされていたものの、輝元が主体的に関与していた証拠が出たことで、十月に約束は反故とされ、領知没収へと動くが、吉川広家の懇請により、十月十日に安芸百二十万石から周防・長門三十六万石への大幅な減封でおさまった。

改易・加増・安堵

改易となった大名のうち近江佐和山の石田三成、肥後宇土の小西行長、伊予の安国寺恵瓊の三人は、大坂を引き回された末、京の六条河原で処刑され、備前岡山の宇喜多秀家は戦場を逃れて薩摩の島津氏のもとに赴いた後、八丈島に配流となった。三奉行のうち大和郡山の増田長盛は、高野山に追放され、近江水口の長束正家は自刃、前田玄以のみ所領を安堵された。

土佐の長宗我部盛親、美濃の織田秀信など八十家余りが改易となって、その総高は四百万石に及んだ。減転封の最大は会津百二十万石の上杉景勝で、家康が西上したことから出兵し、伊達政宗や最上義光らと戦ったが（慶長出羽合戦）、関ヶ原の合戦で三成ら西軍が敗れたため、十二月に家康に降って米沢三十万石となり、築城中の神指城は放置された。常陸の佐竹義宣は上杉氏内通を理由に秋田二十万石となり、あわせて二百八十万石が改易された。

加増の大名は東軍主力の豊臣恩顧の大名が中心で、駿河の中村氏が伯耆米子、遠江掛川の山内氏が土佐、遠江浜松の堀尾氏が出雲、三河の田中氏が筑後柳川、池田輝政が播磨姫路、豊前中津の黒田長政が筑前、尾張清洲の福島正則が安芸広島、丹後宮津の細川忠興が豊前中津、甲斐府中の浅野幸長が紀伊和歌山など、総じて西国方面への転封が多い。

合戦に遅れた秀忠軍の中核をなす徳川譜代大名の加増石高は多くないが、上野箕輪の井伊直政が近江佐和山、上総大多喜の本多忠勝が伊勢桑名にと、東海・東山・北陸道に広く分布した。

秀頼や淀殿には「女、子供のあずかり知らぬところ」とされたものの、その蔵入地は諸将への論功行賞に分配され、四十か国に二百二十万石あったものが、摂津・河内・和泉三か国六十万石に減じられ、徳川氏の蔵入地は五十万石ほど新たに加わった。

公家・門跡領については十月初めに調査が始まり、十一月四日に禁裏料所（皇室領）の設置、公家衆の領知加増、山城以外の領知の山城への移管などが後陽成天皇に奏請され、翌年に実施された。十二月十九日、不在であった関白に九条兼孝が家康の奏上で任じられ、秀頼・家康の関白就任の途はなくなり、五摂家による関白へと戻った。

家康の全国支配

家康は全国に目配りしていった。慶長六年（一六〇一）正月、東海道の宿駅設置を命じ、品川宿をはじめとする宿駅に伝馬掟朱印状（「駒曳朱印」）と奉行衆連署伝馬定書・伝馬連署状を交付し、各宿には一日に伝馬三十六匹の提供を命じ、地子を免除して宿場町を整備させた。翌七年には中山道・奥州道中（奥州街道）、八年には北国街道にも宿駅・伝馬の制度を設け、九年二月四日には徳川秀忠の命により諸国の街道に一里塚が築かれた。

大久保長安《ながやす》が総奉行となり、東海道・中山道では各二人の奉行があたり、町年寄の樽屋藤左衛門・奈良屋市右衛門が駄賃を定めるなどして、五月に整備が完成する。街道整備とともに重要都市の京都や伏見・堺・奈良・伊勢山田・長崎を直轄化して奉行を置いた。京都には娘亀姫を嫁がせた上野宮崎（群馬県富岡市）の奥平信昌《のぶまさ》を慶長五年九月に所司代に任じたが、信昌は本願寺に潜伏中の安国寺恵瓊を捕えていた。翌年三月、各地の町奉行歴任の板倉勝重《かつしげ》を任じ、朝廷や門跡の監視、京都支配にかかわる諸役人の統括、さらには五畿内、丹波・播磨・近江の八か国の公事・訴訟を扱わせた。

長崎は肥前唐津の寺沢広高が奉行だったが、慶長六年に海外貿易を統制下に置いたことで、同八年三月に長崎を直轄化して直臣の小笠原一庵《いちあん》を奉行とした。その間の慶長六年十月に家康は安南国《あんなん》（北部ベトナム）への返書で、日本来航船の安全を保障し、朱印状を所持しない日本商船の安南での交易を禁止することを伝え、同じくマニラのフィリッピン総督への書簡でも、朱印状を所持しない日本商船のマニラでの貿易を禁じる朱印船貿易を始めた。

貿易に従事したのは、末吉《すえよし》孫左衛門や茶屋《ちゃや》四郎次郎、角倉了以《すみのくらりょうい》、平野藤次郎らの京や堺の豪商で、茶屋初代の清延《きよのぶ》は本能寺の変で、家康の三河への脱出を助けた縁があり、子の清次《きよつぐ》は長崎奉行のもとで大々的に朱印船貿易を行なった。末吉はルソンに朱印船を派遣し、摂津平野郷や河内志紀・河内郡の代官となっていた。

家康は佐渡・石見大森・但馬生野・伊豆の鉱山も直轄化、大久保長安を起用した。長安は武田信玄に仕えた能楽師で算勘《さんかん》の能力をかわれて蔵前衆に取り立てられ、甲斐の黒川金山の経営に関わり、武田滅亡後には家康に重用され、関東の支配にあたる代官頭になった。武蔵八王子に陣屋を構えて八王子宿を整備、代官衆や千人同心衆を指揮して江戸の防備にあたり、慶長五年十月に石見銀山奉行として派遣されると、公儀直轄領の銀山周辺の百四十四か村を支配し、仙ノ山と要害山を柵でめぐらし銀生産の管理支配をはかった。

佐渡金山は、当初、上杉氏旧臣の河村彦左衛門を佐渡奉行に起用し、越前の豪商中田清六を補佐させていたが、長安が慶長五年十一月に佐渡金山接収役、八年九月に佐渡奉行になると、清六の補佐を得て、鉱山開発に新技術を導入して産額を伸ばした。

家康は判金の鋳造を関東移封とともに試み、京都の大判座の後藤徳乗《とくじょう》光次《みつつぐ》の名代橋本庄三郎を江戸に呼んで、武蔵墨書小判を鋳造させたが、その庄三郎に後藤姓を名乗らせ、慶長五年には量目・品位の一定の一分判、小判を大量に造り「光次」の極印を打って流通させ、小判座の初代となった。慶長六年には京都で大判座として慶長大判を鋳造した。銀貨の鋳造では同年五月に伏見に銀座が設けられ、大黒座常是《じょうぜ》が世襲した。

江戸の家康

慶長六年（一六〇一）三月に江戸で新たな町割に着手、京でも聚楽第跡に「内府（家康）屋形」を建てるため町屋が移され、江戸と京で新たな城下町形成がはじまった。三月二十三日、家康は大坂城西丸を出て伏見城に移り、五月十一日に関ヶ原の戦い後初めて参内し、五月二十六日に京の屋敷地の検地を、加藤政次・阿部正広・彦坂元正《もとまさ》らに命じ、十月に京都市中の屋敷を丈量《じょうりょう》（土地面積を測量）している。

家康が江戸に下って江戸城に入ったのは十一月五日だが、その一週間後の閏十一月二日に駿河町から出火、江戸全域が焼亡する。このため江戸の町造りは頓挫、十二月五日に青山忠成《ただなり》を江戸奉行に任じ、内藤清成《きよなり》とともに関東総奉行をも命じて体制を立て直した。

関東の実質支配を担ったのは代官頭の伊奈忠次・大久保長安・彦坂元正らの「三目代」で、順次検地を実施していった。そのうち甲斐の検地は、徳川領国となるとともに上野厩橋から入部した甲斐城代の平岩親吉《ちかよし》の下で、大久保長安が検地奉行として慶長六年に始まり、二十二万石程が打ち出された。検地竿には太閤検地竿の六尺三寸（約百九十一センチ）ではなく六尺一分（約百八十二センチ）竿が用いられ増徴が図られた。

佐竹を出羽に移した後、慶長七年（一六〇二）には常陸検地が伊奈備前守忠次により実施された。

ここでは六尺三寸竿が用いられ、一歩一尺の空地も残すことなく、寺社山林まで縄打ちが行なわれた過酷な検地だったので、この「備前検地」は「慶長の苛法」と称された。

家康は江戸城にあって慶長七年元旦の歳首《さいしゅ》の賀を登城した諸士から受け、二月に江戸を発ったが、京では家康を正月六日に従一位に叙しており、二月十九日に後陽成天皇が山科言経に家康を源氏長者にする意向を示すなど、家康の待遇が課題となっていた。すでに徳川家の系図は清和源氏の源義家の流れに作り替えられていた。

上洛した家康は、大坂で秀頼に年賀の挨拶を述べ、五月一日に参内し、諸大名に二条城の経営を命じ、六月一日に伏見城の修築、六月十一日に東大寺正倉院を修理させ、十月二日に江戸に帰るが、この一連の動きは征夷大将軍任官を意識してのことであり、一月半後の十一月二十六日には江戸を出て伏見に到着している。

将軍家康

翌慶長八年(一六〇三)正月、家康は歳首の賀を伏見城で諸大名や親王・公家・門跡衆から受け、正月二十一日に勅使の大納言広橋兼勝《ひろはしかねかつ》が伏見城に来て、征夷大将軍に任じる内勅を伝えた。家康は大坂城で秀頼に年頭の礼を済ませると、二月十二日に勅使の参議勧修寺光豊《かじゅうじみつとよ》から伏見城で、征夷大将軍、源氏長者、右大臣に任じられたことを伝えられる。

三月十二日に伏見城から完成した二条城に移った家康は、二十一日に衣冠束帯で行列を整え参内して、将軍拝賀の礼を行なった。二条城は矩形単郭の城で、天守・本丸・小天守や殿舎を配し、勅使の役を務めた広橋兼勝と勧修寺光豊を武家伝奏に任じ、二十七日に勅使を迎え、重臣や公家衆を招いて就任の祝賀の儀を行ない、四月四日から三日間、四座の大夫父子に演能させ、諸大名や公家衆を饗応した。

三月二十二日に秀頼が内大臣となる。関白になるという噂もあったが、家康は孫娘の千姫を秀頼に七月二十八日に嫁がせ、秀頼を統制下に置いた。千姫の入輿《じゅよ》にあたっては、西国の諸大名が警固、秀吉の恩顧を受けた大小名は豊臣家に二心を抱かぬことを誓う誓紙を秀頼に差し出し、秀吉から数年来、恩顧を受けたことや、身をも家をも興した深い恩を忘れないことを誓った。

江戸では、慶長八年（一六〇三）三月三日、諸大名の「御手伝」で千石に人夫を一人宛て出して工事を助けることとされ（千石夫《せんごくふ》）、福島正則・加藤清正ら有力な外様大名があたり（御手伝普請）、神田山を切り崩して海面を埋め立て、隅田川河口の豊島の州崎に連なる下町を造成、道三河岸《どうさんがし》の掘割など数本の掘割が江戸湾に向けて開き、日本橋が架けられ、里程の原票とされた。

『慶長見聞集』は「諸人一同に日本橋と呼びぬる事、希代の不思議」と記し、「武州が日本東西の中国にあたれり」と、家康の「御諚」があって、「是より西の果て、東の果て、五畿七道の残る所なく一里塚を築かせ給ふ」と、天下泰平の礎としたと記している。

新市街地の成立により江戸城下の中心は、道三河岸から日本橋方面に移り、大手門柴崎にあった神田明神・日輪寺・慶中寺などの社寺は、郭外に移された。『柳営《りゅうえい》秘鑑《ひかん》』は、江戸が「四神相応の地」として整備されたという。三月二十七日には前年の十二月六日に関東の地頭・代官と郷村宛てに発していた掟とあわせ、関東総奉行の内藤清成・青山忠成が連署して掟を出し、裁判により領主・百姓間の問題を解決することで農政を安定させた。

京では、慶長五年（一六〇〇）七月一日に近衛殿に「雲州ノヤヤコ跳、一人ハくにと云、菊と云二人、其外座ノ衆男女十人計在」と、出雲の「国」「菊」と名乗る劇団が参入りしたという（『時慶卿記』）。慶長八年に『慶長見聞集』は今年の春からの女歌舞伎の動きを、「於国と申す大夫出雲のもの、佐渡へ渡り、京へ出をどり初、諸人是を見物、次第に能成り、諸国に女かぶき有」と記し、かつてのややこ踊りが諸国を巡行するうちに、阿国の女歌舞伎として京に現れ、さらに江戸にも下っていったという。

慶長八年十月十六日、家康は右大臣を辞し、十一月に江戸に帰還、翌年正月に江戸城で新年の祝いを受け、十三日に大坂天満の茨木屋又左衛門と尼崎又左衛門に安南国に渡海・通商を許可する朱印状を出し、二十七日に松前慶広《まつまえよしひろ》に蝦夷統治に関する三か条の条規を与えた。松前に出入りする者が、慶広に断りなく夷人と交易することを禁じ、勝手に蝦夷地に渡海して夷人とは交易しないよう、夷人には往来の自由を保障し、夷人に不当な行為をしてはならないと定め、松前領に限られていた夷人との交易が蝦夷地全体に及んだ。

翌九年三月一日に江戸を発った家康は、二十九日に伏見城に到着、五月三日に糸割符《いとわっぷ》法を定めた。ポルトガル船が舶載する生糸は京都・堺・長崎の有力商人で結成した糸割符仲間が輸入価格を決定して一括購入し、三都市の商人たちの間で配分、その上で諸国の商人たちに売り渡す仕組みで、家康も長崎奉行に命じて生糸を買い取らせて利益を得ていた。

同じ頃、家康は秀吉七回忌にあたる八月に向け、豊国大明神臨時祭の準備に取り掛り、八月十四・十五の両日に臨時祭が繰り広げられた。十四日は一番が御幣持ち左右に二人と伴衆百人、二番が騎馬二百騎と、神官の豊国・吉田社の百人、上賀茂神官と楽人百騎、三番が田楽三十人、四番が中楽四座の新儀能であり、十五日は上京・下京の町人五百人の躍り衆、百人の笠鉾があって、最後に非人施行が行なわれた（『梵舜記《ぼんしゅんき》』）。

『豊国祭礼図屏風』は、右隻に騎馬・田楽・猿楽を描き、左隻に町人の風流踊りを描く。町人はさまざまな仮装の趣向を凝らし、南蛮人に仮装した姿も認められる。作者の狩野内膳重郷《かのうないぜんしげさと》は秀吉の南蛮趣味に応じて『南蛮屏風』（神戸市立博物館蔵）を描いた御用絵師で、慶長二年にスペイン使節から贈られたアジア象や、秀吉に献上された南蛮渡来の輿も描いている。この輿は秀吉の吉野の花見の『吉野花見図屏風』（名古屋市博物館蔵）に見える。

六　徳川幕府の政治

京の町と町人

京都の冷泉町《れいせんちょう》には天正十年（一五八二）からの町の大福帳『京都冷泉町記録』が伝わっていて、慶長九年（一六〇四）八月十五日には、二百七十二匁五分を「とよ国おとりの時、おとり□つるかけ、万ざう用までの入用也」と、豊国祭に補助をしていた。

天正十六年三月の「家うりかい定」三か条の掟では、家の売買は「御しゅく老衆」の同意が必要と記している。この宿老衆の町年寄が町を運営し、宗徳・浄鑑・了仁など町年寄の名が見える。町の内部は、五人組・十人組などの組に編成され、犯罪や風俗統制が行なわれていた。

慶長二年（一五九七）三月の豊臣氏五奉行が京都に出した法度七か条は、「諸奉公人・侍」は五人組、「下人」は十人組を結成し、盗賊などの悪逆を行なわないことを誓わせ、慶長八年に京都所司代の板倉勝重は改めて十人組結成を命じている。

その町組《ちょうぐみ》が集まって上京・下京などの惣町《そうちょう》が形成され、そのうち一条組の町組は元亀二年（一五七二）に室町通りに沿って四町で構成されていたのが、慶長初年頃には「八町中」「八町の参会」と八町（冷泉町・鏡屋町、大門町など）からなり、慶長十年には上一条組と下一条組に分かれ、飛躍的に町数が増加した。豊臣政権期には町組の運営は一か月交替の当番町（月行事《つきぎょうじ》町）を中心に行なわれ、公儀への負担は惣町（町組年寄中）―町組（月行事町）―町という系列で負担・徴収が行なわれたが、徳川政権下では月行事町に代わって町代《ちょうだい》が置かれた。

天正十五年十一月二十五日の立売組親町十四町が定めた組の寄合《よりあい》（「御汁」）の規定は、「上儀の御用」を粗略なく勤め、談合は多分に付け（多数決とし）、寄合は町内でしかるべき人を出し、百疋を御汁の費用に支出し、毎月二十九日に行なうべし、と五か条からなる。

京都は町・町組・惣町の世間が重層的に形成されていたのだが、職能に基づいて、京都・堺・長崎の有力商人で結成された糸割符仲間のような「仲間」や座による仲間も形成された。京の紙漉座の仲間は禁裏御用の紙を献上してきたが、美濃地紙が京都に入ってきて困窮していると訴え、明暦《めいれき》三年（一六五七）に牧野佐渡守親虎の時に地紙の流入の停止を勝ち取っている。

舟木本『洛中洛外図屏風』はこの頃の町の風景をえがいている。右端に方広寺大仏殿の偉容を描き、左端に二条城を置いて対峙させ、その間に洛中・洛東の町並が広がる風景を描き、右隻を斜めに横切る鴨川の流れが、左隻に及んで二隻の図様を連繋させている。

左隻は洛中の風景で、室町通りから五条通りにかけて、小袖屋・両替屋・漆器屋・扇屋などの商家が立ち並び、塗師《ぬし》や柄巻師《つかまきし》、研師《とぎし》など職人の町が表現されていて、その町人の手により毎年六月に行なわれる祇園祭の神輿や風流が町をゆく行列が見える。図①には軸物屋、錫師、本屋が立ち並ぶ通りを、日傘をさしかけられた歩き巫女らが通る。

舟木本『洛中洛外図屛風』（東京国立博物館蔵　Image: TNM Image Archives）から　①通りに並ぶ軸物屋、錫師、本屋　②「かふき」を多くの観衆が眺める

右隻は、町人が桜満開の豊国廟の花見や四条河原の小屋の能や歌舞伎・浄瑠璃芝居を遊覧し、六条三筋町の傾城町での遊びを楽しむ「浮世」の世間を描いており、図②は四条橋の近くの河原に舞台を構え、三味線を中心に笛や鼓、太鼓による合奏をする「かふき」の場面、多くの観衆が桟敷や土間から眺めている。絵師は秀吉の時期からの京の賑わいと豊かさを方広寺大仏殿界隈に描き、京の躍動を左隻に表現したのである。

二条城近くの所司代の奉行所では、白州に対決する二人が座り、縁では訴状あるいは判決文が読み上げられ、奥の畳の間には奉行がいて二人を裁いている（図③）。所司代の屋敷のほかに武家屋敷も造られている。

③　所司代の奉行所での裁きの様子

内裏での舞楽の催しも描かれているが、その周辺に公家町が広がっていた。慶長九年に内裏北に院御所が造成されたのを契機に、所司代の下で、大工棟梁の中井正清《なかいまさきよ》が内裏の縄張りをし、女院御所や公家衆の屋敷地が成立した。

屏風の下段には西本願寺や東本願寺、東寺を描くが、東本願寺は教如《きょうにょ》が慶長七年（一六〇二）に家康から烏丸七条に寺地を与えられて建設したもので、これにより准如《じゅんにょ》方の西本願寺と並び立つようになり、寺内町が整備されていった。

家康の諸国支配と対外関係

慶長九年（一六〇四）六月一日、江戸城の拡張工事が諸大名の将軍への軍役として課され、七月から彦根藩が近江彦根の佐和山城を廃して新城を築くなど、各地で城郭の造営が広がった。その彦根城は江戸城の御手伝普請《おてつだいぶしん》とは違い、伊勢・美濃・尾張など七か国の国役普請《くにやくぶしん》により、一国平均に人夫役が課された。

八月、伏見城で家康は御前帳《ごぜんちょう》・国絵図の徴収を命じた。各村の石高を記し、郡別・国別に集計して一国単位で作成する御前帳や国絵図は、秀吉政権でも作成されていたのだが、ここに改めて作成された。秀吉政権では日本全国を対象としたが、家康は越中・飛騨から伊勢・紀伊を結ぶ線のそれ以西の西国を対象とし、西国支配に重点を置いていた。江戸城大普請に向け西国大名を動員する基礎帳簿ともされ、西国の外様大名を中心に二十九人には、江戸城の改築の石材運搬の石綱船の建造を命じ、金子九十二枚を与えた。

この慶長九年には、各地で検地が行なわれ、辰《たつ》年であることから「辰の御縄《おなわ》」と称された。和泉・三河・遠江・駿河・相模・武蔵・下総・上総・越後で実施され、そのうち伊奈忠次《いなただつぐ》が遠江・相模、大久保長安《ながやす》が武蔵・越後、彦坂元正《もとまさ》が相模で実施し、大名領国では、その大名の手で実施され、検地の基準が整えられ、石高・石盛が統一され、それとともに新たな村が形成された。

慶長十年（一六〇五）正月、家康は江戸を発ち、遅れて二月に秀忠が関東・東北・甲信などの東国の諸大名あわせて十六万人の大軍を率いて三月二十一日に伏見城に入ったので、「頼朝の京入りの例」にならったと噂された。その家康を待っていたのは、朝鮮派遣の講和交渉の使節である。これまで対馬の宗氏を通じ折衝が繰り返されており、家康は対馬の宗氏に交渉の全権を委ねた。

四月七日に将軍職辞任と秀忠の襲職《しゅうしょく》を朝廷に奏上し、秀忠は家康の時と同じく伏見城に勅使を迎え、征夷大将軍に任じられ内大臣になった。秀吉との約束では秀頼成人後は天下を譲ることになっていたが、これは反故とされた。

慶長十年（一六〇五）九月、家康はルソン人に年四艘の通商を許可した。貿易の相手国はフィリッピン諸島のルソンが最も多かった。慶長七年に土佐の清水に漂着したスペイン船エスピリッツ・サントス号の保護と送還するのを契機に、フィリッピン諸島の長官宛てに書簡を送り、日本到着の船の安全保障と渡航免許の朱印状八通を付している。慶長九年閏八月にはキリシタン布教の許可を求めたフィリッピン長官の使者を伏見城で引見した。ローマ教皇は日本布教をイエズス会以外の修道会にも認めていたので、スペイン系の托鉢修道会の宣教師が来日するようになり、早くから来日していたイエズス会系のポルトガル人と競合していた。

ポルトガル船の寄港地の長崎は、朱印船の発着地でもあり、慶長九年に唐通事《とうつうじ》（中国語通訳）が置かれ、ジャンク船に乗った唐人も多く渡ってきた。そのため人口が増加し、慶長五年の五千人から慶長十六年に一万五千人になった。唐人たちは渡航して九州の海岸部に唐人町を形成した。同じ唐人町でも朝鮮との戦争で日本軍に連れてこられた朝鮮被虜人は、磁器生産の技術をもたらし、伊万里（佐賀県伊万里市）、波佐見《はさみ》（長崎県波佐見町）、苗代川《なえしろがわ》（薩摩焼　鹿児島市）、萩（山口県萩市）などに窯場を形成した。

唐人は琉球や東南アジアにも進出して唐人町を形成したが、朱印船貿易の展開により日本人も寄港地の貿易中心地に駐在・定住して日本町を形成した。朱印船制度では家康の朱印状を携行する者については保護し、携行しない者を海賊とみなし、彼らが紛争を起こせば現地の権力の裁量に任せていた。

日本と東南アジア地域の通交・貿易のネットワークを利用したもので、朱印船の渡航先は東京（台湾）・交趾《コーチ》（ベトナム北部紅河流域）・カンボジア・シャム・ルソンなど七か所で、日本町が交趾のフェフォ、カンボジアのプノンペン・ピニヤルー、シャムのアユタヤ、ルソンのディラオ・サンミゲルにつくられた。現地の政権から一定の自治権が与えられ、住民から選ばれたシャバンダールという頭領が貿易の管理や仲介に当たった。

江戸城の普請と城下町

慶長十年（一六〇五）十二月二日に家康は書院番を設け、番頭には水野忠清・青山忠俊・松平定綱・内藤清次の四人を任じて番方を整備し、翌十一年三月に諸大名への普請役により江戸城増築に入った。江戸に下った諸大名は、相模湾西岸から伊豆半島東岸にかけての石丁場《いしちょうば》に家臣を派遣して石材を切り出し江戸へ輸送した。十万石につき百人持ちの石が、千百二十個課された。

縄張は藤堂高虎が行ない、外郭は細川忠興、前田利常、池田輝政、加藤清正、福島正則、浅野幸長、黒田長政、田中吉政、鍋島勝茂、堀尾吉晴、山内忠義、毛利秀就、有馬豊氏、生駒一正、寺沢広高、蜂須賀至鎮《よししげ》、藤堂高虎、京極高知、中村一忠、加藤嘉明が担当、天守台は黒田長政が、本丸は吉川広正、毛利秀就が、城廻普請は遠藤慶隆が、虎御門普請は木下延俊が担当、加賀の前田、美濃の遠藤以外はすべて西国大名である。

このうち藤堂高虎は今治《いまばり》城を築いた築城の名手で、細川忠興は豊前中津《なかつ》城から小倉に本拠を移して慶長七年から小倉城を築城、池田輝政は慶長五年に姫路に入って姫路城を大改修、加藤清正は天正十九年から熊本城の築城を開始し、福島正則、浅野幸長は関ヶ原戦後に紀伊和歌山城を大改修、黒田長政は慶長六年に名島《なじま》から博多に隣接する台地上に福岡城の築城を開始していた。

さらに田中吉政が筑後柳川城を、鍋島勝茂が慶長七年に佐賀城を、堀尾吉晴が松江城を、山内忠義が高知城、生駒一正が丸亀城、寺沢広高が唐津城、蜂須賀至鎮が徳島城を、山内氏が高知城を築城するなど、領国で築城を行なっており、その技術もあって江戸城の石垣普請は六月から順次終わり、助役の大名は相次いで上方に帰り、作事も九月に本丸館が終わった。

御手伝普請はこの後、慶長十四年の丹波篠山《ささやま》城、十五年の尾張名古屋城、十九年の越後高山城へと続き、城郭の普請と城下町の形成によって多くの雇用が生まれ、職人が編成されていった。家康は江戸城普請が始まると、三月二十日に駿府に赴き、ここを居城とすることと定め、城主の譜代大名内藤信成《のぶなり》を近江長浜に移し、内藤氏には長浜城の修造料として白銀五千枚を与えた。

駿府城の改築工事を行なうため、安倍川の流路を西側に移動させ、洪水から城下町を守る工事を行なったが、このとき島津氏が江戸城普請のために提供した石船三百艘のうちの半分を江尻に回し、その石によって築かれたのが「薩摩土手」である。

慶長十一年（一六〇六）四月に上洛した家康は、参内して年賀の礼を行ない、その折に武家伝奏と相談し、「武家の者どもの官位」を家康の推挙なしには与えないよう奏請した。朝廷と大名が家康を介さずに結ぶのを牽制し、特に天皇と秀頼とが結ぶことを警戒していた。慶長九年正月二十七日に大坂での年頭の礼のために公家衆が下った際、天皇は使者に太刀や銀二十枚をもたせ、秀頼からは六月十三日に銀五十枚と太刀が進上されていた。

家康は天皇から譲位の意向を受けると、慶長十年から院御所の造営を御所北側に計画し、上洛すると七月二日に禁裏の増築と院御所造営を所司代の板倉勝重に命じ、その造営の開始を見て江戸に下り、翌十二年二月十七日に駿府城の修築工事を始めた。

これは越前・美濃・尾張・遠江の家門・譜代の大名中心の御手伝普請によって行なわれ、三月十七日には畿内五か国、丹波・備中・近江・伊勢・美濃の諸国では、直轄領・私領の別なく課したので、秀頼領にも課され、さらに伏見城からは大量の金銀・緞子《どんす》・金襴《きんらん》などが運ばれ、伏見城の機能は駿府城に移された。

七月三日に本丸が成って家康が移り、二の丸の普請も西国大名を中心に十月にほぼ完了したが、十二月二十二日の火災で本丸御殿が焼け落ち、家康は慌てて避難した。知らせを聞いた大工頭《だいくがしら》の中井正清は、京都から大工二百人を伴って駿府に下り、翌年正月から再建を始め、三月に本丸の御殿が成って家康が移り、八月に外観五層、内部七階の天守閣の上棟式が行なわれた。

大御所政治の顧問

家康が駿府城に移って駿府の「大御所」として政治を行なうようになると、秀忠には関東を中心とする支配を委ね、年寄の大久保忠隣《ただちか》と本多正信二人に、土井利勝《としかつ》・安藤重信《しげのぶ》・青山成重《なりしげ》らを年寄・年寄格として付け、伊丹康勝・水野忠元・井上正就《まさなり》らを奉行衆となし、江戸町奉行には青山忠成・内藤清成、伊奈忠次を関東郡代となした。

大御所家康の下には、正信の子本多正純《まさずみ》を筆頭に、奉行衆には大久保長安・成瀬正成・安藤直次・村越直吉らを据え、勘定頭に松平正綱をあて、大久保長安には美濃と大和、小堀政一に備中、米津清右衛門に近江など、畿内近国の国単位に国奉行を置き、朝廷や西国全般の支配には京都所司代の板倉勝重があたった。

家康の政策立案には僧や学者・公家が顧問として関わった。西笑承兌《さいしょうじょうたい》は天正十二年（一五八四）に荒廃していた相国寺を再建して鹿苑僧録《ろくおんそうろく》となり、秀吉の政治顧問として文禄の役後の講和交渉にあたり、秀吉死後には家康に仕え、『周易』の伏見版を出版した。閑室元佶《かんしつげんきつ》は足利学校第九世の庠主《しょうしゅ》（校長）となり、関ヶ原の戦いで家康の陣中に随行し、占筮《せんぜい》（占い）によって功をたて、家康によって伏見の修学院に招かれ、円光寺の開山となって、『貞観政要』訓訳を献上、慶長五年（一六〇〇）には伏見版を印行するなど、伏見版の出版に尽力、『毛詩《もうし》』を家康に講義した。

西笑承兌が慶長十二年に死去すると、その推挙により以心崇伝《いしんすうでん》が仕えるが、崇伝は慶長十年に鎌倉建長寺の住職となり、南禅寺住職にもなって後陽成天皇から紫衣を賜り、十三年に家康に招かれて駿府に赴くと、閑室元佶とともに主に外交事務を担当、朱印状の事務取扱役に就くなど、朱印船にも関わった。

播磨細川荘に生まれた藤原惺窩《ふじわらせいか》は、名護屋城在陣中の家康に『貞観政要』を講義し、京に出て相国寺で儒仏を学び、朱子学を中心に陸象山《りくしょうざん》・王陽明《おうようめい》の学の長所をとりいれた「異中の同」を重視、洛北の市原で隠棲するなか、大名や公家・僧らと親交を広げた。その門下林羅山《はやしらざん》は、惺窩の推挙で翌年に家康に二条城で謁見して仕え、慶長十一年にイエズス会の日本人修道士、イルマン・ハビアンと「地球論争」を行なってハビアンを論破、慶長十二年に家康の命により僧形となって道春と称し、江戸に赴いて秀忠に講書を行ない、長崎で『本草綱目《ほんぞうこうもく》』を入手し、駿府の家康に献上した。

公家の日野輝資《てるすけ》は、永禄二年（一五五九）に日野家を継ぐが、慶長七年に出仕を止められて出奔、八年に権大納言を辞し、十二年に出家して唯心院と号し、駿府に下って有職故実《ゆうそくこじつ》により家康に仕えた。これら顧問とともに豪商も起用した。後藤庄三郎光次は金銀貨を全国貨幣として流通させるのに指導力を発揮、財政にも深く関わり、朱印状の発給や外交交渉にもあたった。

茶屋四郎次郎は初代、二代、三代と家康に仕え、二代の清忠は京都所司代の板倉勝重を補佐して町割にあたり、京都町方元締として惣町頭役を務め、上方五か所の都市（京都・大坂・奈良・堺・伏見）の御礼支配にあたった。慶長八年に清忠が亡くなると、清次が三代目となり、長崎奉行の長谷川藤広《ふじひろ》に連れ立って長崎に出向き朱印船貿易に関わり、公儀呉服師としても活動した。

家康は豪商の力量を高く評価してその力を利用して山野河海の開発をも進め、その代表格が角倉《すみのくら》了以《りょうい》と子素庵《そあん》であり、彼らは朱印船貿易や各地の土木工事・鉱山巡視などに関わった。糸割符仲間も豪商の活動に目をつけてのものであり、外交顧問には外国人のウィリアム・アダムス（三浦安針）とヤン・ヨーステンを任用し、財政・交通・外交・貿易・寺社・公家などの諸政策に顧問を活用した。

家康が大御所政治を開始して最初に行なったのが大名の改易、家禄・屋敷の没収である。慶長十三年六月に伊賀上野の筒井定次《さだつぐ》（順慶の子）を家中不和を理由に改易、代わりに伊予今治の藤堂高虎を伊賀・伊勢に移し、大坂方対策として上野城と伊勢津《つ》城を改築させた。丹波八上《やかみ》城の前田茂勝《しげかつ》（玄以の子）を狂気を理由に改易、九月に常陸笠間から松平康重《やすしげ》を移し、新たに篠山城を御手伝普請により築城させた。以後、丹波亀山城、伊勢亀山城、尾張名古屋城を御手伝普請で築城させ、大坂城包囲へとすすむ。

国交回復と琉球侵攻

対馬の宗氏を通じて行なってきた朝鮮との和議交渉は、慶長十一年（一六〇六）七月に朝鮮から条件が示された。日本側から先に朝鮮国王に国書を送り、朝鮮の前国王の墓を荒らした人物の引き渡しを求めてきたのである。受け取った宗氏は、先に国書を出すのが従属を意味することから、家康は到底受け入れないと考え、国書を偽造、犯人も仕立てて朝鮮に送っていた。翌十二年正月、国書偽造を知りつつも、朝鮮は捕虜送還を求める回答兼刷還使《かいとうけんさつかんし》を派遣、閏四月に一行五百人余が江戸に到着した。日本側はこれを通信使として受け止め、秀忠が引見した。

宗氏は国書偽造発覚を恐れ、さらに国書を偽造して秀忠に呈した。使者は帰国の途次、駿河の清見寺《せいけんじ》に泊って駿府の家康に謁し、こうして日本と朝鮮との国交が回復、慶長十四年五月には己酉約条《きゆうやくじょう》十二か条が結ばれ、日本からの渡航者の制限、対馬の島主の朝鮮に送る船の毎年二十艘への制限、交易の湊を釜山浦に限るものと定められた。

明との国交は、慶長七年に琉球船が仙台伊達領内に漂着したのを機に、家康は、琉球を通じて国交回復を図ることを考え、翌年に島津氏に乗組員を本国に送還させ、交渉の糸口をつかもうとした。島津氏は琉球国王尚寧《しょうねい》に家康のもとに聘礼使《へいれいし》を送るように促すが、謝礼の使者を琉球が送ってこなかったので、慶長十一年、島津忠恒《ただつね》は家康の伏見城を訪れて、琉球侵攻(「琉球入り」)の許可を求めて了承され、家の一字を与えられて名を家久《いえひさ》と改めた。

十四年三月、島津軍は薩摩山川を発ち、大島・徳之島の南島諸島を経て沖縄島に侵攻、四月五日に首里城を落とし、宮古島・八重山諸島も服属させ、五月に国王尚寧を捕虜として鹿児島に連れ帰り、琉球平定を家康に報告した。家康はその功を賞して、「即ち彼の国進の条、いよいよ仕置等申し付けらるべく候也」と、琉球を家久に与えてその仕置を命じ、琉球は島津氏の「附庸《ふよう》国」になった。

尚寧王は家久に伴われて駿府で家康に、江戸では秀忠に謁見したが、それは捕虜の扱いでなく、手厚い対応となった。秀忠は島津氏に「中山王《ちゅうざんおう》」の改易を禁じ、琉球王国は存続するが、「貢税《ぐぜい》」が島津氏に与えられたので、島津氏は慶長十五年から翌年にかけて琉球本島から宮古・八重山まで検地を実施した。琉球は伝統的な三司官による執権体制を維持しつつも、島津氏の統制下に置かれ、「諸式日本に相変わらざる様」と日本に同化させられた。家康は明の冊封を受けていた琉球を介し明との国交回復を狙ったのだが、勘合貿易復活には至らなかった。

朝廷の従属

後陽成天皇は、慶長四年（一五九九）六月、伝奏の久我敦通《こがあつみち》と宮中の勾当内侍《こうとうのないし》の醜聞から、内侍が出奔する事件が起きると、禁裏小番衆《こばん》のうち内々小番衆と外様衆に掟を示し、奥への出入りについて定め、慶長八年には小番衆に九か条の壁書を示し参内の作法を定め、引き締めをはかった。

慶長十四年（一六〇九）六月にも、若い公家衆と天皇の女房衆との密通事件が起きたので、綱紀の乱れに厳しい姿勢で臨み、七月に女房衆の召使を尋問、四日に新大典侍広橋局《おおてんじひろはしのつぼね》ら五人を親預りとし、烏丸光広《からすまるみつひろ》ら公家衆の出仕停止を命じ、両者をとりもった猪熊教利《いのくまのりとし》と典薬《てんやく》（医師）の兼康頼継《かねやすよりつぐ》は逃亡したので、広橋局や唐橋局を寵愛した天皇は逆鱗し、公家衆の死罪を求めた。

報告を受けた家康は「いか様にも仰せ次第」と天皇の意向を尊重しつつも、糾問するよう所司代に伝えるとともに、世評を考え厳罰しないように求めた。その内意を聞いた天皇は、やむなく処罰を家康に任せ、五人の女房衆は駿府に送られて伊豆の新島配流、公家衆の花山院忠長ら五人は蝦夷地配流となるが、烏丸光広と徳大寺《とくだいじ》実久《さねひさ》は罪を許され、猪熊教利ら二人は処刑された。

天皇が事件の処理を家康に委ねたのは、譲位を考えていたからであって、十二月にその意向を家康に伝えると、家康から少し待つよう返答があり、「馳走」を強く求めると、翌年二月に譲位と政仁《ことひと》親王の元服が了承された。三月、伝奏が天皇の意向を駿府に来て伝えると、家康は七か条の申し入れをした。譲位と親王の元服を切り離して行なうこと、摂家衆は談合して天皇に意見を申すこと、公家の諸家は、それぞれの道を学び、行儀・法度を守り、公家の官位は奉公の励みになるよう叙任することなど、譲位とは関係ないことまで示した。

以後、天皇・摂家衆・家康の間での交渉があって、天皇は延喜の例にならって譲位と元服とを同日に行ない、勅勘の公家の復帰はその後に行なうものと主張したが、押し切られ、家康の意向を受け入れて元服が先に行なわれた。

家康は翌慶長十六年の三月十七日に八百騎、総勢五万を従えて上洛すると、西国大名や公家衆の迎えを受けて二条城に入った。「諸国大名小名残らず上洛」「日本国諸大名諸寺諸山罷り上る也」と称され、翌日に天皇からの「御上洛珍重」の言葉を伝えた武家伝奏に対し、「江戸将軍」の名代として即位の沙汰をすると答え、徳川家の祖の新田義重《にったよししげ》に鎮守府将軍を、父広忠に権大納言を贈るよう要請して贈られた。

三月二十七日、後陽成天皇の譲位が執り行なわれ、後水尾《ごみずのお》天皇が誕生した。翌日に家康は二条城で秀頼と会見、秀頼は拒絶の意向だったが、家康が織田有楽斎《うらくさい》を介して上洛を要請、淀殿の説得もあって秀頼が上洛し、片桐且元《かたぎりかつもと》の京都屋敷で衣装を改め、二条城で家康との礼を交わし、家康の饗応を受け、高台院に対面して、二条城を出た。

西国の大名には緊張が高まったが、無事に対面が済み、天下安泰が謳歌された。対面は対等な形で行なわれたものの、本多正純は江戸の年寄衆に宛て「秀頼様、昨二十八日大御所様へ御礼仰せあげらる」と伝えていて、秀頼の家康への御礼と見なされた。

この秀頼との会見を踏まえ、家康は四月十二日に在京大名を集めて、三か条の条々を示しその誓紙を取った。その法度は林羅山と、院御所の指図を記し天皇の侍読で家康にも仕えた船橋秀賢《ふなはしひでかた》が起草した。鎌倉幕府の頼朝に始まる代々の公方の法式のように、武家の命に従い、江戸の秀忠から出された目録の法を守る事、法度や上意に背く者は隠し置かない事、抱え置いた侍以下が叛逆殺害人という届けがあったなら、相互に関わるのを止める事などを誓わせた。徳川の公方の命に従わせ、豊臣方に関わるような動きを禁じたのである。

この法度に連署したのは細川忠興ら北国・西国の主要な二十二人の大名で、上杉景勝・伊達政宗ら十一人の東国大名は江戸城普請などで在京していなかったので、翌慶長十七年正月十五日に誓紙を差し出し、関東甲信越の譜代・外様の小名も同日に誓紙を差し出した。誓紙を出さなかったのは秀頼のみで、秀頼包囲網が成った。

十八年六月には、駿府に下っていた伝奏の広橋兼勝を通じて、家康が五か条の公家衆法度を渡すと、七月、兼勝は摂家衆と相談し、十二日に公家衆を集めて示した。第一条は、公家衆は学問を昼夜油断なきように、第二条は、行儀法度に背けば流罪となす、第三条は、昼夜の御番を懈怠《けたい》無く勤める、第四条は、無用な町小路の徘徊を停止する、第五条は、勝負事をし、不行儀の青侍を抱える輩は流罪とするというもので、五摂家と伝奏はこれらの届けがあれば、武家に伝え、武家から沙汰があるとされた。

朝廷の内部で自律的に処理すべき事柄が、武家の沙汰とされ、朝廷の屈服は明らかとなった。同日に寺院にも「勅許紫衣竝に山城大徳寺妙心寺等諸寺入院の法度」を定めて介入した。紫衣は紫色の法衣や袈裟を高徳の僧や尼が朝廷から賜るものであるが、勅許以前に武家に伝えてその許可を得るべしとした。

キリシタン禁制と貿易

豊臣包囲網と政権安定とに不可分に関わっていたのがヨーロッパ勢力への対応である。慶長五年(一六〇〇)に豊後に漂着したリーフデ号が帰国するにあたって、家康はオランダ国王への書簡を託し、通商交渉がなされ、十四年五月に肥前平戸にオランダ船が二艘入港、オランダ人が駿府に赴いて、家康にオランダ総督(使節は国王を自称)マウリッツからの親書を献じ、交易が許可され、平戸にオランダ東インド会社の商館開設も認められた。

その時の家康の朱印状は「おらんだ船、日本え渡海の時、何の浦に着岸たりと雖も、相違あるべからず候。向後、此旨を守り異儀無く往来致すべし。聊か素意有る間敷く候也」とあり、以後、平戸の商館は、オランダ人の貿易の拠点、対立するポルトガル・スペイン勢力を排除する拠点となった。同年にポルトガル船のグラッサ号がオランダの追及を逃れて長崎に来航、オランダへの朱印状交付と、七月二十五日に日本人のマカオ寄港を禁じる家康の朱印状を入手した。

マカオでは前年に肥前日野江《ひのえ》城の有馬晴信《ありまはるのぶ》が派遣した朱印船が寄港した際、日本人が騒ぎを起こし、マカオの総司令官アンドレ・ペッソアに鎮圧され、荷物を没収される事件が起きていた。その時に没収された荷物をめぐって長崎奉行の長谷川藤広がポルトガル商人と対立、有馬晴信を通じて家康に訴え、家康の許可を得た晴信は、グラッサ号を撃沈した。

この晴信から、本多正純の家臣の岡本大八が、御朱印の下書を偽造し、多額の賄賂を受け取ったとして、慶長十七年(一六一二)二月に駿府で裁判が行なわれ、大八が非とされ獄につながれ、大八に誑《たぶら》かされたとして晴信も閉門の身となった。この晴信・大八がともにキリシタンだったため、駿府にいるキリシタンの家康近臣への摘発が始まり、江戸では安藤重信が摘発に乗り出した。

その後、獄中の大八から、晴信が長谷川藤広の謀殺を企てていたという訴えがあり、再び両者の対決が大久保長安の屋敷で行なわれ、晴信は弁解に窮して甲斐国配流となって切腹を命じられ、大八も処刑された。その処刑の日の三月二十一日に「南蛮キリシタンの法、天下に停止すべきの旨、仰せ出され、京都に於いて彼の宗の寺院を破却すべし」と、京都や駿府・江戸・長崎の直轄都市でのキリスト教の禁止とキリシタン寺院の破却令が発せられ、八月には関東を対象に「伴天連門徒、御制禁也」というキリシタン禁令が出された。

ただ布教禁止と貿易とは別であり、六月に家康はメキシコ総督に送った書簡で、商船の往来は歓迎するとしつつ、布教は思いとどまるべし、と報じ、翌年にイギリス東インド会社のジョン・セーリスと会見して、イングランド国王ジェームズ一世からの親書と献上品を受け取り、九月一日に朱印状による交易、平戸にイギリス商館の開設を許可している。

九月十五日、伊達政宗はローマに使節として支倉常長《はせくらつねなが》を派遣したが、これには宣教師ソテロやメキシコ総督から家康に派遣されてきたビスカイノが同船していた。家康は伊達政宗のもとにいた宣教師ソテロをスペインに派遣することを政宗と計画していて、キリシタン禁令でソテロも対象になりかけたのだが、特赦となって仙台に赴いていた。

岡本大八事件の翌年四月に大久保長安が亡くなり、大久保忠隣《ただちか》と本多正純の対立が広がっていた。家康五男の松平忠輝《ただてる》は伊達政宗の娘を妻に迎え、大久保長安を付け家老としていたが、その長安の保護者が大久保忠隣であり、秀忠を家康の後継者に推すなど一大勢力を築いていた。

これと対立していたのが本多正信・正純父子であって、正純は家臣の岡本大八事件が起こしたことによる失地回復を目指し、長安が亡くなると、すぐ五月に生前の長安の不正を摘発し、多額の畜財を没収、七人の息子も捕え、その縁に繋がる江戸奉行衆の青山成重が閉門、信濃松本の石川康長《やすなが》が改易となった。九月には大久保忠隣に謀叛の疑いがあるとの訴えがあって、忠隣への対策が密かに講じられた。

伴天連追放令と方広寺大仏殿供養

慶長十八年(一六一三)十二月、家康は以心《いしん》(金地院《こんちいん》)崇伝《すうでん》に起草させ、十二月十九日に秀忠の名によって「伴天連追放の文」を出した。「それ日本は元これ神国なり」と始まり、「ここに吉利支丹の徒党、たまたま日本に来たり。ただに商船を渡して資財を通じるのみならず、みだりに邪法を弘め正宗を惑わさんとす」と、キリシタンが邪法をひろめ、日本の政治の転覆を狙っている、としてその追放を宣言した。

この追放の文を帯びて、伴天連追放の総奉行として京都に派遣された大久保忠隣は、翌年正月十七日に京都に入り、教会を壊し、宣教師を長崎に追放し、信徒改めを行なって棄教(「転ぶ」)を迫り、従わぬ者を津軽に流し、大坂や堺でも宣教師を長崎に送った。

ところが、忠隣は京都に入る前の正月十五日に改易されていて、小田原城も没収され、忠隣には正月晦日に伝えられて近江に流された。二月二十四日、家康は忠隣失脚による動揺を抑えるため、江戸の重臣の酒井忠世《ただよ》・忠利・土井利勝・安藤重信ら八名に、九か条にわたる血判起請文を召して、家康・秀忠への忠誠を誓わせ、忠隣父子との絶交を命じた。家臣引き締めを図った家康の次の標的は、豊臣秀頼であった。

豊臣恩顧の大名の浅野長政・堀尾吉晴・加藤清正らが慶長十六年、池田輝政・浅野幸長が慶長十八年に、前田利長が慶長十九年にと、続いて亡くなるなか、六月頃にイギリスから購入のカルバリン砲、セーカー砲が届いた。

秀頼は慶長十四年に灰燼に帰した方広寺大仏殿と大仏の再建に取り組み、家康の勧めもあって十八年に完成、十九年に落慶供養を考えていた。秀頼はこれまでにも東寺金堂・延暦寺横川中堂・熱田神宮・石清水八幡宮・北野天満宮・鞍馬寺毘沙門堂など八十五件にものぼる寺社の修造を行ない、豊臣家の威信を高めてきた。

大仏再建のためにも、秀吉遺産の金塊千枚分銅《せんまいふんどう》を十三個、二千枚分銅を十五個使ったが、これは小判で四万数千両に相当する。家康は土佐・日向・備中から巨木を徴発、西国の大名に米を送って工事を助けていた。ところが大仏の開眼供養が十九年八月三日、堂供養が十八日と決まると、家康は「大仏の鐘銘、関東不吉の語、上棟の日、吉日にあらず」と、鐘の銘文や上棟の日時を理由に延期を求めた。

鐘の銘文は「洛陽無双の智者」と謡われた東福寺の文英清韓《ぶんえいせいかん》が草したものだが、その「国家安康」「君臣豊楽　子孫殷昌」の箇所に、「安」の字が「家康」の字を二つに引き裂いており、豊臣を君として子孫の繁栄を願い、徳川家を呪詛したもの、と言いがかりをつけた。

八月、鐘銘問題の弁明のため片桐且元が駿府に赴くが、家康は且元に面会せず、且元には以心崇伝と本多正純を遣わし、解決策を且元の分別に委ねるとした。しばらくして淀殿の乳母大蔵卿局《おおくらきょうのつぼね》が駿府に赴いた時には、面会して丁重に迎え、大蔵卿局には何ら案ずることはないと返答した。

九月七日に毛利秀就や島津家久、鍋島勝茂ら西国の大名五十名から誓詞をとり、長崎に集めた宣教師を九月二十四日にポルトガル船に乗せて日本から追放、棄教に応じない高山右近、内藤如安ら多数のキリスト教徒も国外追放とした。このキリシタン追放は、キリシタンが豊臣方に引き込まれるのを防止するためもあった。

且元は大坂に戻って、家康の意向を忖度《そんたく》し九月十八日に妥協案を提案した。①秀頼が江戸に参勤する、②淀殿が人質として江戸に下る、③秀頼が国替えに応じて大坂城を退去する、の三点であったが、大蔵卿局の報告とは全く違う内容だったため、裏切り者として扱われた。

十月一日、且元は一族を連れて大坂城を退去し、茨木城に籠るが、且元は慶長十八年に秀頼から一万石を加増された際、家康を憚って辞退するが、家康の命で拝領したように、豊臣家の家臣でありながら家康の家臣でもあった。

大坂の陣

且元退去を予測していた家康は、同日の慶長十九年（一六一四）十月一日、出馬を決意、諸大名に出陣を命じると、その翌日、豊臣家は旧恩ある大名や浪人に檄を飛ばし、兵粮を買い付け、徳川家など諸大名の蔵屋敷から蔵米を接収した。

秀吉が遺した莫大な金銀を用いて浪人衆を全国から集めて召抱えたが、諸大名で大坂城に参じる者はいなかった。豊臣方の総兵力は約十万で、明石全登《あかしたけのり》、後藤基次《もとつぐ》、真田信繁《のぶしげ》（幸村）、長宗我部盛《もり》親《ちか》、毛利勝永《かつなが》らの五人衆、ほかに塙直之《ばんなおゆき》、大谷吉治《よしはる》らもいたが、関ヶ原の戦後に取り潰しなどに遭った者たちである。

十月十三日、家康は軍勢を率いて二条城に入り、同日に秀忠も六万の軍勢を率い江戸を出発し、福島正則や黒田長政は江戸城に留め置かれた。十一月十五日、家康は二条城を出て奈良経由で大坂に向かい、先着の秀忠と十八日に茶臼山陣城で軍議を開いた。動員した兵力は約二十万、十九日に木津川口の砦で戦闘が始まり、三十日までに「大坂四方の陣所ことごとく明所これなく候」と、豊臣軍は砦を破棄することになり、大坂城包囲網ができあがった。

だが、籠城した大坂城を落とせず、真田幸村の守る出城の真田丸の戦いでは、前田利常、松平忠直、井伊直孝隊が撃退され、多数の軍兵を失ったことから、家康は和議を考える。伊奈忠政・福島忠勝・毛利秀就・角倉素庵に命じていた淀川の流れを尼崎に流す長柄《ながら》橋の工事が完了し、大和川を塞き止め、鬨《とき》の声を挙げて鉄砲を放たせて敵の不眠を誘い、大坂城総構への南方から「石火矢」（大砲）の射撃を本格化させて、十二月二日に和平交渉が始まる。

織田有楽斎・大野治長（大蔵卿局の子）と、本多正純・後藤光次の間での交渉があり、十五日には豊臣方から、淀殿が人質として江戸に赴くこと、籠城の牢人のための加増をはかるとする和議案が出されたが、家康は拒否、十六日に淀殿のいる千畳敷に大砲を撃ちこんだ。十七日に武家伝奏の広橋兼勝と三条西実条《さんじょうにしさねえだ》が家康を訪ねて和議を勧告するが、「禁中よりの御扱は無用」と断った。

その翌日に家康方から家康の愛妾の阿茶局《あちゃのつぼね》、豊臣方から淀殿の妹常高院《じょうこういん》との間で交渉がもたれ、十九日に講和条件が合意に至り、二十日に誓書の交換があって和平が成立した。本丸を残して二の丸、三の丸を壊し、惣構の南堀、西堀、東堀を埋め、大野治長、織田有楽斎から人質を出すこと、秀頼家臣と牢人衆は不問に付すというものである。

すぐに城の破却と堀の埋め立てが進められ、松平忠明《ただあき》、本多忠政《ただまさ》、本多康紀が普請奉行となり、本多正純、成瀬正成、安藤直次の指揮の下で突貫工事によって外堀がすべて埋められ、さらに二の丸の埋め立てもはじまり、周辺の家・屋敷を破壊までして埋め立てを強行し、工事は正月二十三日に完了、諸大名は帰国の途に就いた。

和平成立後、家康は駿府に帰る道中で、埋め立ての進展を何度も尋ね、秀忠はその堀の埋め立てを確かめてから、正月に江戸に戻ったのだが、戦の準備は怠りなかった。大坂城に籠る牢人たちの不満はくすぶり、三月十五日に大坂の牢人に不穏な動きがあるという報が京都所司代板倉勝重から駿府に届くと、家康は使者を送って、秀頼が大坂を退去するか、浪人を召し放つかを迫ったが、これは秀頼には受け入れがたいものだった。

四月四日に家康は徳川義直《よしなお》の婚儀のため駿府を発して名古屋に着くと、その日に十一か条の軍令を発した。翌日に名古屋にきた大野治長の使者が、秀頼の国替は容赦されたいという回答を伝えてきたが、十二日に名古屋城で義直の婚儀がすみ、十八日に二条城に入った。秀忠は四月二十一日に二条城に入り、翌日、家康・秀忠は本多正信・正純父子、土井利勝、藤堂高虎らと軍議を開いた。二十四日に常高院に三か条の書付を託し、改めて秀頼の大坂退去を求め、「其の儀に於いては是非なき仕合せ」と伝え、これが最後通牒となった。

戦いは五月六日と七日の二日間行なわれ、徳川方の戦力は約十五万五千、豊臣方は五万五千だった。六日に家康軍が大坂城に向かうなか道明寺《どうみょうじ》・誉田《こんだ》で合戦が起き、八尾《やお》や若江《わかえ》での合戦で双方に多くの死傷者を出した。七日の戦いは豊臣方の攻勢で始まり、正午頃の天王寺・岡山合戦で豊臣方の真田隊・毛利隊・大野治房隊などの突撃によって徳川方の大名・侍大将に多くの死傷者を出し、家康・秀忠本陣も混乱に陥ったが、態勢を立て直した徳川方の前に、豊臣方は真田幸村を始め多くの将兵を失い、真田幸村を討ち取った松平忠直勢が本丸に突入して、火の手が天守にも上がった。

秀頼や淀殿は山里曲輪《やまざとぐるわ》の唐物蔵に身を潜め、落城直前に大野治長が秀頼の室千姫を逃し、千姫は秀頼らの助命を嘆願したが、受け入れられず、秀頼は淀殿とともに自害し、豊臣氏は滅亡した。五月八日、家康は二条城に凱旋し、十日に諸大名を引見して戦功を賞するとともに、大坂方の残党の捜索を諸国に行なわせた。大量の雑兵たちの取り締まりは緊急の課題であった。


『武家諸法度』『禁中并公家中諸法度』

慶長二十年（一六一五）閏六月十三日、西国の大名に対し「御分国居城をば残し置かれ、其の外の城は悉く破却あるべし」という一国一城令が、安藤重信・土井利勝・酒井忠世三人の年寄連署の奉書で出された。

城郭は防御を中心とした山城から平野部に築かれるようになり、土木技術も一段と進み、大名の統治の実が世間に示されてきた。慶長二年の岡山城、五年の犬山城、十二年の彦根城、松江城、十三年の姫路城など、趣向を凝らした巨大建築として発展してきた。

十四年の肥前佐賀の『慶長見聞録案紙』には「今年日本国中の天守数二十五立つ」と記している。一国一城令は、大坂城の解体・破却と連動しており、徳川政権下の方針として秀忠の年寄衆によって出され、新たな体制への移行をも示すものであり、以後、大名の家臣も城郭を築かなくなり、国内での大名権力の確立を促進した。

家康は七月に伏見城の演能見物に諸大名を集め、崇伝起草の十三か条からなる『武家諸法度』を秀忠の名で示した。内容は従来の法度と大きく変わるものではないが、この時期にあわせて改めて示したものが多い。慶長十六年の三か条のように大名から誓紙をとることはなく、崇伝が諸大名の前で読み聞かせる形で示し、順守を一方的に求めた。

たとえば第六条は「諸国の居城、修補たりと雖も、必ず言上すべし、況や新儀の構営、堅く停止せしむべき事」と、城郭建築に制限をかけ、第七条では「隣国に於いて新儀を企て、徒党を結ぶ者有らば、早く言上致すべき事」と、他国との相互監視を命じて牽制をさせた。第十三条では「国主、政務の器用を撰ぶべき事」と、これまでにも増して治世に心がけるように求め、第九条で「諸大名参勤の作法の事」と題し、石高数に応じ参勤の人数も定めた。

各条において、事書とその解説乃至は根拠を示しているのが特徴で、最初の三か条では基本原則を掲げ、その第一条は「文武弓馬の道、専ら相嗜むべき事」を定め、解説には「武を右にして文を左にす。古の法也」と記す。北畠親房《きたばたけちかふさ》の『神皇正統記《じんのうしょうとうき》』に「世みだれる時は、武を右にして文を左にす。国おさまる時は文を右にし武を左にす」とあるのを踏まえて立法されたと見られてきたが、小田原北条氏の『早雲寺殿二十一箇条』の最後の条に「文武弓馬の道は常なり。記すに及ばず。文を左にし、武を右にするは古法也」とあり、広く通用していた考えである。

第三条では「法度に背く輩、国々に隠し置くべからざる事」と定め、その根拠を「法を以て理を破り、理を以て法を破らず、法に背くの類、その科軽からず」と記すが、これも戦国大名が、分国法を在地の理を否定し制定してきた延長上にあり、徳川公儀の法が諸大名の国法を包み込むとともに、越えた法であることを示している。

同じく崇伝の起草になる『禁中《きんちゅう》并《ならびに》公家《くげ》中《ちゅう》諸法度《しょはっと》』が、慶長二十年七月日に制定された。七月十三日に慶長から元和《げんな》に改元されており、『武家諸法度』と同じ日に定められたとされた。七月十七日、前関白の二条昭実《にじょうあきざね》と家康・秀忠が加判、三十日に公家門跡衆を禁裏に集め、伝送の広橋兼勝が読み上げて伝えた。全部で十七条からなり、その第一条は次の通り。

天子諸芸能の事、第一は御学問也。学ばずんばすなはち古道に明らかならず。しかるに政をよくして太平を致すは、いまだあらざるなり。貞観政要明文なり。

順徳天皇の『禁秘抄《きんぴしょう》』に基づいて、天皇に諸芸能のうち第一に学問を求め、次いで和歌も捨て置かないよう要請した。武家が天皇の職能を定めたことで、天皇以下の朝廷は完全に武家の統制下に入った。天皇には神事・仏事において固有な国家機能があることを踏まえ、武家とともに太平への努力を励むよう求めたのである。

続く第二条から十二条まで公家衆を対象にし、公家衆の座次《ざじ》（二・三条）、器用の選任（四・五条）、養子（六条）を一方的に定め、改元・衣装・昇進（八・九・十条）の旧例を尊重しつつ新たな規定を設けた。公家衆は清華・大臣家などの家格の体系に基づく家業と、和歌や能書など芸能の内容や神祇伯や陰陽道などの世襲化された官職に基づく家業からなっており（『諸家家業』）、それを踏まえて家業を勤めるよう求めている。

七条の「武家の官位」は公家の官位とは独立する規定で、武家独自の官位体系の確立を意味し、十一条の関白や伝奏、奉行の職事の申し渡しに対し、堂上地下《どうじょうじげ》が背けば流罪となし、十二条の、罪の軽重は名例律《みょうれいりつ》で行なうとしたのは、公家衆の統制機構として関白・伝奏を位置づけ、これに武家が介入することを意味し、武家の高みからその命令を公家衆に従属させた。十三条から十七条までは、門跡や僧官・紫衣・上人号など僧衆を対象とする規定であって、僧衆の内部にも武家の規制が入った。

七　四民の所帯

秀忠の体制整備

元和二年（一六一六）四月に徳川家康が亡くなり、跡を継いだ秀忠は、これまで江戸城にあって東国中心に大名の統率にあたっていたが、家康の政治を継承しつつもその転換をはかった。八月、薩摩の島津家久に宛てた老中奉書は、キリシタン禁令を継承し、「伴天連《ばてれん》門徒」の停止を命じるが、「黒船（ポルトガル船）・イギリス船」が渡来しても領内から長崎・平戸に廻航させ、領内での取引を禁止する、と伝えており、鎖国政策の端緒が認められる。

イギリス商館長のリチャード・コックスからの渡航朱印状更新の要請には、イギリス人とイエズス会士との違いの説明を受け入れて、渡航朱印状を交付しつつも、日本国内での商売を平戸に限定させている。

秀忠の政治は、酒井忠世《ただよ》・土井利勝《としかつ》・安藤重信《しげのぶ》らの年寄衆や、井上正就《まさなり》・永井尚政《なおまさ》・板倉勝重《かつしげ》らの側近を中心に進められた。関東の十六の渡船場《とせんば》の条規を定め、煙草栽培を再度禁じ、一季居《いっきすわり》（一年契約の奉公人）・人身売買を禁じ、伝馬・荷物駄賃の制を定めている。翌元和三年に家康の遺体を駿河久能山から日光に移し、四月に日光の東照社宮遷宮と祭礼を執り行なって、在江戸大名に領知朱印状（継目《つぎめ》の朱印状）を交付した。

六月十四日、秀忠は数万の軍勢を率い江戸を出立した。一番の伊達政宗《だてまさむね》から十二番の蒲生秀行《がもうひでゆき》までは東国大名で、酒井・安藤など年寄を従えての上洛であり、西国大名の島津家久・福島正則・細川忠興らも前後し、他の大名は領国から上洛した。この上洛は、家康の地位継承を天下に示し、秀忠の軍事指揮権下で諸大名の服従を明らかにすることにあった。

秀忠は七月に大名を従えて参内すると、大量の金や綿を進上かつ分配するとともに、西国大名や公家・門跡・諸寺社にも領知朱印状（継目の朱印状）を交付した。播磨《はりま》姫路四十二万石の池田氏を因幡《いなば》鳥取三十二万石に移し、鳥取六万石の池田氏を備中《びっちゅう》松山、伊勢桑名の本多氏を姫路に入れるなど、広く転封《てんぽう》を実施し、徳川の譜代大名を西国に進出させた。

八月十六日にはオランダ人に再度渡航朱印状を与え、二十四日にイギリス商館長のリチャード・コックスに会い、二十六日に朝鮮使節にも会った。朝鮮使節が国書を奉呈した際の返書をめぐり、対馬の宗氏が返書を執筆する崇伝に、「日本国」ではなく「日本国王」と書くよう依頼したが、崇伝は「高麗は日本よりは戎国《じゅうこく》」との考えから採用せず、秀忠も了解するが、対馬の宗氏は朝鮮を慮《おもんぱか》って返書の字句を改め、後に問題が起きる。

九月十三日に伏見を出て江戸に戻った秀忠は、翌元和四年（一六一八）に大名統制を実施した。四月に越後の村上義明《よしあきら》（忠勝）九万石を家中騒動で改易して松平康重《やすしげ》に預け、伯耆《ほうき》黒坂《くろさか》の関一政《かずまさ》五万石も家中騒動で改易、肥後熊本の加藤忠広の家中騒動では、家老の加藤政次を流刑とするなど、さまざまな理由をかかげ改易を行なった。なかでも最大の改易が安芸《あき》広島五十万石の福島正則であって、広島城の無断修理を咎め信濃高井野《たかいの》に減転封《げんてんぽう》した。

元和五年四月、福島正則が居城を許可なく普請したとして秀忠は糾明し、正則に詫びを入れさせ、五月に再度上洛して伏見城に入ると、姫路城の本多忠政《ただまさ》に命じて広島城の破却の実態を調べさせ、二の丸・三の丸が破却されていないことがわかると、諸大名に正則の改易を伝え、中国・四国の大名に広島城の請け取りを命じた。国元の正則家臣は、広島城・三原城に籠城し、明け渡し拒否の姿勢を見せるが、正則の子忠勝の指示で開城となった。

これにともない正則の安芸・備後を没収し、和歌山の浅野長晟《ながあきら》を広島に移し、その跡の和歌山には駿府の徳川頼宣《よりのぶ》を入れ、大和郡山の水野勝成《かつなり》を備後福山に移し、郡山には大坂の松平忠明《ただあき》を入れて大坂を幕府直轄地となし、伏見城代の内藤信正《のぶまさ》を大坂城代とした。この結果、大坂城周辺には譜代大名が入り、大坂城を中心に西国支配が浸透していった。

九月に大坂城に入った秀忠は、大改造を西国の大名に命じ、設計を藤堂高虎に担当させた。豊臣期の大坂城の石垣と堀を破却し、全体に高さ約一メートルから十メートルの盛り土を施し、より高く石垣を積んで、豊臣大坂城の遺構を地中に埋め、天守など建物・構造も造り替えた。大きさは四分の一程度に縮小されたが、天守は高さも総床面積も越えた。

秀忠は懸案の娘和子《まさこ》の入内《じゅだい》へと進み、元和四年（一六一八）、京都所司代の板倉勝重と伝奏の広橋兼勝の間で入内準備の交渉が始まり、女御御殿《にょうごごてん》の造営が開始されたが、後水尾《ごみずのお》天皇寵愛の女官四辻《よつじ》公遠《きんとお》の娘（お与津御寮人《よつごりょうにん》）が皇子に続いて、皇女を産んだことが明らかとなり、翌五年に秀忠は参内して、与津子の兄弟四辻季継《すえつぐ》・高倉嗣良《たかくらつぐよし》を含む天皇の近臣を配流に処したことで、天皇が逆鱗し入内は暗礁に乗りかけるが、入内後に近臣の赦免を行なうという段取りが図られ、天皇も怒りをおさめ、元和六年六月の入内が決まり、六月十八日に後水尾天皇女御として和子が入内した。

幕府から天皇に袷百と銀千枚などが献上され、二条城からの入内行列の煌《きら》びやかな様は、後に『東福門院入内図屛風《とうふくもんいんじゅだいずびょうぶ》』に描かれた。入内にともなって女御警固を目的に女御付の武士が配され、初めて幕府役人が禁裏に入り朝廷内部からの監視役となった。朝廷から和子入内後に江戸に勅使が派遣され、以後、勅使派遣が定例化した。

京の町人文化

『醒睡笑《せいすいしょう》』には、この時期に至るまでの京の世間咄が集められ、『洛中洛外図屛風』に記されていない物売や会話の具体的な声が聞こえてくる。京の町をゆく大根売りが「大こかう、大こかう」と言って通り（巻四）、武士に仕える中間が内庭から鞠の蹴られてきたのを見て「餓鬼め、覚えたるぞ」と鞠を鑓で突き刺そうとし（巻五）、足駄を売る商人が「こあしんだ。こあしんだ」と声をあげるのに続いて、菜売商人が「なかう、なかう」と言い、夷神《えびすかみ》の刷り物売りが町々を「若えびす、わかえびす」と出す声が聞こえる（巻八）。

都の若い商人が東国の宿で「三味線をひき面白く」興じ、「夜咄する衆」の中間《ちゅうげん》が供をして、夜の寒さに震え「われらが望みは別にない。天下を十日もちたや。十日のうちに夜咄する者どもを、皆とらへ成敗して見たい」と語り、夜咄のもてなしに小豆餅が出された話が見える。

『醒睡笑』の著者が、京の誓願寺の安楽庵策伝《あんらくあんさくでん》であって、寺に出入りする人々やその周辺の生活文化の様相が伝わってくる。衣服は小袖が広く着用され、「縞の表の小袖」「正月の小袖」「染め小袖の紋」などが着用され、贈答に用いられ、常用された。「頭巾」「帯」「足駄」など和装の小物がほぼ出そろった。振舞の座には汁・菜・飯・酒・素麺などが膳に出され、広く和食の形もつくられた。

法華宗の檀那が、帰依する寺の普請に赴いて高所から落ちた際に、南無阿弥陀仏と叫んだので、どうして題目を念じなかった、と問われたので、てっきり死ぬと思ったから答えたという。法華宗・浄土宗に信心が広まるとともに檀那寺が定まっていた。

風呂の文化は室町期に始まるが、「常にたくをば風呂といひ、たてあきの戸なきを石榴《ざくろ》風呂」といい、「銭湯」「大名の内風呂」の別が見え、舟木本『洛中洛外図屏風』には女性の入浴の様子が描かれている。庶民の文化の裾野の上に展開したのが裕福な京の町人文化である。

刀剣の目利き、研磨、浄拭を家業とした本阿弥光二《ほんあみこうじ》の長男光悦《こうえつ》は、刀剣鑑定で培われた美意識によって豊かな装飾性を特徴とする、太い線と細い線との変化に持ち味のある書をよくし、近衛《このえ》信尹《のぶただ》・松花堂昭乗《しょうかどうしょうじょう》と並んで寛永の三筆と称された。陶芸では「ちゃわんや吉左衛門」楽《らく》家の常慶《じょうけい》と親交があって、楽焼茶碗に新風をもたらし、蒔絵《まきえ》師の五十嵐道甫《いがらしどうほ》、薬屋播磨、釜屋弥衛門らにも、蒔絵、聞香《ぶんこう》、茶釜の面で影響をあたえ、漆芸や嵯峨版の出版、茶の湯などにも名を残した。

元和元年（一六一五）、大坂夏の陣が終わって、家康が江戸へ帰る時に洛北の鷹峯《たかがみね》の地を拝領し、一族や町人・職人などの法華宗仲間を率いて移住、芸術村を開いた。呉服商の茶屋四郎次郎《ちゃやしろうじろう》、雁金屋《かりがねや》尾形宗柏《おがたそうはく》、筆屋妙喜《みょうき》など法華信徒とともに住んで村を経営した。光悦の書に用いた料紙は『源氏物語関屋澪標《みおつくし》図屛風』『鶴下絵三十六歌仙和歌巻《つるしたえさんじゅうろっかせんわかかん》』など、ほとんどが俵屋宗達の装飾料紙であった。

俵屋は絵画作品の制作・販売を行なう絵屋《えや》で、掛幅《かけふく》・屛風、書の料紙とその下絵、工芸品の意匠を手掛け、宗達は光悦から影響を受けつつ王朝絵画に学び、絵師として頭角を現し、淡い金泥・銀泥を塗り重ねて濃淡の諧調で図様を描き出し、墨の滲みを生かす「たらしこみ」の水墨画の技法を考案、『雲龍図屛風』『風神雷神図屛風』などを描いた。

光悦は出版面でも重きをなし、家康の伏見版や駿河版、京都の諸寺院の古活字版などに続き、角倉素庵《すみのくらそあん》と嵯峨で嵯峨版を共同制作した。嵯峨版は料紙、活字の書体、挿絵、装幀のすべてに華麗で、王朝文学の『伊勢物語』『竹取物語』『枕草子』『古今和歌集』や、観世流謡曲百番などの謡本を刊行した。

素庵は光悦から書を習得し嵯峨本刊行を中心に行なってゆき、慶長九年（一六〇四）に『史記』の印刷、十三年には公家の中院通勝《なかのいんみちかつ》の書いた『伊勢物語』を刊行するなど出版に力を入れるとともに、父了以《りょうい》と朱印船貿易を営み、大河川の開削や疏通に取り組み、幕府の命で甲斐や伊豆の鉱山の巡視を行ない、元和元年には高瀬船、淀川過所船《かしょぶね》の支配を命じられるなど物流にも関わって財をなした。

出版事業では読者層の広がりで廉価な書肆《しょし》版が刊行された。古活字版『太平記』を刊行した富春堂は、『吾妻鏡』の仮名活字版を刊行、京の室町通近衛町の本屋新七が『古文真宝後集《こぶんしんぽうこうしゅう》』を刊行した。本屋から書物を買う習慣も生まれ、土御門泰重《つちみかどやすしげ》は元和三年三月に「本屋、太平記、拾芥抄《しゅうがいしょう》持ち来たり候」と記し、『犬子集《えのこしゅう》』には「ここかしこ読みかすめぬる源氏にて」「夜長さに見る伊勢物がたり」「いはけなき身も読むや庭訓」とあって、『源氏物語』『伊勢物語』『庭訓往来』がよく読まれた。

文化サロンの形成

茶の湯では千利休の子宗旦《そうたん》が文禄三年（一五九四）に千家再興を許され、利休の一畳半茶室の境地を進めて、一畳台目向板向切壁床《いちじょうだいめむこういたむこうぎりかべどこ》という極小の茶の湯空間を構想、今日庵《こんにちあん》と命名するなど、独自の茶境を構築した。利休死後に秀吉の御伽衆になった古田織部《ふるたおりべ》は、利休の「人と違うことをせよ」という教えから、利休の静謐《せいひつ》さとは対照的な動的で破調の美を確立させ、「茶の湯名人」と称されるようになり、秀吉死後には伏見に住み、茶の湯三昧の生活を送って文化サロンを形成した。

徳川秀忠の茶の湯指南を務め、職人や陶工らを多数抱え、創作活動を競わせてゆき、織部焼が造られた。だが大坂の陣で豊臣方に内通したとして罪に問われ、師の利休と同じく自刃するが、その茶の湯の弟子に小堀遠州《こぼりえんしゅう》や上田宗箇《うえだそうこ》などの大名がいた。

小堀遠州は作庭と建築に名をなし、禁裏や仙洞《せんとう》（上皇の御所）、二条城、江戸城山里の作事奉行となり、大徳寺狐蓬庵忘筌席《こほうあんぼうせんせき》や龍光院密庵席《りょうこういんみったんせき》の茶席、遠州庭園を造ったが、その傍らで利休や織部から茶の湯を学び、明るく大らかで軽快な「きれいさび」へと向かった。上田宗箇は、織部や遠州に学び、豪放さと漢学の素養に裏打ちされた茶の湯で知られ、庭園にも才を発揮し、徳島城下の千秋閣、紀州粉河寺《こかわでら》庭園を造った。

歌学をめぐる文化サロンも生まれ、細川幽斎《ほそかわゆうさい》は、三条西実隆の孫実枝《さねき》から古今伝授《こきんでんじゅ》を天正四年（一五七六）に受けると、近衛流や肖柏《しょうはく》系の古今伝授資料を蒐集、宗祇から分派してきた三流の古今伝授を集大成し、三条西実枝の死を契機に古今伝授を中院通勝に開始し、『伊勢物語』を講釈していた八条宮智仁《としひと》親王（後陽成天皇弟）への古今伝授を慶長五年（一六〇〇）に開始し、公家の烏丸光広《からすまるみつひろ》にも伝授した。

和歌や連歌を好んだ智仁親王は、元和《げんな》元年（一六一五）に下桂《しもかつら》里に別荘を設け、桂川から水を引き入れた苑池を中心に古書院を建て、続けて中書院などを建てた。これは書院造に茶室建築の意匠を取り入れ、丸太や面皮材の柱を長押に利用した簡素な様式美からなり、住宅建築の機能を帯びた数寄屋建築であって、庭と室内が連続的に繋がっている。桂宮に継承されてゆき桂離宮と称されるようになった。

松永貞徳《まつながていとく》はその著『載恩記《たいおんき》』に「師の数五十余人」と記したほどに、歌学を細川幽斎に、父の連歌師永種《ながたね》や九条稙通《くじょうたねみち》から和歌を学び、里村紹巴《さとむらじょうは》の下で連歌を修業し、藤原惺窩や林羅山《はやしらざん》に儒学を学ぶなど多くの師に恵まれ、在野の学者として活動するなか、羅山の古典公開講座で『徒然草』『百人一首』を講じ、私宅に塾を開いて往来物「貞徳文集」を編むなど、秘説とされていた古典の読解を公開し、歌語辞典『歌林樸樕《かりんぼくそく》』や歌書『慰草《なぐさめぐさ》』を編み、在野の文化に大きな影響力を与えた。
門下には北村季吟《きたむらきぎん》や加藤盤斎《かとうばんさい》が現れ、俳諧も貞門俳諧として享受されるようになった。破格の和歌である俳諧歌は、戦国期に連歌俳諧として広がり、山崎宗鑑《やまざきそうかん》が『犬筑波集《いぬつくばしゅう》』を編んでいたが、貞徳は連歌に従属していた俳諧を「俳言をもって賦物《ふしもの》とする連歌」と定義し、独立した文芸として式目を整えた。故事や古典に基づく言語遊戯による穏やかな、その笑いは町人に普及していった。

藤原惺窩の門下から林羅山・堀杏庵《ほりきょうあん》・那波活所《なわかっしょ》・松永尺五《まつながせきご》の「惺窩四天王」が出たが、その一人の林羅山は、父は加賀の牢人で京に生まれ、建仁寺で禅学を学び慶長九年に惺窩に師事して朱子学を学んで惺窩の推挙で翌年に家康に仕えた。儒学をもって仕えたというよりも「博学」で仕え、幕府の文書行政に従事した。

堀杏庵は医師徳印の子で、医学を曲直瀬正純《まなせまさずみ》、儒学を藤原惺窩に学び、広島城主の浅野幸長《ゆきなが》に仕え、尾張の徳川義直《よしなお》に請われて尾張藩の藩儒となった。那波活所は播磨那波浦の商人の子に生まれ、叔父は京都の豪商那波屋の祖という関係もあって上洛、儒学を藤原惺窩に学び、二十歳で家康に拝謁して、元和九年に肥後藩に出仕し、寛永十一年（一六三四）に紀伊の徳川頼宣に仕えた。『活所備忘録』などの著書がある。

江戸町の繁昌

武家政権の所在地となった江戸は京文化を取り入れて発展した。元和二年（一六一六）正月の将軍拝賀にあたり、これまで礼儀が整っていなかったので、江戸城での大名旗本衆・諸大夫の輩に続き、各種芸能者の席次が定められた。医官・同朋・幸若・観世・後藤・本阿弥・呉服所・官工商・狩野一統の画工・右筆・無官の医員・連歌師・代官・大工・棟梁・諸工人・舞々・猿楽らは白木書院・黒木書院・大広間の縁に並んだ。

なかでも画工の狩野《かのう》一統は、狩野永徳《えいとく》の養子山楽《さんらく》が永徳様式を継承し、京にあって狩野家の立て直しにあたったのに対し、狩野派直系として孝信《たかのぶ》の子守信《もりのぶ》(探幽《たんゆう》)が慶長十七年(一六一二)に駿府の家康に拝謁、二年後に秀忠に謁見して天賦の才を発揮、十六歳で幕府の御用絵師となり、鍛冶橋門外に屋敷を拝領して多くの襖絵を描いて、狩野派隆盛を築いた。

新興の江戸の町人の様相は、北条氏政に仕えその滅亡後に江戸に来て伊勢町に住んで三浦屋と号した三浦浄心《じょうしん》の『慶長見聞集』が記している。江戸の町の成り立ちは、「今の江戸町は十二年以前まで大海原なりしを、当君の御威勢にて南海を埋め陸地とな」したもので、海の埋立てで江戸町がつくられ、かつての江戸町の跡は大名町になった。

家康が江戸に入って豊島の洲崎に町を立て、慶長八年に神田山を引き崩して海を四方三十町埋めて陸となし、南は品川、西は田安原、北は神田の原、東は浅草まで町が続くようになった。埋立地のため井戸に塩が入るので、神田明神の山岸と山王権現の山本の水を町に流し水道とした。

町人は神田明神と山王権現を祀り、その氏子域は日本橋が架かる大川が境で、城大手の堀を流れて落ちる大川は、町中を流れて南の海に注ぐが、それに架けられた日本橋は町割で造られ、元和四年に石垣を両方から突き出し再興され、往来が絶えない。

江戸は、町人地と大名町、江戸寺町、江戸よし原町から成る。大名町内は、諸侯大名の屋形が小山を並べたように棟・破風が光り輝き、屋形で酒宴を開いていた大名衆は喧嘩刃傷沙汰に及んでいた。吉原町は、海際のよし原に目をつけて傾城町《けいせいまち》の町割が行なわれ、本町・京町・江戸町・伏見町・堺町・大坂町・墨町・新町と名づけられ、家を板葺で飾ってゆき、周囲にあげや町を造った。

吉原の傾城町の芸能に群集したのは町人地の町衆《ちょうしゅう》で、町衆のなかには、十年以前から乗物に乗る異様を好んで往来を行く者が現れたので、町の者が腹を立て、乗物には智者《ちしゃ》・上人《しょうにん》・高家《こうけ》の面々以外は乗ってはならぬ、町の者では奈良屋《ならや》・樽屋《たるや》・北村《きたむら》の三人の年寄が乗るべき、と非難したが、一向に止まず、やがて「高きもいやしきも乗輿《じょうよ》する」ようになり、慶長十九年に法度が出されて雑人の乗輿が禁止された。

江戸の繁昌は徳川の代になって諸国に金山が出来《しゅったい》し、佐渡島からは金銀を一箱に十二貫目入れた百箱が五十駄積の船に積まれ、毎年五艘、十艘と越後の湊を経て江戸城に運ばれ、「民百姓までも金銀をとり扱ふ」ようになり、「今がみろくの世」になったという。「今はいか様なる民百姓」に至るまでもが金を五両拾両持ち、分限者《ぶげんしゃ》の町人は五百両、六百両も持っているのだという。

豊かな江戸には多くの商人や職人が集まり、商人頭・職人頭には屋敷地が与えられ、紺屋町・鉄砲町・鍛冶町・畳町・伝馬町など同職の集住する町が形成された。慶長十四年に上総岩和田《いわわだ》沖に漂着したスペイン人のドン・ロドリゴの『日本見聞録』は「住居は職業や階層によって市街門ではっきり区別され、ある区画には他の職業や人と混ざることなく大工職人が住み、またある別の区画には履物屋、そして鍛冶屋、商家となっている」と記す。

駿河や伊勢・近江から商人が進出し、近江屋伴伝兵衛《ばんでんべえ》が通一丁目に、西川甚五郎が日本橋に出店し、畳表や蚊帳を販売した。その江戸を襲ったのが火事であり、慶長六年（一六〇一）十一月に駿河町の孝之丞《こうのじょう》家が火元の火事は多くの死者を出し、この火事を契機に家が板葺となってゆき、本町の滝山弥兵衛が家の表半分を瓦葺にすると瓦葺が始まったという。『喜多院職人尽絵屏風』に描かれた京の町家の半分は瓦葺であり、江戸は随分遅れていたことがわかる。

江戸町衆の文化

江戸町衆に好まれたのが音曲《おんぎょく》で、琵琶法師の座頭の城生の話（『慶長見聞集』巻六）、城言《じょうごん》座頭が平家を語って「山木判官」を「やすぎ判官」と間違ったという話（巻十）、虚無僧が門に立って尺八を吹いて母を訪ね探した話（巻三）がある。謡《うたい》では、名医の延寿院が観世大夫に謡を習い「家職にもなき似合わぬ道をすき、自慢顔してうたいたまひぬ」と噂された話（巻三）があり、観世左近大夫の謡を聞いた岡崎左兵衛の話（巻四）、勧進能が毎日行なわれ、それを見た春庵と著者とが語った話（巻五）、江戸町の幾右衛門が謡に明け暮れた話（巻九）など多く見える。

盤上遊戯も流行し、奈切屋治兵衛と著者との将棋の勝負の話（巻一）、碁をよく打つ伊豆の山田が江戸の石町に来て仙栄と名乗り、碁を打つなか兄の死に目に際し、迷った話（巻六）などがある。風俗では、喫煙が流行、大坂・堺で流行の頼母子無尽《たのもしむじん》も流行、伊勢与市が銭瓶橋の辺りで銭湯風呂を初めて以来、今は町ごとに風呂があって湯女《ゆな》が垢を掻いて髪をそそぎ、容色類なく心様優にやさしい女房が湯・茶の接待をするようになり、江戸町の大谷隼人が水車をつくり、「すへ風呂」を造ると今は家々に見えるようになったという。

本両替町の甚兵衛が白花の椿を庭に植えて愛で、湯島の江戸代官で、花園の花守り馬場多左衛門、古戸三右衛門が、江戸伊勢町に居住する三浦屋純心の童を花盗人として捕まえ、両替町の理助・武左衛門の二人が「大に書院をたて、畳、屏風美々しく、庭に植木ありて、さて美膳の次第、料理残ることなし」というほどに豪勢であったという。江戸の町衆は貧富なく心やさしく庭に花木を植えて花を愛でるようになり、安斎が雪月花《せつげっか》を愛で、特に花を愛でた話など、花の鑑賞が広く行なわれていたことがわかる。

衣装着物について、関東での木綿の流行が、武蔵熊谷の市で西国の者が木綿種を売ってからであるといい、今は麻が流行して色々に染めたり、綿を入れ上着にしたりしていて、この頃は絹の裏つき袴が流行るようになったという。華美な家や服装がいちだんと好まれ、「江戸繁昌にて屋作り家風尋常に、万美々敷事、前代未聞なれば」と始まって、室町の棚の平五三郎が奇妙な風体をし、田舎人の江戸土産を買うのを目当てに「からあやの狂文、唐衣《からころも》、朽葉地《くちばち》、紫緞子《むらさきどんす》、りんす、金蘭、錦」など美麗な物を並べて売ろうとしたという。

江戸本町のなまりや六郎左衛門が、はさみ箱を小者に担がせ道を通ったので、大名でもないのにと非難されていたが、やがて町衆も広く行なうようになり、「渡世風流を専らとし」「乗り物に乗り威風をなし」という乗り物に威風をひけらかすところとなったという。大橋辺で刀売りが出てから、近年は刀市が立つようになった。

国が治まって天下泰平になって「高きもいやしきも皆、物を書きたまへり」と、手習の筆道が盛んになり、道斎が双紙を読んだ時の話や、正慶が「近年世間に流布する筆作の新しき抄物」に難癖をつけた話があるなど、文の道にも関心が広がっていた。「関東の諸侍、昔から今に至る迄、仁義礼智信を学び、文武の二道をたしなみ給へり。民百姓まで筆道を学び」と、文の道が侍から民百姓にも広がっていたと記している。

町人の所帯

京と江戸の町人社会の動きを見てきたが、博多の豪商島井宗室《しまいそうしつ》が孫の神屋徳左衛門尉に宛てた慶長十五年(一六一〇)正月十五日の「生中心得身持、分別致すべき事」と題する全十七条の異見状(遺訓)からは、町人の始末がよく書かれている。

その第三条は、「博打・双六・賭け事・碁・将棋」などの勝負事、謡や舞などの芸事、松原遊び・川かり・月見・花見などの遊び事をいましめ、第四条でも「物好き、結構好き、茶の湯、綺麗好き、華麗な事、刀、脇指、衣装」など、目立つことを控えるよう求める。京都や江戸町人の好んでいた芸事は慎しむべしとし、その理由を「所帯をつましく、夜昼心掛け、其うえにて商買油断なく仕るべく候。若しふと悪しく、銀子もうしない候共、少し成る共所帯に仕入れ、又取り立て候事も成すべく候」と、「所帯」を大事に心掛けるべしと記す。

この「所帯」については、十三条で「何ぞ有る時よりかせぎ商、所帯はくるまの両輪のごとくなげき候すること専用候」、十七条でも「所帯をなげき、商売に心がけ、つましく油断無きように仕るべく候」と、かせぎ商売と所帯とは車の両輪の関係にあると記す。第九条には「人の所帯は薪・炭・油と申し候へ共、第一薪が専用に候」「いづれの道にも、我と心労候はらずば、所帯は成るまじく候」と、現在の所帯の語と同じ意味で使われている。

慶長八年の日本語辞書『日葡辞書《にっぽじしょ》』は、所帯を「知行と同じ《ちぎょう》」と記し、『貞永式目』第十二条の悪口を言った御家人について、所帯がない時は流罪とする規定を引用しており、この所帯のあり方が町人にまで及ぼされ、商売を家業とする商人が町に住み、安定して商売を営むことを意味するようになったのである。

『慶長見聞集』は、江戸町に所帯を構えて栄えた町人の話を載せる。上野国岡根の里の身貧しき藤蔵は江戸に出て、芝の町に草庵を結んで月日を送るうちに身が豊かになり、家屋敷を求め什物を蓄え「人に勝れ」と思われるようになった、という。しかしその逆もあって、江戸の繁昌で栄え、子に家屋敷財宝を譲って亡くなり、子はその家財を受け取ったが、「ただいたづらに年月を送り」五年のうちに財宝を使い尽くし、分際に過ぎた振舞によって借金で家屋敷を売り尽くして逐電したという話も載せる。紺掻きの親から「家跡職」を譲られたが、雲蔵は、家業が嫌で心がそまず、遊んでいるうちに家屋敷を売り尽くし、妻も去ってひとり身になってしまう。
また、「世にも希なる徒もの《いたずら》」大鳥一兵衛は、「士農工商の家にも携らず、当世異様を好む若党を伴ひ、男の健気だて、たのもしごとのみ語り、常に危うきことを好んで町人にもつかず、侍にもあらず」という「かぶき者」「やっこ」であって、彼らは慶長十四年頃に荊《いばら》組や皮袴《かわばかま》組などの組をつくって活動し、七十人余りが捕えられ獄に投じられたという。彼らの多くは知行地を失った牢人や町人・武士の二、三男の渡世人であった。

商業を家業とする商人が町に住んで所帯を営む町人に対して、農業を家業とする農民が村に住んで所帯を維持したのが百姓である。天正十九年（一五九一）八月の身分法令は、第一条で「新儀に町人・百姓に成る者があれば、その町中・地下人として相改め」るものとされ、第二条では「在々百姓」が田畠を捨てて商売や賃仕事を行ない、奉公しないのを禁じている。九月には洛中の地子を免許し町の体制を整え、同十九年三月には「家数、人数、男女老若共に一村切に書付」「奉公人は奉公人、町人は町人、百姓は百姓、一所に書き出す」ことを命じていた。これ以来、町は町人、村は百姓で構成されるようになった。

町人と百姓の所帯

秀忠政権を支えた本多正信《まさのぶ》著と伝わる『本佐録《ほんさろく》』（『天下国家之要録』）は、秀忠への上申書の形をとって「天道を知る事」「身を瑞《ただ》する事」「諸侍の善悪を知る事」「国持の心を知る事」「家を継ぐべき子をえらぶ事」「百姓仕置の事」、「異国と日本の事」の七か条の政道を語るが、その「百姓仕置の事」では「百姓は天下の根本也。是を治むるに法あり、先ず一人一人の田地の境目をよく立て、さて一年の入用作食《さくじき》をつもらせ、其余を年貢に収むべし。百姓は財の余らぬように不足なきように治むること道なり」と、百姓は天下の根本であるから、困窮をせぬよう、その所帯維持に意を注ぐべし、と求めている。

同じく正信が秀忠に上申したという『治国家根元《ちこっかこんげん》』には、「民を憐れむ事」と題し、民を「人間の命を養ふ食物作り出す者」と規定し、「民食、世に沢山なれば世間豊なり。世間豊なれば国家長久なり」と民の食物生産で「世間」が豊かになり、国家が長久になると説き、「民の田地は代々持ち来たりて士の知行の如し」と、百姓の田地は武士の知行と同じであるとも記している。まさに百姓の所帯の維持が政策の根本にあり、幕府公儀は町・村に所帯をもつ町人・百姓に、国役・公役や年貢・労役を負担させた。

豊前の細川忠利は慶長年間と元和八年（一六二二）に人畜改めを行ない（『小倉藩人畜改帳』）、寛永九年（一六三二）に肥後に転封すると、翌年に人数・家数・牛馬数を調査したが、この『肥後藩人畜改帳』は、百姓各戸の高・家族構成（性別・家族関係・年齢）・家数（間数・種類・持ち主）・屋敷面積を書き上げ、百姓の所帯を把握している。

『大日本租税志』によれば、慶長三年（一五九八）の検地目録では千八百五十万石であったのが、正保二年（一六四五）に二千四百五十万石にも上り、この間に村が成長し、百姓の所帯維持が進んでいたことがわかる。

幕府は慶長八年（一六〇三）に京都・伏見の町中に、十人組を設けて以来、町方《まちかた》や在方《ざいかた》に五人組・十人組を設けるようになり、治安維持のための相互監視機能を担わせるいっぽう、年貢未進があった百姓には、残りの組中で納入させる相互扶助を課した。越後高田藩の慶長十八年九月の法度は「商をも仕らず、家職をも仕らざる輩は、十人として此方へ告げ知らさすべき事」と、十人組に百姓の所帯を維持させる役割を担わしている。

村に住んでもすべてが農を家業としていたのではない。漁業・林業、商業を営む者もいたが、彼らは村に住む限りで百姓であった。宮本武蔵《みやもとむさし》の『五輪書《ごりんのしょ》』を見ると、「人の世を渡る事、士農工商とて四つの道なり」と、世を渡る道としての士農工商を「農の道」「あきなひの道」「士の道」「工の道」の四つとし、農の道は農人が「色々の農具をまうけ、四季転変の心得暇なくして、春秋を送る事」をいい、「あきなひの道」は商人が「いかなる商売でもその身にあった稼ぎ、利益を得て世を渡る」のをいうとする。工も町や村にあって所帯を持ち、その家業を営めば町人や百姓であった。

町人の所帯安定に関わっていたのが檀那寺の広範な成立であり、『醒睡笑』については先に見たが、『慶長見聞集』に「諸宗の寺々に高座を飾り、檀那を集めて談義を述べ給へり」と、多くの寺院で説法が行なわれたと語り、法林寺での上人の談義について記し、「仏法繁昌故、江戸寺々に説法あり。貴賤老若、参詣の袖つらなり、群集せり」と、神田の浄西寺に談義を聴聞しての話を載せる。

武士の所帯と分限

武士については、宮本武蔵の『五輪書』が、「士の道。武士においては道さまざまの兵具をこしらへ、兵具品々の徳をわきまへたらんこそ、武士の道なるべけれ。兵具をもたしなます、其具々の利を覚えさる事、武家は少々たしなみのあさきものか」と記し、武士と武家とを使い分け、武士は兵具を扱うのを家業とし、武家は少々その嗜みが浅い、と語るが、これは武家における武士の所帯のあり方を示したものである。

武家の遺訓として定められた元和八年九月の福岡藩黒田長政の掟書は、国主として治政を行なう心構えを記し、第八条では倹約を専らにするよう、第九条では家中諸士に武具以外は分限相応に備えるよう求め、第十条では、家中諸士が困窮に及んだ時のための準備金を備えるよう指示し、その規則を定めている。

武士の所帯を保つのが大事とする考えから、武士の所帯維持の側面が武家の語に認められる。武家は所帯を保ち軍役を勤めた。『治国家根元』は「財用を節にするは国家の仕置第一なり」と財用の節約を大事と説いている。幕府が諸大名を不行跡や家騒動で改易処分を行なえた背景には、所帯を切り盛りするのが武家であるとする考えが働いていたからであって、それが受け入れられていたのである。

寛永十二年（一六三五）の「諸士法度」は、第三条で「兵具の外、入らざる道具を好み、私の奢を致すべからず、万ず倹約を用ふべし。知行の損毛、或は船破損、或は火事、此外人も存たる大い成る失墜ハ各別、件の子細なくして進退成らざる奉公勤めがたき輩ハ、曲事たるべき事」と、諸士は倹約につとめて知行が損亡するにいたらぬようにと、所帯を保つことを命じている。

第四条の家の造りでも「屋作の営、美麗に及ぶべからず、向後いよいよ分限ニ応じ簡略たるべき事」と、所帯の分限に応じて行なうべしと記す。分限とは、武士の所帯の財務状況を表す語で、武士の知行目録は分限帳と称され、寛永九年に幕府は「諸侯及び幕下の諸士」に対し「食邑幷月俸の分限帳」を作成させ、分限に見合った所帯を営むよう命じている。

公家衆については慶長八年九月二日、家康が武家伝奏を通じて壁書《かべがき》五か条を示し、小番衆の参内の時刻や礼服、所作、青侍・雑色の別を規定、これに公家衆が八か条の請書《うけしょ》を提出して、大刀をさし、異類異形の出で立ちで町歩きをしないなど、「かぶき者」のような行動をとらないと誓っている。

家康は、慶長十七年六月に公家衆を対象に「家々の学問行儀の事」を油断なく励むべきこと、「昼夜の御番、老若とも懈怠なく」務めることなどを定め、翌十八年には五か条の「公家衆法度」を示し、学問を昼夜油断なく、昼夜の御番を懈怠無く勤めるよう、無用な町小路徘徊を停止し、行儀法度に背けば流罪、勝負事や不行儀の青侍を抱える輩は流罪などを規定した。公家衆の規律の乱れを糺し、家の家業に専心し朝廷に精勤するよう命じたのである。

しかし公家衆の「かぶき者」の行動はなかなかやまないことから、定めたのが慶長二十年の『禁《きん》中《ちゅう》幷《ならびに》公家《くげ》中諸法度《ちゅうしょはっと》』であり、この家康の公家衆への規制に続いて、秀忠は元和三年九月に公家・門跡・諸寺社に領知朱印状を交付して、公家衆のみならず門跡・諸寺社をも幕府の統制下に置き、その分限に基づいて所帯を営むように求めた。

体制整備と家光への継承

諸大名や諸士・公家衆に所帯の整備を命じた秀忠のもうひとつの課題が、幕府体制の整備と次代への継承である。『治国家根元』の「人を択ぶべき心得品々の事」には、家老・用人・元〆《もとじめ》・物頭《ものがしら》・目付・郡《こおり》奉行・町奉行・代官・使番《つかいばん》・平士《へいし》・医師・歩行士《かちざむらい》・足軽などの職掌を記すとともに、どんな人物をあてるべきかをも記しているが、幕府の年寄「家老」の職掌は明確でなかった。

秀忠は元和二年(一六一六)五月に子竹千代に酒井忠利・内藤清次・青山忠俊ら三人を付け、元和六年に竹千代が元服して家光と称し権大納言に任官すると、秀忠付年寄の酒井忠世・本多正純・土井利勝の三人のうちの本多正純を元和八年に改易している。出羽最上氏の改易の城受け取りに出向かせた留守中のことで、翌年には死去した家光付の内藤清次に代えて酒井忠世を家光付に移し、酒井忠利の嫡男忠勝も家光付年寄となし、秀忠付の年寄には側近の井上正就、永井尚政を任じた。

年寄の体制を整えた秀忠は、六月、二条城に入り、遅れて出発した子家光も七月十三日に入洛するが、その供回りは鉄砲六百丁、弓・鑓・騎馬それぞれ数百を数え、「綺麗出立、諸人耳目を驚かす」ものであったという(『泰重卿記《やすしげきょうき》』)。家光は伏見城で将軍宣下を受けて内大臣となり、秀忠は禁裏料所に一万石を進上し、禁裏料所を二万石として朝廷の財源を増やしてその体制整備を促した。

江戸に戻った秀忠は江戸城本丸に、家光は西の丸にあって、九月に所領七十万石を残してすべてを家光に譲って、翌年正月に家光付の年寄酒井忠世が諸大名に「天下御仕置」を家光に任せたことを伝え、九月に家光は本丸に移った。

とはいえ、秀忠がすべての権限を手放したのではなく、政務は秀忠付年寄の土井利勝と家光付年寄の酒井忠世とが合議して、将軍・大御所に上程して裁定を確定し、家光付年寄の酒井忠世・忠勝と秀忠付年寄の土井利勝・永井尚政が連署する年寄連署奉書によって諸大名に伝えた。家光付年寄は、家光の将軍襲職後に酒井・青山に代わって内藤忠勝と稲葉正勝が任じられた。

江戸城の殿中の儀礼や官位、装束・書札礼なども整備され、元和九年（一六二三）正月に大奥法度を定め、奥厨所に出入りし診療する医師を半井《なからい》成信、今大路正紹（曲直瀬《まなせ》玄朔《げんさく》）、同親清などと定め、出入りの町人を後藤源左衛門・幸阿弥の二人とした。寛永二年（一六二五）三月に万石以下の大名の江戸屋敷の広さを定め、七月から譜代大名・旗本を対象に領知朱印状を出したが、それを交付したのは大御所秀忠であった。

翌寛永三年五月に秀忠は再び上洛、軍勢は先陣の伊達政宗・佐竹義宣ら東国の大大名が二十一人、外様大名・譜代大名・旗本などからなり、七月に上洛した家光の軍勢の三倍もあった。家光は伏見城の殿郭を移して新造された淀城に入り、秀忠は大改造した二条城に入った。

二条城の本丸御殿・行幸御殿・二の丸御殿・庭園などの作事は、小堀遠州が担当し、障壁画は狩野探幽以下が描いた。後水尾天皇の行幸を迎えるためであり、家光の迎えの行列は所司代板倉重宗を先頭に、江戸警護のための軍勢を除くほぼすべての大名が従っていた。秀忠から家光への継承が明示されたのである。

『日本大王国志』は、この行幸について、「皇帝の宮殿（二条城）から内裏の宮廷まで」「頗る平坦で、美しい白砂が敷かれ、両側には木柵を結ぶ」道を通る行幸と記し、日本各地から集まった群衆が見守るなか二条城に入った。二条城の天皇の膳具《ぜんぐ》は小堀遠州が準備し、すべて黄金、中宮・女院の皆具《かいぐ》も金銀で装飾されていた。九月六日の祝の膳に始まり、舞楽、和歌・管絃の遊び、能が日々行なわれ、家光・秀忠からおびただしい進物が天皇に贈られた。

天皇は内裏に戻って秀忠を太政大臣に、家光を左大臣に任じて左近衛大将《さこんえのだいしょう》としたが、この様子は『寛永行幸記《かんえいぎょうこうき》』として古活字版で出版され、朝幕関係の融和と諸大名の臣従が広く世に伝えられた。

キリシタン禁令と対外関係

秀忠は元和二年（一六一六）八月に諸大名にキリシタン禁令を発令していたが、翌年に肥前の大《おお》村純頼《むらすみより》に宣教師の探索を命じ、四人を捕えて処刑し、四年に長崎奉行は宣教師摘発のために家宅捜索を行ない、五年に宣教師の訴人に褒賞し、元和五年に京都でキリシタン五十二人を火あぶりの刑に処した。

宣教師を対象とした禁令を、キリシタン禁制へと対象を広げたもので、そのことを上洛中に命じたことから、上洛に従った大名への影響力は大きく、翌年八月の支倉常長《はせくらつねなが》が帰国する二日前の二十四日、伊達領でもキリシタン禁令が出された。

東アジアの海をめぐってイスパニア勢力とオランダ勢力の抗争が激化し、元和五年にオランダはイギリスと協定を結び、イスパニア勢力の駆逐を目指して防御艦隊を創設、その防御艦隊のイギリス船エリザベス号が、翌年七月にマニラから宣教師二人を乗せた平山常陳《ひらやまじょうちん》の船を拿捕し、平戸まで曳航して松浦隆信《まつらたかのぶ》に引き渡す事件が起きた。

その審議が行なわれるなか、防御艦隊に不満を抱いたポルトガル・スペイン・中国人が、幕府に両勢力の駆逐を求めたので、元和七年に幕府はオランダ商館長に日本近海での海賊行為を禁じ、日本人の海外への連れ出しや、軍需品の輸出禁止を伝えたことで、オランダ・イギリスは対応を迫られ、イギリスはやがて平戸から撤退することになる。

明との関係は、元和七年（一六二一）、長崎に来た唐商が長崎奉行に提出した中国浙江省都督の書簡が木版刷りで、長崎奉行宛、将軍宛のものが同文だったため、幕府年寄衆に尋ねられた外交顧問の金地院崇伝《こんちいんすうでん》が「慮外なる書」と返答したので、唐人に対し、明と日本の交通は、朝鮮・対馬を介して取り結ぶことになっていると伝えた。かつての福建都督との直接交渉や琉球を介する交渉からの大きな政策転換である。

大陸では北方の女真族が勢力を広げ、ヌルハチが女真族統一へと動いて、一六一六年（元和二）にハンの地位につくと、一八年に明に攻め入って、二一年には瀋陽を落として遷都、全女真族を統一し二七年に朝鮮に侵攻した。この北からの脅威もあって朝鮮は日本との平和的関係の維持につとめ、国王使節（通信使）を送ってきて、積極的に鉄砲を買い付けたが、第二回目の一七年（元和三）

の通信使からは武器売買を幕府は禁じるが、対馬は幕府の意向を無視し鉄砲を輸出した。

元和八年（一六二二）七月、拿捕船に乗っていたのが宣教師だったことが拷問の末に判明し、船頭の平山常陳や同乗者十二人が処刑され、翌八月には他の宣教師ら二十一人とその関係者をあわせ五十五人が長崎西坂で処刑された（元和の大殉教）。

翌九年に幕府は、ポルトガル人の日本定住や、日本船へのポルトガル人の航海士任用、日本人のフィリッピン渡航、キリシタン出国などを禁じ、取り締まりを強化し、翌年にはスペイン船の日本渡航を禁止し、ポルトガルに乗船者名簿の提出を命じた。

この幕府の政策について、『イエズス会日本年報』は宣教師を排除し、「あらゆる宗派の仏僧を長崎に呼び寄せ、僧舎、寺院を建立せしめ」、また「十戸の住人の署名ある連帯責任を規定」したと記している。十人組の制を設けたのは、家業に基づいて所帯を整えさせることを広く及ぼしたもので、檀那寺をもあわせ町人として生きることを強制した。

長崎の非キリスト教徒の割合は増え、長崎の神社仏閣の創建年代は、一六一〇年代の七から、一六二〇年代の十五へと大幅に増え、寛永七年以後、「ころんだ者」（転宗者）は一日二回の墓参と檀那寺で説教を聞くことを義務付けられ、一六三〇年代には人口のほとんどが転宗した。

長崎に来航するポルトガル船は、オランダ船の拿捕を逃れるため大型のガレオンから船足の速いガレウタ船に変わり、ポルトガル船の平戸入港が増えていたが、寛永元年にオランダが台湾を占拠し、同五年に長崎代官末次平蔵《すえつぐへいぞう》船の船頭浜田弥兵衛と台湾長官との紛争から、幕府はオランダ貿易を一時、差し止めた。これまで台湾に朱印船を送っていたのは京都の平野藤次郎、末次平蔵、日本華人社会の棟梁李旦《りたん》であった。

寛永元年三月、フィリッピン総督の使節に帰国を要請、スペインとの通交関係が断絶すると、日本船は東南アジア海域でスペイン艦船の攻撃にあい、寛永五年に高木作右衛門の朱印船が撃沈され、その報復に幕府は長崎に来航したポルトガル船を抑留、ポルトガル貿易が二年ほど断絶した。

それとともに華人が勢力を広げ、長崎の華人社会に基盤を置く李旦、華宇《かう》らは、平戸の松浦氏や長崎奉行の長谷川権六《ごんろく》藤正と親交があり、朱印船を何度も派遣、通訳の鄭芝竜《ていしりゅう》が台頭し、中国沿岸で掠奪を始め、明政府の追討を受けたが、屈しなかった。

朝廷の統制

秀忠は江戸に戻った寛永四年（一六二七）七月、元和元年以降の紫衣と上人号勅許を無効、乃至保留とし、改めて幕府が審査することとした。家康は慶長十八年（一六一三）に大徳寺・妙心寺・知恩院・知恩寺・浄花院《じょうかいん》・泉涌寺《せんにゅうじ》・粟生光明寺《あおこうみょうじ》・黒谷金戒寺《くろだにこんかいじ》について、紫衣勅許以前に幕府に届け出るように命じ、修行年数を積んだ学識の高い僧にのみ紫衣を与えるとしていたのだが、これまでに後水尾天皇は幕府に諮《はか》らず十数人の僧侶に紫衣着用の勅許を与えていても幕府は特に問題としなかったが、この時に法度への違反と見なしたので、天皇は専権事項として強く反発した。

多くの寺はやむなく従ったものの、大徳寺の沢庵宗彭《たくあんそうほう》・玉室宗珀《ぎょくしつそうはく》や妙心寺の東源慧等《とうげんえいとう》・単伝士印《たんでんしいん》らは、三十年の修行や千七百則の公案を条件とするのは厳しすぎる、と抗弁書を提出し、沢庵らは修禅での形骸化、公案禅の弊風を革新するのに意を注いでおり、修禅の形骸化が進み禅宗から人心が離れてゆくと反対した。

沢庵らは江戸に召され、実質的な審議がないまま、将軍を相手取って訴訟を起こしたとして寛永六年(一六二九)に沢庵は出羽上山《かみのやま》、玉室宗珀は陸奥津軽、東源慧等は陸奥棚倉《たなぐら》、単伝士印は出羽由利《ゆり》に流された。五山を統括する金地院僧録の崇伝には、林下の大徳・妙心両寺(山隣派)をも統括しようとする意図があったと見られるが、その意図を越え、幕府は朝廷と結びつきの強い諸寺院への統制を強めたもので、幕府の法度は天皇の勅許に優越すると伝え、幕府の定めた法度の枠内に朝廷の領域を限定することを図った。

衝撃を受けた天皇は、口宣《くぜん》(綸旨)が破られ、何かにつけ幕府の動きに振り回され、思うに任せない鬱屈した気分から、譲位の意思を固め、寛永六年(一六二九)五月に武家伝奏を江戸に派遣し、中宮の和子との間に生まれた女一宮《おんないちのみや》(第一皇女)への譲位、沢庵らの赦免を求めた。秀忠はこれを拒否するが、天皇の意思は堅く、家光の乳母のふく(春日局《かすがのつぼね》)が天皇の病の見舞いとして上洛し、参内を望むと、それを認めざるをえなかった事情なども重なって、ついに内密裡に十二月二十九日に女一宮の内親王宣下、十一月八日に譲位を敢行した。

秀忠は所司代からの報告に驚いたが、しばらくして「叡慮次第」と容認、翌年七月に帰京する所司代に十五か条の指示を与えた(『教令類纂《きょうれいるいさん》』)。その多くは後陽成天皇の譲位の先例によるとするものだが、第六条では「御幼主と申し、女帝の御事に候あいだ、いよいよもつて有り来るごとく御まつりごと、ただしく御沙汰あるべき」と、政治を摂家衆に申し沙汰するように命じ、第七条では公家衆に学問を励むよう、不行儀なものは幕府に伝えるよう命じた。即ち前々からの法度に立ちかえり、朝廷の秩序を整え、守るよう指示したのである。

女帝明正《めいしょう》天皇の誕生によって、九月十二日の即位礼には、秀忠・家光の名代として土井利勝・酒井忠世が上洛して手配、武家伝奏を上皇側近の中院通村《なかのいんみちむら》から幕府昵近衆《じっきんしゅう》の日野資勝《ひのすけかつ》に交替させ、幕府の意思を伝奏・摂家を通じて上皇に届く体制へと改めた。後水尾上皇は、少なからぬ思いが受け入れられ、弟高松宮と秀忠養女の婚姻も整ったので、朝廷秩序の整備に自主的に向かって、朝幕関係は融和に進んだ。

八　幕府体制の整備

家光の初政

徳川一門の将軍家親藩のうち家康九男義直《よしなお》は尾張名古屋、十男頼宣《よりのぶ》は紀伊和歌山、十一男頼房《よりふさ》は常陸水戸に居城を有し、「御三家」と称されるが、秀忠の兄秀康《ひでやす》は結城氏の養子となった後、越前福井に移って松平姓を与えられ、その嫡男忠直《ただなお》の代に家中騒動が起き、忠直の常軌を逸した行動から、元和九年に「国中政道も穏やかならず」という理由で改易された。弟忠輝《ただてる》も越後高田城主となるが、秀忠旗本二人の殺害で改易された。

秀忠の末子正之《まさゆき》は、元和八年に信濃高遠《たかとお》に保科正光《ほしなまさみつ》の養子となり、寛永八年（一六三一）に高遠三万石を相続、秀忠夫妻寵愛の三男忠長《ただなが》は、兄家光が家康の指示で将軍家を継承したこともあり、元和四年に甲斐甲府、寛永元年に駿府領主となるが、不満が高じたのか、翌年から荒れた行動が目立ち、家臣の手討ちや辻斬りなどの噂が広がり、寛永八年に甲斐谷村《やむら》に蟄居となった。

寛永八年から病に苦しむようになった秀忠は、忠長の身を案じつつも、その先を見届ける暇もなく、翌年正月に井伊直孝《なおたか》や土井利勝に後事を託し、二十四日に生涯を閉じた。その跡を継いだ家光は、最初に直轄軍再編を手掛けた。

将軍親衛軍は大番・書院番・小姓組番・新番《しんばん》・小十人《こじゅうにん》組番の五番方からなるが、家光は秀忠付・家光付の書院番頭をすべて解任し、人数を一・五倍に増強、一組五十名で書院番八組・小姓組番六組に再編、年寄の番頭兼任を順次解いてゆき、番方組織を再編整備した。

寛永九年五月、家光は伊達政宗・前田利常・島津家久・上杉定勝らの外様大名を江戸城に召し集め、肥後熊本藩の加藤忠広を「御代始めの法度」として改易に処す、と伝えた。藩の内訌が理由であるが、事実は子の光広が、いたずらに年寄土井利勝が謀叛を企てているという密書を書き送ったことによるという。九州は未だに外様大名が広がっていたので、これを機会に国替え断行を考えた家光が、光広の行為を見逃さず、「万事、御つよみなる手ばやき仰せつけられ様、言語を絶するまでに候事」と、その手早い措置に細川忠興《ただおき》は驚いている（『細川家史料』）。

六月に加藤改易を諸大名に伝え、稲葉正勝を熊本城請け取りに一万の軍勢で派遣、豊前小倉の細川忠利を肥後熊本に転封するなど、譜代大名を九州に布石し、全国的な大名配置はほぼ完成をみた。九月には、奉行・物頭を対象とする九か条の諸士法度を定め、十月に徳川忠長を上州高崎に移して駿河・遠江・甲斐国を没収して自害に追い込み、御三家の妻子を江戸に移住させるなど、懸案事項を次々と解決していった。

政務では、秀忠付年寄の青山・内藤・永井らを転封で遠ざけ、酒井忠世・土井利勝・酒井忠勝の年寄のほか、家光の乳母春日局の子稲葉正勝に相模小田原城を与えて年寄格に引き上げた。元和三年に目付を置き、十二月一日に諸国巡検のために全国を六つの地域（九州・中国・五畿内・奥州・北

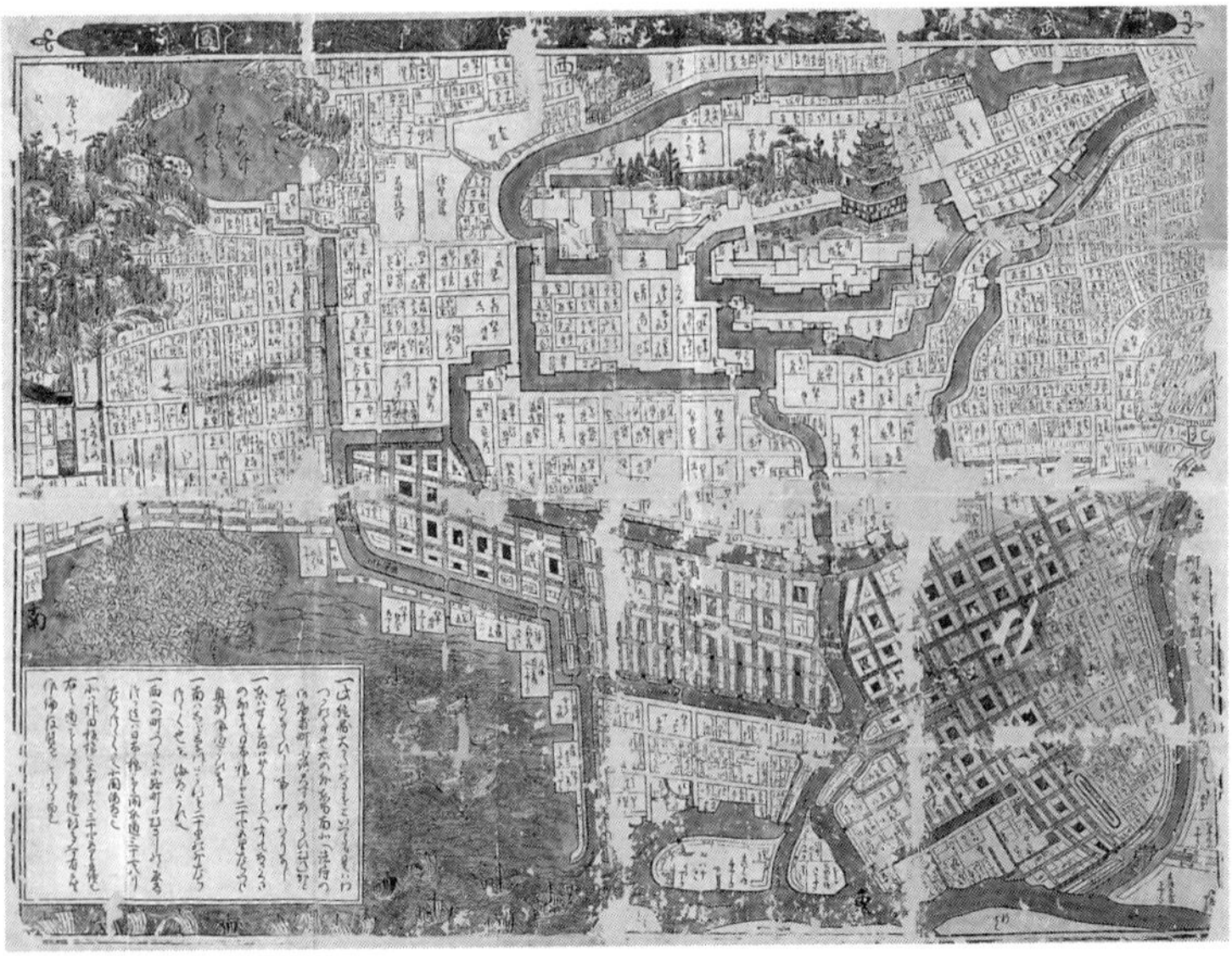

武州豊嶋郡江戸〔庄〕図（国立国会図書館蔵）

国・東海道）に分けて、三人一組の国廻衆《くにまわりしゅう》を派遣、「総目付」（大目付）に柳生宗矩《やぎゅうむねのり》や水野守信・秋山正重・井上政重を任じ、諸大名・旗本の法度違反、庶民の生活困窮、諸人の迷惑行為など多方面にわたる監察制度を整えた。

寛永十年二月には軍役令を改訂し、二百石から十万石の大名・旗本の若党侍、馬の口取り、鑓持ち・甲持ちなどの中間・小者の武家奉公人の人数や、武器の備えを定め、領知高の少ない者の負担減をはかった。

この時期の江戸を描くのが『武州《ぶしゅう》豊嶋《としま》郡《ごおり》江戸《えど》〔庄《しょう》〕図《ず》』で、右手に堀で廻らされた江戸城の天守閣が中心にあり、周囲に武家屋敷が囲繞、下辺では町屋敷が居並んで古町三百町が形成されており、左手には溜池、増上寺が配され、その下辺が芝浜である。

家光政権の体制

対外政策では、寛永八年（一六三一）に朱印状に加えて、老中の連署奉書を携行する船（奉書船）にのみ貿易を許可し、糸割符の対象に江戸・大坂の町人の加入を認めて五か所となし、寛永十年二月二十八日に長崎代官末次平蔵の訴えから、長崎奉行の豊後府内領主竹中重義《しげよし》を解任、旗本の今村《いまむら》正長《まさなが》・曾我《そが》古祐《ひさすけ》の二人を任命、十七か条の法令を長崎に通達した。

その第一条は朱印状に加え、老中の連署奉書を携行する船（奉書船）にのみ貿易を許可し、奉書船以外での日本人の異国渡航を禁じ、第三条は、異国に渡って住宅がある者、即ち異国に所帯を持つ日本人には帰国を認めず、海外渡航を制限した。貿易に関しては、「白糸」（上質の生糸）の値段を決め、糸割符法で定められた堺・京都・長崎・江戸・大坂の商人に分配、薩摩・平戸その他に着岸した船も長崎での値段に揃えることとし、それ以前に値段を決めないように命じ、以後、長崎に貿易港が限定された（『武家厳制録《ぶけげんせいろく》』）。

家光政権の独自性が顕著になるのは、寛永十年三月二十三日に小姓組番頭の松平信綱・阿部忠秋・堀田政盛・三浦政次・阿部重次《しげつぐ》・太田資宗《すけむね》ら「六人衆」に、「少々御用の儀」を「相談せしめ相調え申すべき」と命じてからであって、八月十三日に町人・百姓の訴訟に関して、二十一か条の「公事裁許定」で受理法を定めている。寛永十年八月朔日に幕府武蔵国橘樹郡王禅寺村と麻生村との秣《まぐさ》場《ば》の相論に関する裁許があり、その絵図が伝わるのは、こうした相論を踏まえて定めが出されたのであろう。

十月、出羽村山郡白岩郷《しらいわごう》の領主酒井忠重《さかいただしげ》の苛政を百姓からの訴え（白岩一揆）で改易し、翌寛永十一年三月三日に幕府年寄衆と六人衆、町奉行の職務を定めた。三人の年寄衆の職務は、①禁中方・公家門跡衆、②国持衆惣大名一万石以上の御用と訴訟、③奉書への判形、④御蔵入代官方御用、⑤金銀納方、大分の御遣方、⑥大造の普請・作事堂塔建立、⑦知行割、⑧寺社方、⑨異国方、⑩諸国絵図などであり、広く公儀の領域を管掌させた。三月五日には番を組んでの年寄衆の出仕日を定め、十一日には家光が黒書院で「御用の面々」を召して政務にあたった。

六人衆の職務は、i・旗本の御用と訴訟、ii・諸職人、iii・医師方、iv・常々の普請と作事、v・下行物、vi・京大坂駿河の御番衆・役人御用、viii・一万石以下の御用と訴訟であり、将軍の内廷関係の事項を年寄衆から移して管掌させ、職務を明確化、町奉行には江戸の町方の支配を命じた。五月に長崎奉行を榊原職直《さかきばらもとなお》と神尾元勝《かんおもとかつ》に代え、伴天連の日本上陸禁止、武器の海外持ち出し禁止、奉書船制度の確認を通達するよう命じ、島津家久や大村藩大村純信《すみのぶ》、福江藩五島盛利《ごとうもりとし》には領内での中国船との交易停止を伝え、中国船の入港は長崎に限定された。

幕府の体制を整えた家光は、寛永十一年（一六三四）に「御代替りの上洛」へと向かう。六月一日の伊達政宗の上洛に続き、譜代大名、東西の譜代大名のすべて三十万以上の大軍を率い、三十日にわたる東海道の行列は、「綺羅天に輝き」「狩衣、綾羅錦繡」で飾られていたという。

七月十八日、家光が参内を終えると、翌日に二条城二の丸に御三家・国持大名以下万石以上の衆が太刀目録を持参して集った。七月二十三日には京都の町屋敷三万七千軒に銀五千貫を下賜すると、

「京人の感悦なのめならず、歓抃《かんべん》」（『大猷院殿御実紀《だいゆういんどのごじつき》』）と、京の町人が大いに喜び、松永貞徳は「御当家様の御恩こそ、山よりも高く、海よりもふかき事にて侍れ」と、将軍の御恩を感謝した。

閏七月九日に琉球の中山王尚豊《しょうほう》の使者が家光に謁見している。前年に尚豊が明皇帝の冊封を受け、その謝恩使としてのもので、以後、国王の代替わりごとに来日、将軍の代替わりごとに慶賀使が来日することになった。家光は十六日に五万石以上と城持大名に、永井尚政・内藤忠重・安藤重長の奉行で領知朱印状を発給、それは北の松前公広《きんひろ》から南の島津家久にまで及び、家久の判物《はんもつ》には薩摩・大隅・日向諸県《もろがた》・琉球・道の島（奄美諸島）を領知するよう命じた。

江戸からの発信

家光は寛永十一年（一六三四）閏七月二十六日に完成したばかりの大坂城を訪れ、大坂・堺・奈良の地子銭《じしせん》（地代）を免除、八月四日に譜代大名の妻子の江戸在府を命じ、京都を出立して江戸に着くと、九月一日に江戸府内町人を大手の広庭に集め、江戸に二十年土着の者には銀三枚、二十年前からの者に五枚、「はしばしの者」には二枚、計銀五千貫を施した。

上洛中に江戸城西の丸が焼失した責任を問い、留守預の酒井忠世を解任、松平信綱・阿部忠秋・堀田政盛らを年寄衆に加えた。上洛して体制の整備を天下、世間に知らしめた家光は、翌寛永十二年正月、前年に朱印状と奉書で海外渡航を許可した貿易家の出航中止を命令し、五月には目付の仙《せん》石久隆《ごくひさたか》を長崎に派遣して、「異国え日本の船遣すの儀、堅く停止」「日本人異国え遣し申す間敷く候」と、すべての日本船・日本人の海外渡航・帰国をも全面禁じ、長崎の糸割符制の適用は平戸のみとなり、外国船の入港は長崎(ポルトガル・中国船)、平戸(オランダ船)となった(海禁令)。

寛永十二年(一六三五)三月、江戸城の大広間で、対馬の宗義成《そうよしなり》と朝鮮との外交に関わっていた重臣の柳川調興《やながわしげおき》との争いを裁き、主家を訴えた柳川を津軽配流に処した。この一件は、幕臣になることをはかろうとした柳川が、義成との主従関係解消を求めたことに端を発し、それを認めぬ義成を、柳川が国書偽造と主張したため、江戸で本格的審理が行なわれ、家光の親裁が仰がれたものである。幕府は宗氏を通じ朝鮮関係の処理を行なっていたので、今後もその方針に変わりがなく、柳川と対馬藩の外交担当者の配流で決着をみた。

六月、江戸城大広間に集めた諸大名を前に、改訂した『武家諸法度』が林羅山により読み上げられた。羅山は、元和四年から活動の場を江戸に移し、家光に仕えて政治顧問となって、寛永七年に上野忍岡《しのぶがおか》に土地を与えられ、九年に先聖殿《せんせいでん》を完成させていた。

十九か条からなる『武家諸法度』は、元和令と違って漢文ではなく仮名交り文で記され、法令順守を強く求めている。元和令とほぼ同じ条項は第一条のみで、他の多くは元和令の内容をより詳しく記した条項と、新規の条項とからなる。前者には第三条の新築城禁止令が該当し、居城の堀や土塁、石塁などが壊れた時は、「奉行所」に申し出て指示を受けるよう、「櫓・塀・門等ノ分」は先々のように修補すべしと命じ、大修理は幕府内の奉行所に届けるよう命じている。

奉行所とは年寄衆や六人衆による「寄合」であって、第七条の諸国主や領主らの私的紛争の禁止令でも、紛争の受理機関とされており、この年末には評定所として整備された。第十二条から十四条にかけては、元和令の十三条「国主、政務の器用を撰ぶべき事」をより詳しく記しており、頻発する大名家中の内訌への対応と考えられる。

新たに設けられた条項には、第二条の「大名・小名在江戸交替相定ムル所ナリ。毎歳夏四月中、参勤致スベシ」と、大名・小名の江戸への参勤交代の規定がある。元和令では京都への参勤であったが、今回は江戸で出され、江戸への参勤であった。六月晦日に外様大名百名を呼び出し、東の三十九人は当年に在国し、西の六十一人は在江戸とされ、参勤交替の制が本格的に始まり、譜代大名にも適用されてゆく。

寛永令は元和令にない「江戸」の語が入っており、江戸中心の体制として発令された。第四条は、江戸や国でどんな事件が起きても、国元を守り幕府の下知を待つように命じ、第十九条は「万事、江戸ノ法度ノゴトク、国々所々ニ於テコレヲ遵行スベキ」と、江戸の法令に万事に従い、国々でこれを順守するよう命じた。第十五条の道路・駅馬《えきば》・舟梁《ふなばり》等の管理、第十六条の私的関所の停止、新津留《しんつどめ》の制も江戸へと向かう道に関わるもので、第十七条の五百石以上の船の停止令は江戸への海路に関わる。江戸は事実上の日本の首都となり、以後、幕末まで将軍上洛はなくなる。

江戸城と城下町

寛永十二年（一六三五）十月、松平信綱・阿部忠秋・堀田政盛らの小姓組番頭《こしょうぐみばんがしら》の兼担を免じられ、十一月から土井利勝・酒井忠勝らを加えた五人が月番で運営に関わり、それとともに寺社奉行・町奉行の職制が整えられた。

十一月十日に年寄衆管掌の職掌を分離し、国持大名御用と訴訟を年寄衆（老中）が担当し、「旗本諸奉公人御用と訴訟」を六人衆が、「金銀納入方」「証人御用と訴訟」「寺社方御用と遠国訴訟人」を寺社奉行、町方御用と訴訟人を町奉行が、関東中御代官等の御用訴訟を勘定奉行が担当するなど、将軍直轄の体制がとられた。十二月二日には老中・六人衆・奉行らの評定衆による評定所の定めを制定、十二月に旗本や御家人以下の「諸士法度」を発令、その第二条で「旗、弓、鉄砲、鑓、甲冑、馬皆具《ばかいぐ》、諸色、兵具并人積」の軍役の勤めを課した。

同じ頃に描かれた『江戸図屛風』（国立歴史民俗博物館蔵）は、首都江戸を描いた作品で、左隻と右隻をつなぐ両画面の中央に、五層の天守を有し、幾重もの枡形や城門で守られた江戸城本丸があり、その周囲には豪華な唐破風《からはふ》造りの御成門のある駿河大納言忠長邸、西の丸の西にも豪華な門を誇示する尾張・水戸・紀伊の御三家邸、そして桜田の大名屋敷街には鍋島・伊達・毛利・上杉・浅野などの大名邸群が居並び、江戸城には今まさに朝鮮国王の使節の行列が向かっている。

左隻は、手前側に日本橋から品川に続く東海道に沿って町家が軒を並べ、山王権現、愛宕《あたご》権現、増上寺などの社寺が大きく描かれ、左下には東京湾に多くの船が浮かび、左上に雪化粧の富士山が遥か遠くに聳える。西から江戸城を目指した人々が描かれ、江戸の首都としての賑わいが端的に示されている。

右隻は、隅田川の西、神田明神・上野東照宮・浅草寺など御府内の北から近郊に向けて描くが、寺社の建物は大きく描かれず賑わいは少ない。場面の中心は鷹狩や猪狩、鞭打などの狩猟や武技の訓練の風景であるが、家光の赴いた「川越御城」「鴻巣御殿」「洲渡谷御猪狩御仮屋」などの施設も建物が描かれている。すなわち狩猟や武芸を好んだ「国王」家光の動きを中心に描いている。

左隻左上の富士山に対応して、右隻右上に「洲渡谷御猪狩御仮屋」が描かれているが、富士山に対応するとなれば、思い浮かぶのは日光東照社だが、寛永十三年に造替され今日に繫がる建物となり、描かれていない。首都を飾るに相応しい建物といえば寛永寺も考えられる。上野に寺地を与えられた天台僧天海《てんかい》は、寛永二年（一六二五）に本坊を建立、寛永四年に法華堂、多宝塔、東照宮、寛永八年に清水観音堂、五重塔が建てられるが、まだ整備途中であった。

もうひとつの八曲一双の『江戸名所図屛風』は、江戸城や増上寺、寛永寺、東照宮などは、後景にあって、中心は左右を貫く芝浜からの東海道の街路で、江戸の町人地を描いている。左隻の左端には品川と思しき東海道の街並みがわずかに見え、やがて芝から東海道を道行く人々とその道沿いに居並ぶ店屋・町家の賑わいを描く。宇多川橋、新橋を渡って両替町（銀座）、京橋を渡って伝馬町、中橋を経て通町まで一気に描いて左隻を終える。

右隻は日本橋に始まり、室町・神田・筋違橋を経て神田明神に至り、その明神境内の能舞台での神事能「賀茂」を群衆が桟敷で取り囲み興じている。街並みの角地には城郭風意匠の三階櫓の町屋敷、正面の軒に唐破風をもつ町家、屋根の上に望楼を持つ町家を描いて町人の家は定着していた。

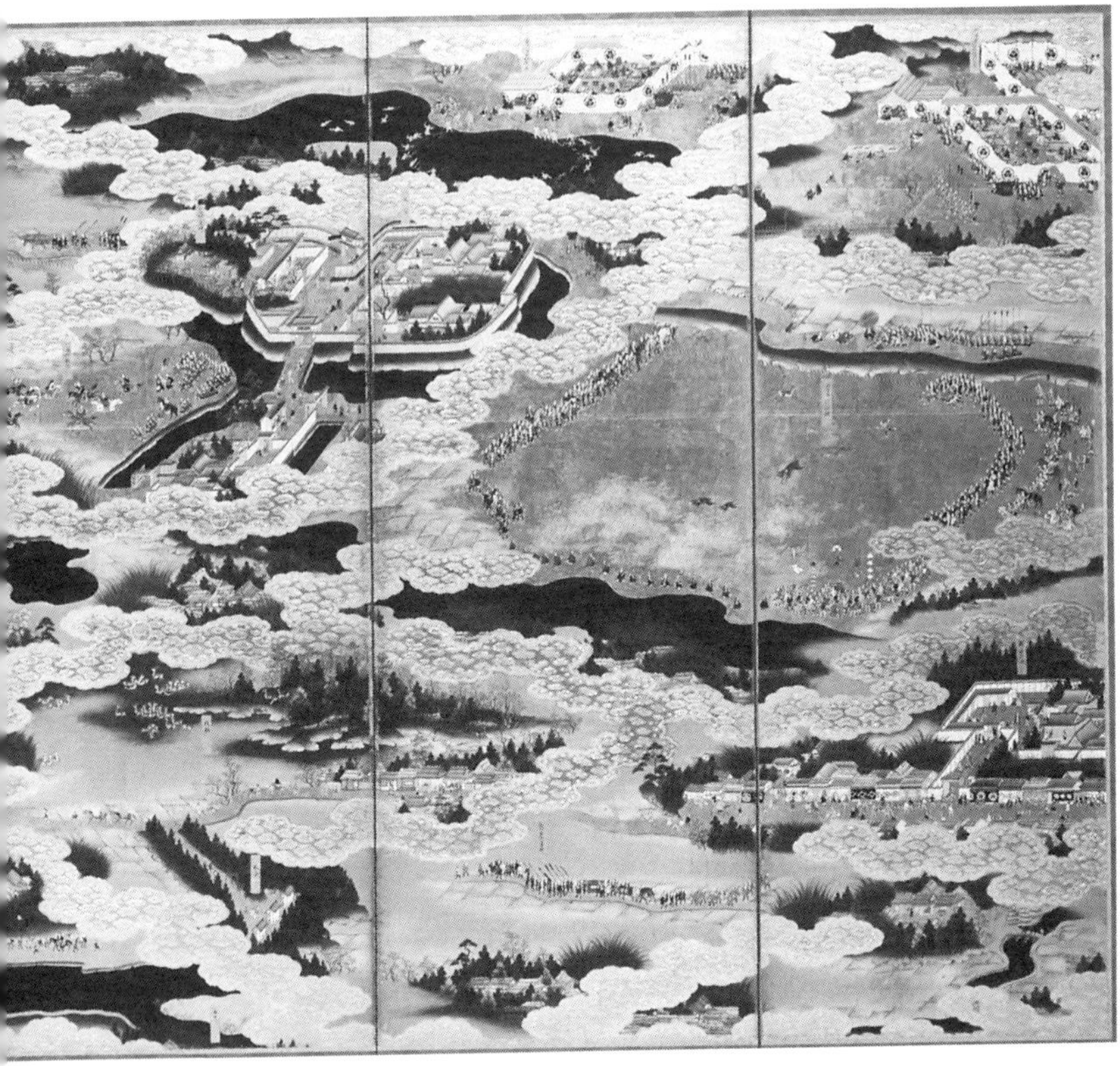

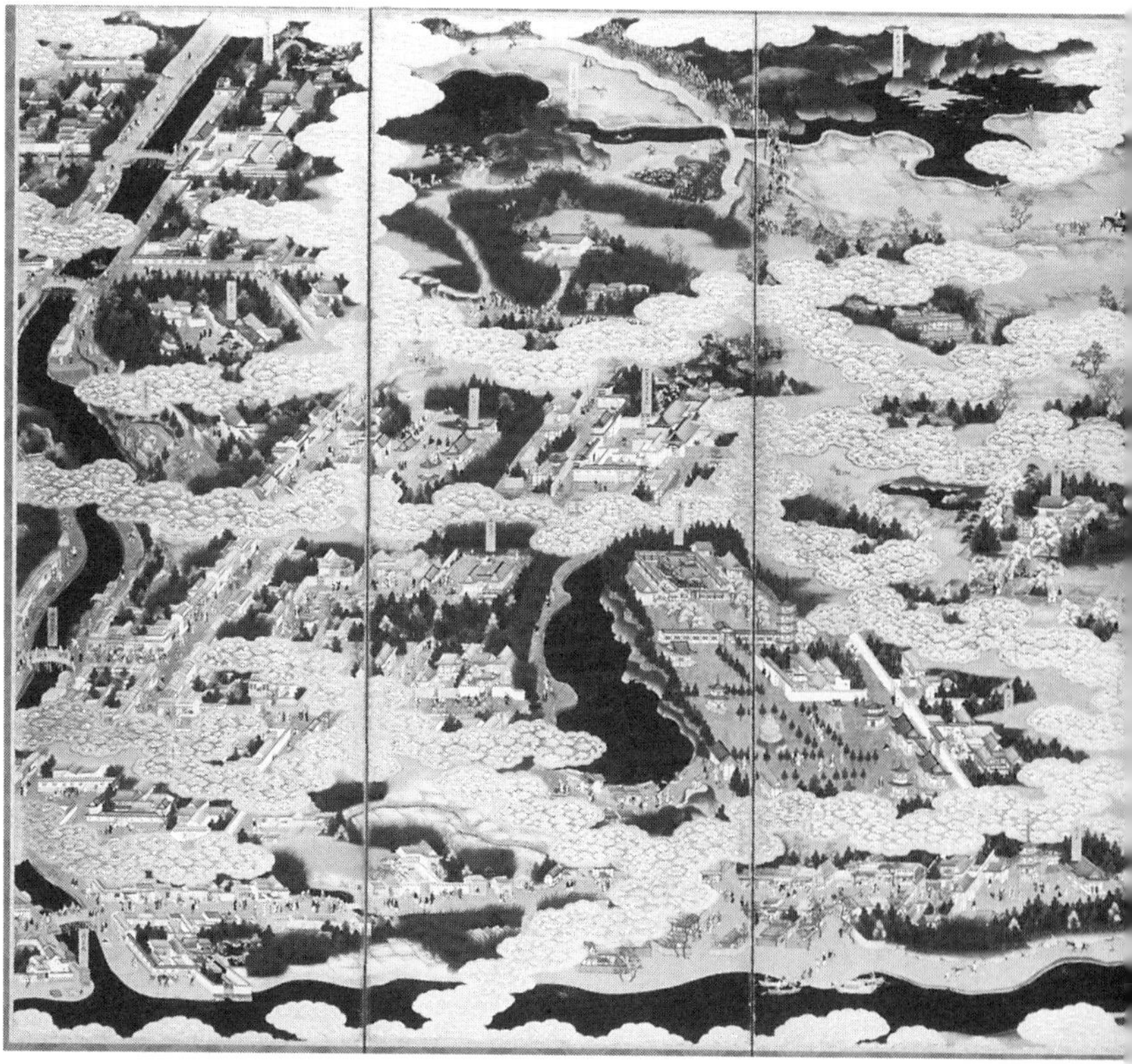

江戸図屛風　右隻（国立歴史民俗博物館蔵）

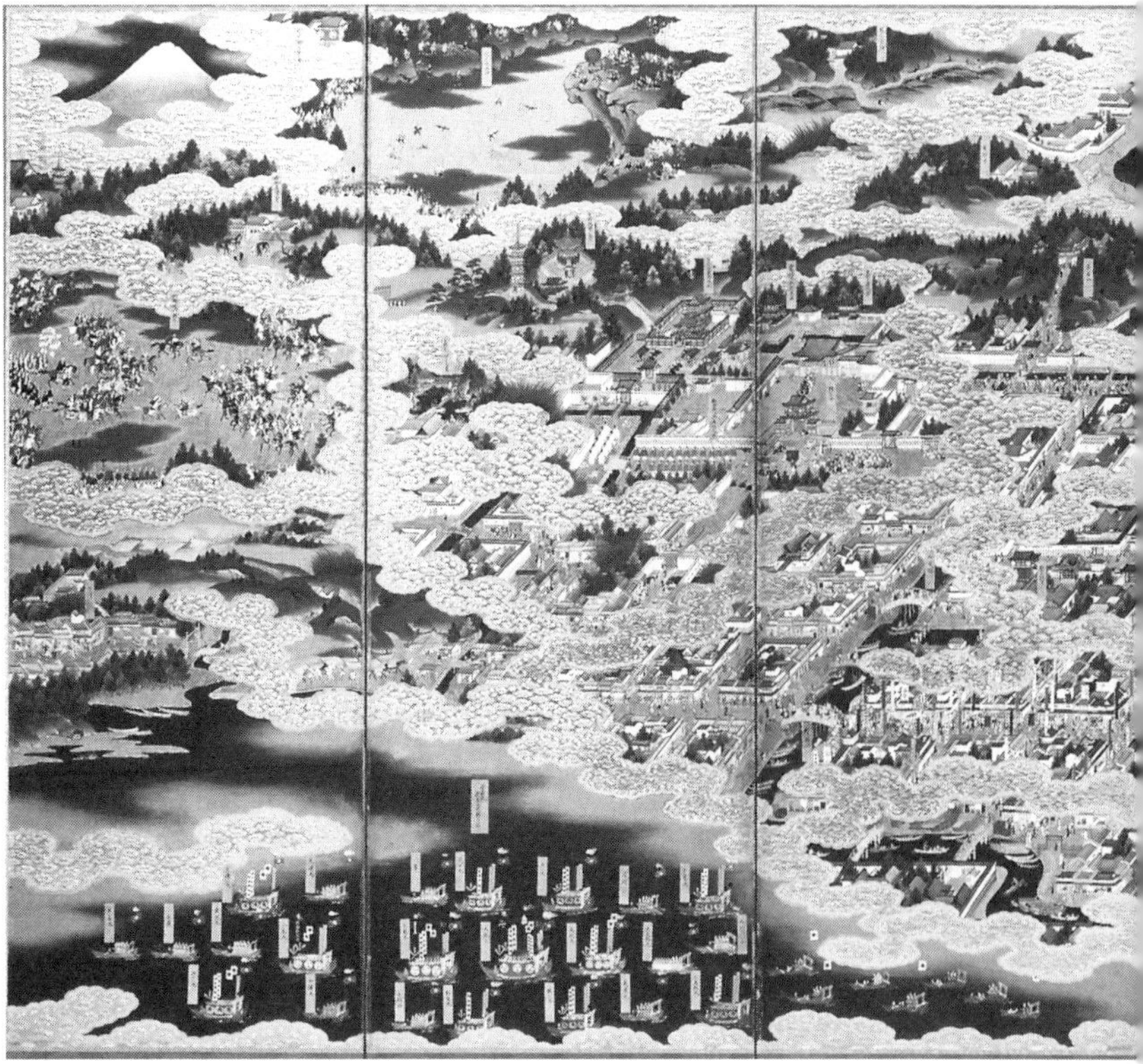

江戸図屛風　左隻（国立歴史民俗博物館蔵）

右隻の中央下から浅草橋・蔵前を経て浅草寺に至る道も描かれ、この道を祭礼（船祭、三社祭）の神輿・行列が浅草寺境内へと向かい、境内にはこれから祭本番を迎えようかという雰囲気が漂っている。

ウォーターフロントに展開する町人文化の賑わいも描いている。左隻の下段の芝浜での船遊び、浜遊びに続き、湯女風呂、木挽町山村座の若衆歌舞伎、人形浄瑠璃、曲芸などの小屋、八丁堀の船遊びなどがあって、右隻では、下段に材木町・小網町・浜町・吉原町が描かれ、隅田川の向島の宴をもって終える。この江戸の歓楽街を支えたのは町人とその富（財産）である。

江戸の発展を担ったのは各所から来て江戸に住みついた人々であり、寛永元年に大坂の泉屋平右衛門が江戸廻り問屋を開業、二年に大伝馬町に木綿問屋を赤塚善右衛門・升屋七左衛門、七年に久保寺喜三郎・家城太郎が呉服店を始めるなど江戸に問屋が置かれ、八年には千住組肴問屋が冥加として川魚を献上、九年には陸奥の仙台米が江戸へ廻って江戸の流通経済が活発化し、十年には町人の家督相続規定や公事裁許定が出され、十二年に町奉行の職掌が定まった。

『東京諸問屋沿革誌』によれば、材木問屋・板材木問屋・畳面問屋・灰問屋・小間物諸色問屋・糖問屋・油問屋・蠟問屋・魚問屋・古着問屋・綿布問屋・下り酒屋問屋などの諸業・諸問屋は寛永年間に始まったとあり、江戸の繁栄は各地の町や村に基盤を有する人々が大消費地江戸に富を求め入ってきたことによるものである。

武家の宮廷

寛永十三年（一六三六）十二月に朝鮮国王使節「通信使」が初来日し、日朝間の国交は回復するが、これに先立ち幕府は対馬の宗義成を通じて日本宛ての国書に「日本国王」ではなく「日本国大君」とするよう要請していた。「大君」は中国では天子を意味し、冊封体制下での「日本国王」には相応しくないとしたもので、通信使に日光東照社に参詣するよう求めて実現した。

寛永十五年の江戸城本丸の改築工事で、江戸城の大工事は完成した。江戸幕府大棟梁の甲良家旧蔵「江戸御天守図　百分之一」はこの時の天守図であり、外観は五重、内部は穴蔵を含めて六階、地上から棟まで六十メートル弱の巨大建造物であった。

寛永十三年四月完成の日光東照社大造替が総工費金五十七万両、銀百貫、米千石の費用を要していたことを考えれば、その豪華さは容易に想像できよう。内部の調度は、寛永初年に大改造された二条城の紺碧の障壁画を描いた狩野探幽が、同様な障壁画を描いたと見られる。寛永十六年に家光の長女千代姫が尾張徳川家の光友《みつとも》に輿入れした際の婚礼調度が、将軍家御用の幸阿弥《こうあみ》長重《ちょうじゅう》や岩佐又兵衛が制作して徳川美術館に現蔵するが、それと同様な豪華な調度が江戸城内に置かれたであろう。

『武家諸法度』第八条の私的婚姻の禁令は、国主、城主、一万石以上の領主、近習・物頭の身分を定めており、第十条の衣装令は「衣装ノ品混乱スベカラズ。白綾ハ公卿以上、白小袖ハ諸大夫以上コレヲ聴ス」と、公卿以上と諸大夫とを弁別し、第十一条の乗輿令は「一門ノ歴々・国主・城主・一万石以上ナラビニ国大名ノ息、城主オヨビ侍従以上ノ嫡子、或ハ五十歳以上」に認めたもので、江戸城への登城の規定となっている。

江戸城を場とする文化的催事は、家光が寛永十二年正月十一日に徳川義直、伊達政宗、毛利秀元《ひでもと》らを招いて茶会を開き、二十八日に伊達政宗が二の丸の数寄屋で茶会、家光も猿楽を催した。四月に家光が馬術に上手な朝鮮人を招いて尾張・紀伊・水戸の三大名と見物、六月十五日に日吉山王祭《ひよしさんのうさい》を城内から見物し、二十五日に猿楽で諸大名を饗応している。ほかにも将棋や碁などの盤上遊戯や幸若舞などの芸能を楽しんでいた。

この武家宮廷の文化は、諸大名の参加と費用負担、将軍の大名屋敷への御成などを通じて、諸大名邸や国元の小武家宮廷へと繋がっていた。仙台の伊達政宗は大工棟梁の梅村家次や「天下無双の匠人」刑部国次《おさかべくにつぐ》、絵師の佐久間狩野左京らを上方から招き、仙台城を築城し、慶長十五年に千畳敷の大広間が完成すると、「鳳凰図屏風」が飾られ、御座所・懸け造り、能舞台も設けられ「東国の洛陽城と謂ふべきなり」と称された。表高《おもてだか》六十二万石に対し内高《うちだか》七十四万五千石相当（寛永惣検地）の石高により、大崎八幡宮、瑞巌寺《ずいがんじ》、鹽竈《しおがま》神社、陸奥国分寺薬師堂などを建ててゆく。

家光は寛永十年十二月に書物奉行に関正成ら四人を任じると、家康の集めた書物を収める富士見亭文庫の出納・管理を命じ、十六年七月八日に紅葉山《もみじやま》に書庫を建てて書物を移し、紅葉山文庫を整備するなど、家光の政治は江戸を中心に強力、華やかに展開した。

島原・天草一揆

寛永十二年（一六三五）八月、全国の大名に領内のキリシタン改めを命じ、京都では九月に寺院に寺請証文の発行を義務づけ、キリシタンを檀家として偽りの証文を提出した場合は同罪とした。十月には南蛮起請で、町・村単位にキリシタン宗旨ではないことを誓わせ、十三年五月に家光は長崎奉行に条目を与え、伴天連の訴人に与える褒美の上限を銀三百枚に増やし、ポルトガル人子孫の国外追放を命じ、九月にポルトガル人妻子二百八十七人をマカオに追放した。

町年寄や糸割符《いとわっぷ》年寄など二十五人の長崎町人によって寛永十年から建設されていた出島が完成し、ポルトガル人が収容された。総坪数は四千坪弱で、築造費用は門・橋・塀などを幕府が出資し、それ以外は長崎町人が出資した。ポルトガル人は、土地使用料を毎年銀八十貫支払うとされていたが、初代のオランダ出島商館長（カピタン）のマクシミリアン・ル・メールの交渉で、借地料は銀五十五貫目に引き下げられた。

これらの動きは、キリシタン大名の領国がある有明海近海域に影響を与え、潜伏キリシタンの弾圧が始まった。天草を領する小西行長は処刑され、島原半島の有馬晴信が転封となって、両キリシタン大名に仕えていた武士は牢人や土着・帰農者となり、彼らと島原の新領主の松倉重政《まつくらしげまさ》、天草を加増された唐津藩の寺沢広高《てらざわひろたか》との間に、少なからぬ問題が生じていた。

松倉重政は、江戸城普請に十万石役を願い出て、原城・日野江城を廃し島原城を七年がかりで築くなど、領民には重い負担がかかっていた。目ぼしい開発地や産業の少ない島原や天草では特に領民の負担が過重であった。ただ松倉重政・寺沢広高の代には一揆は起きなかったが、松倉勝家《かついえ》（寛永七年）、寺沢堅高《かたたか》（慶長十四年）の代になると、キリシタン禁令、牢人問題、過重な年貢負担が重なり、ついに一揆が起きた。

ポルトガル人のドアルテ・コレアの報告書によれば、領主の「過酷を極めた虐政」に「農民は毎年、一般の貢物として米と小麦とを納めた」が、その上に「二種類を納めねばならなかった」、「納められない人々は迫害を加えられ、その妻をとりあげられた」と伝えている。

牢人中心の一揆指導者は、島原半島と宇土《うと》半島、天草諸島の間に浮かぶ湯島《ゆしま》（談合島）で会合を開いて決起、寛永十四年（一六三七）十月二十五日、有馬村のキリシタンを中心に代官所に強談《ごうだん》に赴いて、代官の林兵左衛門を殺害、ここに島原一揆が勃発した。オランダ人ニコラス・クーケバッケルは「有馬領の住人、あるいは農民の大部分が叛乱を起こし、彼らの頭人と争い、武器を手にし、貴族、市民の家に火をつけ、貴族数人を殺し、残りを城中に追い込んだ」と伝える。

島原藩は一揆勢と戦ったが、その盛んな勢いから、島原城に籠城し防備を固めたところ、一揆勢が十月二十六日に島原城下に押し寄せ、城下の江東寺・桜井寺を焼き払ったので、これは退けたが、佐賀藩・熊本藩に救援を要請し、江戸の藩主に報告した。

熊本藩以下の九州諸藩は領内に多くの潜伏キリシタンを抱えており、豊後府内の幕府目付に島原救援の指示を仰ぐも、すぐに出兵許可が出ず、幕府の指示を仰ぐ、その間に島原一揆勢に呼応して、肥後天草でも益田甚兵衛《ますだじんひょうえ》を中心に一揆が蜂起した。十一月八日に島原の一揆は益田甚兵衛の子天草《あまくさ》四郎《しろう》（益田四郎時貞《ときさだ》）を大将とし、天草の一揆が本渡《ほんど》城を攻撃、十一月十四日から富岡城を攻撃、落城寸前まで追い詰めた後、有明海を渡り島原半島に移動、島原一揆勢と合流した。

十一月九日、島原の一揆蜂起の報が幕府に届くと、幕府は九州諸大名の帰国を認め、上使に御書院番頭の板倉重昌《いたくらしげまさ》（京都所司代重宗の弟）を任じ、九州に派遣した。重昌は十一月二十六日に小倉に到着するが、翌日に幕府は上使として松平信綱・戸田氏鉄《とだうじかね》をも派遣した。

この動きに肥後の細川忠利は、母が細川ガラシャという関係もあって、支倉常長《はせくらつねなが》をローマに派遣したことのある仙台の伊達政宗と連絡をとり注意を促した。ともに潜伏キリシタンや大量に生じていた牢人が一揆に加わる悩みを同じく抱えていたからである。寛永六年（一六二九）頃に陸奥・出羽両国には二万六千人のキリスト教信者がいたといわれ（ディエゴ・デ・サン・フランシスコの報告書）、山形の鳥居忠恒《とりいただつね》の迫害で同六、七年に四十一人の殉教者が出ている。

島原一揆鎮圧は容易と見ていたが、十二月三日に一揆勢が原城を修築して占拠、島原藩の蔵から奪った武器弾薬や米五千石を運び込み、天草四郎の父甚兵衛も天草から原城に入るなど、四万人ほどに膨れ上がった。一揆蜂起の呼びかけは「天人天下りなされ、ゼンチョ（異教徒）の分は、デウス様よりゼイチョ（審判）なされ候間、いづれの者なりとも、キリシタンになり候はば、ここもとへ早々お越しあるべく候」と、天草四郎が天から下ってきた天人であり、そのもとに駆けつけるよう、「村々の庄屋・乙名」に「お越しある」ように廻状で触れていた。本来のキリスト教とは違う考えであったが、キリシタン一揆には変わりはなかった。

乱鎮定

十二月五日に重昌は島原城に入り、十日に島原・佐賀・久留米諸藩あわせ五万の兵で原城を包囲して攻撃するが、断崖と海、深い湿田に囲まれた城の守りは堅く、鉄砲の攻撃に敗退し、二十日の佐賀・柳川藩の攻撃も失敗した。功を焦った板倉重昌が翌寛永十五年（一六三八）元旦を期し総攻撃に出たところ、四千人の損害を出し、重昌自身も鉄砲の直撃を浴びて戦死した。

正月四日に原城近くに着陣した松平信綱はこの報告を聞き、陸と海から原城を完全に包囲して築山を築き、井楼《せいろう》（櫓）をあげて持久戦をはかり、正月九日にオランダ船に原城の砲撃を依頼、オランダ商館長クーケバッケルが二十六日に原城内に艦砲射撃を行なったが、目立った効果なく砲撃を中止する。

細川忠利らから、異国人の助けを借りるのは恥辱という批判もあり、信綱は砲撃を中止したが、ポルトガルの援軍を期待していた一揆軍には衝撃を与えた。幕府軍は海陸から砲撃を繰り返し、九州の諸大名の増援で十二万以上に膨れ上がり、籠城勢三万七千の兵粮・弾薬が尽きるのを待つとともに、原城の前面の湿田を埋めて防禦柵をしだいに寄せて包囲網を狭めていった。

密かに使者や矢文を原城内に送り、キリシタンでなく強制的に一揆に参加させられた者を助命するなど投降を呼びかけるが、成功はしなかった。二月二十一日に一揆勢三千が黒田・鍋島の陣営を夜襲したのを退けた時、一揆勢の死体の胃を検分すると、胃袋に米がなく海藻だけなのを見て食料が尽きかけている事を知り、二十四日に信綱は軍議を開いて総攻撃を二月二十八日と決定した。だがその前日、鍋島勝茂と長崎奉行榊原職直が抜け駆けに攻撃したので、他の大名も続々と攻撃を開始し、翌日まで続いた攻撃で原城は落城。天草四郎は討ち取られ、一揆軍は皆殺しとなって乱は鎮圧された。幕府軍も討死が千数百人、負傷者が一万人にのぼって、三月六日に勝利の報が江戸に届いた。

信綱は三月一日に原城を破壊、天草を経て長崎・平戸にも赴き、検分するとともに諸事を沙汰し、四月三日に小倉に到着、松倉氏を改易し、唐津藩の天草を没収、寺沢氏には閉門を通告した。幕府は一揆をキリシタン一揆と捉え、公儀への反乱とみなしたため、処断は苛烈を極め、キリシタンは乱への参加の強制から逃れて潜伏した者や、反乱に取り込まれなかったために生き残ったわずかな領民以外は「撫《な》で切り」にされた。

鎮圧が遅れた経緯から、寛永十五年に『武家諸法度』第四条の、大名の領外出兵条項については、幕府の下知を待つことなく近隣大名が協力するようその運用を改定し、第十七条の五百石以上の大船建造禁止条項も、物資の輸送に支障があったため、商船を解禁とした。

その十日後の五月十三日、信綱は江戸に戻り、合戦後の政策を進め、九月十三日に老中奉書で諸大名にキリシタン禁令が再び出され、伴天連の訴人に銀子二百枚以下、イルマン、キリシタンの訴人にまで密告者に褒美を与えるとし、これにともない仙台領で三人の宣教師が捕縛されて江戸に送られ、幕府の評定所で取り調べを受けた。

戦後処理の諸政策

寛永十五年（一六三八）十一月、幕閣の体制が改められ、土井利勝と酒井忠勝が一線から退き「大老」として顧問役になり、三月に老中を病で辞めた堀田正盛に代わり、阿部重次が老中となり、信綱・阿部忠秋・重次の三人の老中支配下に多くの職制が置かれた。

信綱は武蔵川越六万石、忠秋は武蔵忍《おし》五万石、重次は武蔵岩槻《いわつき》五万三千石と江戸近郊の要衝に配され、六人衆の多くが老中などに移ったので、残る三浦正次・朽木稙綱《くちきたねつな》は、書院番・小姓組番など「殿中御番《でんちゅうごばん》」の支配にあたった。

長崎出島に隔離していたポルトガル人の動きには警戒を強めて、潜入を図る宣教師とキリシタンを絶滅させるためもあって国外追放へと進んだ。貿易が断絶し、生糸や絹織物、薬種などを入手できなくなる恐れはあったのだが、オランダ商館長フランソワ・カロンが、老中の質問に答えて、オランダはポルトガルの妨害を受けずに来航でき、中国人も今以上に来航すること、朱印船を復活してもポルトガル船からの攻撃は受ける、と答えたので、交易ルートの確保に目途がつき、寛永十六年（一六三九）七月にポルトガル人追放令を発した。

奏者番の太田資宗が上使として長崎に赴いて、四通の命令書「御用の覚書」（「かれうた御仕置の奉書」「浦々御仕置の奉書」「唐船に乗り来る族へ相伝る覚書」「阿蘭陀人相伝覚書」）を示した。「かれうた御仕置の奉書」は、ポルトガル船ガレウタの来航を禁止し、渡航すれば破却し、乗船員を斬罪に処すとし、「浦々御仕置の奉書」では、諸大名にポルトガル船来航禁止にともなう領内の警備体制構築を命じ、続く二つの覚書は、長崎に来る中国船に伴天連やキリシタンを乗せて来ぬよう、オランダ人にも同様な命令を発したもので、太田資宗はその命令をポルトガル人、オランダ人、中国人、九州諸大名の使者に伝達した。

在府の諸大名を江戸城の白書院《しろしょいん》に集めて、林羅山が上記の奉書二通を読み聞かせ、さらに八月九日には熊本の細川忠利、福岡の黒田忠之、久留米の有馬豊氏、佐賀の鍋島直茂、柳川の立花立斎《たちばなりっさい》ら九州の有力大名を江戸城に登城させ、異国船到来の際には長崎・江戸に注進し、長崎奉行と島原藩主高力忠房《こうりきただふさ》に万事相談するよう命じ、異国船来航の監視体制が強化された。海上監視施設の「遠見《とおみ》番所《ばんしょ》」が九州の各地に置かれ、寛永十年に平戸のオランダ商館が長崎に移転し、九月に出島移転が完了した。

島原の乱で一揆指導部にあった有馬の旧臣山田右衛門作《やまだえもさく》は、幕府軍に内応し、唯一の生き残りとなり、乱の証言を多く残したが、一揆の指導者には山田のように牢人が多かった。島原の乱で戦った熊本藩の武士のなかにも加藤氏の旧臣で細川氏に召し抱えられた人物が多くいた。寛永十年四月から九月までの熊本藩の記録『御影印写之帳』には、召し抱えられた牢人数は、四十石の金瘡医《きんそうい》(外科医)、三十石の鷹師、二十石の徒使者《かち》以下の七十八名とある。

召し抱えられずに一揆側に加わった牢人も多かったが、牢人問題は大坂の陣以来、政治・社会問題化していた。「大坂牢人」の探索が行なわれ、元和八年(一六二二)八月の「京都中触れ知らしむべき条々」では「武士の牢人隠し置くべからず」と、京都で牢人改めが行なわれ、翌年九月には牢人払いが行なわれた。仕官できない牢人でも、商人や百姓となって所帯をもち、落ち着いた場合は認められたが、出家し寺に住んでも、学問をせぬ牢人は追い払われた。

島原の乱の頃に最上藩の牢人であった如儡子《にょらいし》（斎藤親盛《さいとうちかもり》）が著した仮名草紙『可笑記《かしょうき》』（寛永十九年〈一六四二〉刊）は、大名の宝は家臣の侍であり、大名が善心をもって家老や近習衆、奉行、諸役人を選べば、国がよく治まり、胴欲《どうよく》非道《ひどう》の悪人を家老・近習に選ぶと、侍や百姓・町人・出家まで、もがき苦しみ、領国は衰微する、と語って、牢人を抱える国主に期待を示した。

領国が繁栄する手立てには、百姓町人が富み栄えるような施策をとるのがよいとしつつも、その繁栄させる手順としては、第一に侍に恩恵を与えるべきであり、侍が富み栄えれば百姓を酷使して迷惑をかけることなく、その波及効果は高く世間が豊かになるが、侍が困窮すると百姓に皺寄せがゆき、百姓が困窮することになる、といい、侍の所帯を安定化させることが、百姓や町人の所帯を安定させるものであり、ひいては領国が繁栄する、と説いた。

鈴木正三『万民徳用《ばんみんとくよう》』（寛文元年〈一六六一〉刊）は、「世法即仏法」に基づいて「職分仏行」を説き、仏法の宝十か条を指摘、「何の事業も皆仏行なり」と唱え、「武士日用」「農人日用」「職人日用」「商人日用」の項では、「鍛治・番匠をはじめ諸職人なくしては世界の用所、調べからず。武士なくしては世治むべからず。農人なくして世界の食物あるべからず。商人なくして世界の自由成すべからず」と、あらゆる事業は世のためになる、と日々の職業生活における信仰の実践を説いた。

九　三都と諸国の所帯

寛永の大飢饉

島原の乱が収束した頃から、九州で発生した牛疫が蔓延し、牛の大量死があって、被害は寛永十七年（一六四〇）に中国・近畿地方にも広がった。牛は耕作の動力であったから、生産力の低下は著しくなった。東北地方の伊達領や最上領では大洪水に襲われ、蝦夷駒ケ岳と刈田岳《かったたけ》噴火の降灰で、津軽地方は大凶作になった。

翌十八年の初夏、畿内、中国、四国で旱魃が起き、秋には大雨、北陸でも長雨、冷風による被害が出た。霜、虫害も発生するなど全国的な異常気象となった。十九年になると、武蔵川越の塩商人榎本弥左衛門の「覚書」は、寛永十九年、二十年に「天下大飢饉、日本国中にて人多く死ぬなり」と記し、川越では元旦から大雪に見舞われ、大雪が七度もあったという。

榎本弥左衛門は江戸に出た塩廻船で、江戸に入る下り塩の仲買をし、日本橋北側堀添いの堀江町に塩河岸の出店をもって、塩問屋を通じて塩を買い付け、川越に運んで塩を販売していたので、諸国の情報には敏感であった。水戸では百姓の食べ物がなくなって逃亡が相次ぎ、二月に小浜藩領主で大老の酒井忠勝は、近江高島郡で大雪が降り、野菜や馬の飼料が収穫できず飢餓になったという報告を受け、急いで救済策を立てるよう指示している。

江戸でも「二月から五月に至るまで飢饉で餓死する者、府下の市街に満つ」ということで流入する飢民を郷里に返し、仮屋を立てて粥を施すようになった。家光は、二月に諸国巡見使派遣を中止し、四月の日光社参では百姓の負担を考え「荷物軽くもたしむ」形での供奉を命じ、日光から帰ると、五月二日に参勤交代で在府中の西国大名四十五人に帰国を認め、帰国に際しては、疲弊している宿駅の人馬を煩わさぬよう、領内の困窮する百姓には「撫育《ぶいく》の計《はかりごと》」をなし、キリシタン改めの徹底を命じ、九日には譜代大名にも交代で帰国するように命じ、地方《じかた》知行の旗本にも命じた。

五月八日、十三日に老中、淀城主、勝龍寺城主、勘定頭、江戸町奉行・目付らが集まって協議、幕領のうち畿内近国の上方に関しては、淀・勝龍寺両城主、京都所司代板倉重宗、上方郡代小堀政一・五味豊直、大坂町奉行、堺奉行ら七人が、関東に関しては、勘定頭、江戸町奉行ら六人が、不作を視察する巡察使となり、救済策を上申するよう命じた。

五月十四日に「民間困窮」について、「諸国在々所々、田畠荒れさる様に精を入れ耕作すべし」「もし立毛損亡これなきところを申し掠め、年貢等難渋せしむ族これ有るにおいては、曲事たるべきもの也」という高札を知行地に立てさせた。田植え期の緊急対策で、五月二十三日に東海道・関東・信濃の九か国の代官に作柄を聞き、翌日に五か条の法度で、祭礼や仏事、庄屋・脇百姓の衣類、嫁取時の乗物停止、質素な家作り、本田畑への煙草の作付禁止を命じた。

五月二十六日には、酒造統制、うどん・切麦・そばきり・そうめん・饅頭の販売禁止、豆腐の禁止、百姓の食物は雑穀とし、米は多く食べぬようになど、衣食住の生活全般にわたる五か条の倹約令を発した。六月二十九日には「諸国人民草臥《くたび》れ候間、百姓等少々用捨《ようしゃ》せしむべし」と、諸国人民の困窮から、今年も作柄が損亡《そんもう》し、来年の飢饉もさけられないとして、倹約を命じ、定まった役儀以外に百姓使役の抑制を諸大名・旗本に指示し、田畑耕作奨励の高札を立てさせた。この「天下の御仕置」により、飢饉対策が本格化した。

七月二十九日の三か条の触れは、人手がなく耕作に支障があれば、村として相互扶助するよう、用水不足の村には今年に限って水に余裕のある村から分け与えるよう命じ、百姓の所帯維持策に踏み込んでいる。閏九月になると全国的凶作がはっきりし、翌年も飢饉は避けがたいことから、全国の大名・代官に、百姓への「非義」を禁じ、損亡と偽って年貢減免を求める百姓には厳罰で臨むよう命じ、大名領内の作柄の報告を求めた。出羽山形藩の年貢の収納量は、寛永十五年に約七万八千石あったのが、十六年に四万二千石、十七年に四万九千石、十八年に三万六千石、そして十九年には三万千石と、深刻な状況になっていた。

土民仕置の施策

翌寛永二十年（一六四三）にかけて餓死者が増大、道に溢れ、江戸をはじめ大都市に飢人《うえびと》が流入した。京都では「洛中洛外乞食充満、これ去年夏頃よりかくのごときなり。古老七十年来かくのごとき飢饉見及ばず」（『九条道房日記』）という情勢から、所司代重宗は、洛中の飢人が二千人であると幕府に報告し、元の在所に「人返し」を行なった。

この時に送り返された彦根の井伊直孝や小浜の酒井忠勝は、領内での「仕置」不備を痛感し、「迷惑」(面目ない)と、対応を約束している。伏見や大坂でも人返しが行なわれ、江戸では二月の調査で明らかになった八百人のうち尾張六十人、佐倉三十六人、水戸十六人を領主・代官に引き渡すいっぽう、町奉行所は小屋をつくって収容し、米を施行《せぎょう》した。江戸の馬喰町に二百間余りの小屋をかけ「こもかぶり」が収容されたが、こもかぶりは江戸には一万人いたといい、死人が出れば川へ投げ込んだので「際限なく川に死人あり」の状況となったという(『榎本弥左衛門覚書』)。

もうひとつの大きな問題が諸物価の高騰であって、江戸詰めの諸藩の家中は飯米を江戸で買うので、米が不足して高騰したため、諸大名に扶持米を国許から廻漕することを命じ、江戸での買米《かいまい》を禁じた。米価高騰の原因は、前年の城米倉御蔵衆、浅草御蔵衆が町人と結託する不正もあったので、沢庵は書状に「御倉奉行私曲故、米高値に候て万民迷惑に候」と記している。沢庵は、秀忠の死後に恩赦で流罪をゆるされ、家光の招きで品川東海寺にあった。

三月十日に幕府は幕領代官宛てに七か条の条目を発し、治水普請、麦作の善悪の見届け、村々の見回り、田畑の検分、年貢納入などの遂行を命じ、第二条では「身上能き百姓は田地を買取り、いよいよ宜しくなり、身体ならさる者は田畠沽却せしめ、猶々身上成るべからざるの間、向後田畠売買停止たるべき事」と、百姓の永代売買を禁じ、百姓の「身上・身体」(所帯)の維持を図り、第三条では、代官は身上の保てぬ百姓に対し精を入れ「身体持ち立つ様」念を入れるよう命じている。その遂行にあたっては、名主・百姓によくよく申し聞かせ、違背する者には罰則として堤川除けなど普請をさせ、代官の仕置がうまくいっているかどうかを調べる目付を派遣している。

こうして百姓の所帯の維持策が本格的に推進され、翌十一日には十七か条の「土民仕置覚」が出された。これまでの飢饉対策のまとめで、家作りにはじまる百姓の倹約の条々、耕作・田畑ともに手入れをするよう命じた百姓の家業・所帯維持の方策、百姓と地頭の争いの訴訟対策などからなる。ここに幕府農政の方針が定まり、田畑永代売買の禁令では、十四日に罰則規定を売主、買主、証人について定めている。

飢饉とともに領主の苛政が問題化した。元和四年（一六一八）に越後村上に転封になった堀直寄《ほりなおより》は十万石で入ると、村上城の拡張や城下町の整備、領内の産業育成に努めたが、常備兵力を維持する必要に迫られるなか、幕府に十七万石と過大申告し、苛酷な検地を実施した。

寛永十六年（一六三九）に直寄、直定とあいついで亡くなって、堀氏は無嗣《むし》断絶《だんぜつ》となり、領内を検分した幕府代官は、百姓らが、くず・わらびなどを掘って飢えをしのぎ、耕作にかかることもできない惨状を見て、収奪し続け村を「取りからし」にした村上藩に憤りを隠さなかった。

諸藩と幕領の飢饉対策

老中の堀田正盛知行の信州松本藩でも、寛永十八・十九年に「巳午《みんま》の飢饉」が起き、その最中の寛永十九年四月に正盛が下総佐倉藩へ移封となり、水野忠清が三河から入ると、この間隙を縫って、八月に安曇郡小谷村《おたり》の惣百姓が江戸に直訴に及んだ。その訴状は前年の凶作で領内には大量の餓死者百四十七人、人売り九十二人、走りが多数出たのは、「堪忍成り難い」までの藩の過酷な収奪によるもの、と記している。

奥州会津の加藤嘉明《かとうよしあきら》は藩内を整備したが、その跡を継いだ明成《あきなり》が寛永十三年の江戸城への手伝い普請での堀の開削や、地震で傾いた居城若松城の天守を五層に改める工事、出丸工事などに多額の出費を要し財政逼迫に陥ったために、年貢を厳しく取り立てた。このために寛永の飢饉では百姓二千人が「田宅を捨て、妻子を連れ、隣国に奔《はし》ること大水流のごとく」逃散する騒動に発展し、家老の堀主水《ほりもんど》との対立もあって、加藤明成は寛永二十年五月に改易となり、その跡には山形の保科正之《ほしなまさゆき》が入った。

保科正之は寛永十三年に信濃高遠藩から山形二十万石に加増移封された際、鳥居家の旧臣の召抱を行ない、奉行制度を整備して民政を整え、家臣の掟として「家中仕置」十八条を制定、武芸・忠孝・質素倹約から喧嘩口論・大酒好色の禁止などを定め、寛永十五年には検地を行なった。だが、寛永の飢饉により、寛永十六年の四万二千石の収入が十九年には三万一千石に落ち込んだため、容赦ない年貢の取り立てを行なったことから、志土田村では百姓六十軒のうち六十人の身売りが行なわれたという。

その反省もあってか、二十三万石で陸奥会津藩に加増移封されると、欠落ち・逃散した百姓の召返しを行ない、諸役を免除し、夫食米《ふじきまい》を低利で貸し付けるなど荒廃した村の復興を策し、農民から目安を提出させ、凶作や飢饉に備えての社倉制度を整え、加藤家の牢人を召し抱え、家臣団に加増を図り、知行の形態を地方知行から蔵米知行に変えてその統制をはかるなど、家臣の所帯の安定に意を用いた。

寛永二十一年（一六四四）正月、幕府は改めて諸国代官に法令の遵守状況を調査させた。「諸事心入れて私曲なく、年々竹木を植ゑ、山林を茂殖せしめ、郷邑漸々豪饒に及ぶやうにはからひ、農民を扶助して生産を滋養せしむべし」と、農民の扶助を始めとして、水利や郷中の諸役、キリシタン禁制など十九か条を布達し、二月三日には三十七名の代官を集めて法令の遵守・倹約を諭示《ゆし》した。

三月には勘定頭が代官に農村の調査を命じた。その対象は旱損《かんそん》・水損《すいそん》など飢饉の被害状況、百姓夫役の種類と実態、一軒ごとの石高・家族構成、家屋の状況などで、調査の結果は「家数人数万改帳」として作成された。

この時の河内国碓井村の万改帳によれば、村高は五百八十石余、家数は四十五軒、人口二百六十二人であるが、「永荒」が百八十石、「水損」が五十五石に及び、飢饉の影響が大きかった。庄屋の九兵衛の所帯は、高が七十三石、家が母屋・隠居屋・二つの稲屋・灰屋、人数が九兵衛の親族七人、下人下女十一人の十八人からなり、百姓善次郎の所帯は、高が六石余、人数は夫婦と子供五人であった。

村と城下町の所帯

百姓所帯を把握するとともに、百姓に対する心得を記す農民教諭書「百姓身持之事」（『慶安《けいあん》御触《おふれ》書《がき》』）が、慶安二年（一六四九）二月二十六日に示され、百姓の「身持」について訓示している。第一条は、公儀御法度を怠ったり、地頭代官の事を疎かにしたりしないよう、名主・組頭を真《まこと》の親と思うようにと記し、第二条では名主・組頭は地頭代官を大切に存じ年貢をよく納め、公儀御法度に背かず百姓の身持がよくなるように、と記す。

三条以下十条までは百姓が耕作に精を出すための段取りを記し、第十一条からは、百姓の日頃の生活態度（身上）について記すが、その基本は稼ぎに精を出して倹約を旨とするよう求めるもので、第十四条では「男ハ作をかせぎ、女房ハおはたをかせぎ夕なべを仕り、夫婦ともにかせき申すべし」と、夫・女房ともに稼ぎに精を出し、「所帯」を大切に維持すべきとする。

十五条では公儀法度を守り、行方の知れぬ牢人を郷中に置かぬよう、公儀法度に背く徒者《いたずらもの》なども郷中に隠し置かぬよう、総じて郷中が草臥《くたび》れぬよう、名主・組頭・長百姓、一郷の惣百姓に憎まれぬよう、物ごとに正直に徒らな心持を申さぬように求めており、十七条では「少しは商心《あきないごころ》も之在《これあ》りて、身上持ち上げ候様に仕るべく候」と、所帯の維持のために少々の商い心も必要という。

村の安定が図られてゆくなか、寛永二十一年が改元されて正保《しょうほう》元年（一六四四）十二月二十五日、幕府は「日本国郡之図、同諸城之絵図」の調進を諸大名に命じ、国絵図・郷帳・城絵図が作成された。国絵図は、以前のものが簡略な上に不備・不統一なのを改め、統一的規格で作成を命じた。縮尺は一里六寸に統一し、郡・村の名や高、地勢・境界・道路・山川・舟渡・湊・開城航路などを詳しく描かせ、「海川水色書様」など色まで指定し、国を単位に作成させた。

出羽国では秋田藩が幹事役となり、藩絵図をとりまとめ出羽国図が作成されたが、石高は慶長三年の三十二万石から九十六万石に増えている。広い陸奥国では、津軽・南部・仙台の各藩がそれぞれに藩絵図を作成して提出しており、ここでは慶長三年の百六十七万石から百四十三万石へと減少している。

郷帳は国郡ごとに各村高を書上げ、田・畠・新田に分けて高を記載し、多くの藩は寛永検地によって石高を把握していたので、それを幕府が掌握し、藩の内情を知ろうとしたものであって、国・郡・村を経営する領主の所帯を把握している。城絵図では本丸・二の丸・蔵屋敷・堀などからなる城郭と、その城郭を中心とする侍屋敷や町屋の町割、街路の間数をも描き、城下町絵図の性格を有している。本丸、二の丸、諸郭の縄張りとその広さ、濠の深さ、天守の規模がすべてに記された。

豊前小倉や福知山、府内などの惣構《そうがまえ》のある場合は、その規模が記され、松江や岡山では天守や櫓が克明に描かれている。米沢・二本松・田原・新宮・三原・臼杵など周囲に山がある場合は、その高さと本丸までの距離が記され、岸和田や八代など臨海の場合は城と海岸線までの距離や主要港津までの距離が記されている。目的は、幕府が大名の内情を知る軍事的意味があるが、城下の「侍町小路割幷間数」「町屋」も描かせたのは、この時期に城下町の町が定着してきたことを示している。

京都の町と屋敷

京都では早く寛永元年（一六二四）に『洛中洛外図屏風』、寛永十四年（一六三七）には『洛中絵図』が描かれた。両図は、洛中を取り囲む御土居《おどい》、日蓮宗寺院が集まる寺の内と浄土宗寺院の多い京極の寺町地区、禁中とその周辺の公家町、短冊状の町割、本願寺寺内《じない》など、豊臣期の枠組みのもとに、築城された二条城を描いている。二つの絵図の違いを見ると、前者に見える聚楽第《じゅらくだい》跡の聚楽の地が後者には描かれておらず、跡地は内郭の水堀が埋め立てられ、幾筋もの通りが生まれ、町場が形成されている。

京都の町場は惣町・町組・町の重層的な組織からなり、所司代が町触を町の法令として出して支配に当たった。寛永十一年には町屋敷は三万七千軒に及び、町方・寺社方の人口は四十一万人になっていた（京都御役所向大概覚書）。特徴的なのが武家屋敷で、二条城周辺の板倉の所司代屋敷、中屋敷、下屋敷、二条城の東側にまとまって松平伊豆守、酒井阿波守、土井大炊頭《おおいのかみ》の京屋敷があるが、他は町人地に広範に分布する。町人地に入り込む形で建てられ、多くは町人からの買得地であり、町役を負担した。

『洛中絵図』には六十八の大名屋敷が見え、各藩の拠点として儀式礼典や御用達商人との諸連絡、高級工芸品の購入などに利用された。この風景から知られるように公家・武家・町人の交流によって生まれたのが京の寛永文化である。『醒睡笑』作者の安楽庵策伝《あんらくあんさくでん》はその担い手であり、策伝がやりとりした狂歌を記す『策伝和尚送答控《さくでんおしょうそうとうひかえ》』には、烏丸光広《からすまるみつひろ》・西洞院時慶《にしのとういんときよし》・近衛信尋《このえのぶひろ》らの公家、小堀遠州・木下長嘯子《ちょうしょうし》・伊達政宗らの武家、松永貞徳・糸屋十右衛門らの町人の名が見える。

華やかな文化が広がる京都では富める町人も生まれ、寛永四年成立の浮世草子『長者教《ちょうじゃきょう》』は「かまだや・なばや・いづみや」三長者の教えにそって倹約を努めるように説く。「なばや」は三井高房《みついたかふさ》『町人考見録』に見える那波屋一統の先祖、「いづみや」は寺町五条の泉屋蘇我家と見られている。

松江重頼《しげより》は京都で旅宿業を営む貞門派の俳人で、その著『毛吹草《けふきぐさ》』は、寛永十五年の序文のある俳諧書で、諸国の名産を書き上げている。千八百種類の名産のうち五分の一が洛中洛外で産出されていて、西陣撰糸《にしじんせんじ》、厚板物《あついたもの》などの絹製品を中心とした衣料織物、染色、武具・美術工芸品・日用雑貨、食糧品、医療品などに及ぶ。これらは朱印船貿易などを通じて海外から輸入した原材料に多く依存していたが、この時に生まれた国内流通への進出が、幕府の鎖国政策の進展にともなって活路を見出してゆくことになる。

寛永年間にはもうひとつ「平安城東西南北町並之図」が刊行され、北は一条から南は七条まで、東は京極から西は千本までの市街地を描くが、それには東南部の三条から五条にかけて「川原」、東本願寺の北部に「けいせい町」が描かれている。前者には『洛中洛外図』や『四条河原遊楽図』に描かれた歌舞伎小屋などが立ち、後者には二条柳馬場にあった遊郭が移され「六条三筋町」と称され、ともに町人や武家の遊び場となっていた。傾城町は所司代の命により寛永十七年に丹波街道に沿った朱雀の地（島原）に移された。

学校の所帯

藤原惺窩の弟子の松永尺五《まつながせきご》は貞徳の子で、寛永五年(一六二八)に京都に講習堂を設立して経史・兵書を講じ、儒仏道の三教に通じ、慶安元年(一六四八)に私塾尺五堂を開くと、弟子は五千人にのぼり、筑後柳川の安東省庵《あんどうせいあん》、福岡藩に仕えた貝原益軒《かいばらえきけん》・木下順庵《きのしたじゅんあん》らがいた。

儒者の中江藤樹は、近江に生まれ、祖父吉長の養子となって伊予大洲《おおず》藩に仕え、朱子学を厳格に実践する道を求めて羅山の出家を批判、その主張が藩に受け入れられずに脱藩して近江に帰郷、「藤樹書院」を開いて道徳実践の学を講じ、教育にあたった。

「学問は天下第一等、人間第一義」の方針で、「大学の道は、明徳を明らかにするにあり、民を親しむにあり」、「天命を畏れ、徳性を尊ぶ」「ひろく学び、問い、慎んで思い、明に弁じ、篤く行なう」「義を正して、利を謀らず、道を明らかにしてその功を計らず」「己の欲せざるところ、人に施すことなかれ」など六か条の「藤樹規」を書院の中に掲げた。

講義は格式張らない個別教育を重視し、『孝経』など儒教の古典を主に、歴史・詩文・書に及び、弟子の関心と興味によってその指導も行なった。弟子は寄宿や通い、短期間の授業、仕事を終えて授業でもよく、塾に来ることができないと、藤樹自ら出向いて指導、手紙での指導も行なわれた。塾は慶安元年(一六四八)まで約十年続き、弟子は多い時でも五十八名ほどだが、師と弟子の間にはきわめて親密な心の触れ合いがあった。正保元年(一六四四)に王陽明の全集を入手してこれに共鳴、日本における陽明学の基礎を築いた。著書『翁問答《おきなもんどう》』は広く読まれた。

谷時中《たにじちゅう》は土佐に生まれて浄土真宗の僧であったが、真常寺で中国の古典を読むなか、南学派朱子学の南村梅軒《みなみむらばいけん》に学んで還俗し、生涯を在野で過ごし、海南朱子学派の祖となった。門下の野中兼山は土佐藩政に大きな影響をあたえた。

山崎闇斎は、明暦元年（一六五五）に京都に闇斎塾を開き、諸大名に招かれて学問を講じ、その講義は内容に重きを置き、講釈という教授の方式を初めて用いた。弟子の佐藤直方は、塾の張りつめた雰囲気を「その家に到り、戸を入る毎に心緒惴々たること獄に下る如く、退いて戸を出づるに及びて則ち大息虎口を脱するに似たり」と記し（『先覚遺事』）、この教授方式は多くの藩校で採用されてゆく。

闇斎塾の真向かいの京都堀川に家塾の古義堂を開いた伊藤仁斎《じんさい》は、朱子学を学ぶなかでその経書の解釈に疑問を呈し、儒学の古典に還る古義学を主張、経義文章よりも徳性を重視し、寛文元年（一六六一）に同志会をつくり、「上聖人君子の道に進まんと欲す」と、同志とともに儒学の共同研究を始め、翌寛文二年に京都堀川に家塾の古義堂を開いて武士・町人・百姓など諸階層に教え、多くの門人を育てた。その門人は学生が二百十五名で、庶民が多く、全国各地から集まった。

足利学校は存続の危機にあったが、幕府が学校を直轄し、十世の庠主に寒松《かんしょう》を任命、朱印地として百石を与え、寺社奉行の下で、南禅寺金地院の触下《ふれした》の五山派の寺院として存続して学校の所帯が定まり、寛文七年（一六六七）、焼失した聖堂（大成殿）の再建を足利藩主土井利房《としふさ》、寺社奉行の井上正利に申請、修復料銀五十貫を与えられて完成した。

岡山藩の池田光政は、寛文六年（一六六六）に和気郡木谷村付近を視察、翌年に藩立の町方手習所を設置、同八年に「百姓少年之者手習幷算用、又学文すべき旨命あり」ということから、木谷村延原に手習所を設置、百二十二か所の郡中手習所を設けた。寛文十年（一六七〇）に津田永忠《つだながただ》が奉行となって延原手習所を拡張して閑谷《しずたに》学校の建設を始め、延宝元年（一六七三）に講堂が完成し、翌年に聖廟が完成した。

寛文九年（一六六九）に生徒が増加して手狭になったため、光政は津田永忠と熊沢蕃山の弟・泉仲愛を総奉行に任じ、藩学を建造するよう命じ、蕃山を招いて開校した。光政は陽明学徒だが、藩校では朱子学が中心に教えられた。延宝三年（一六七五）に藩財政の逼迫から閑谷学校のみが存続し、武士のみならず庶民の子弟をも教育し、広く門戸を開き他藩の子弟も受け入れた。就学年齢は八歳頃から二十歳頃まで、一と六の日に講堂で講義があった。在学者は三十～五十名、朱子学が講じられたが、課外には教授役などの自宅での会読・研究がすすめられた。

大坂三郷の形成

京に次ぐ大坂は、元和元年（一六一五）に松平忠明が大坂城主となったが、その段階で成立していた古町を基盤に新町が開発されてゆき、江戸繁盛とともに発展した。大坂城三の丸の地に新しく市街地を開き、伏見から町人を移住させ、東天満・船場・西船場に離散していた町人を呼び戻した。豊臣期からの横堀川・天満堀川・阿波堀川などに続き、堀川の掘削事業は慶長十七年に成安道頓《なりやすどうとん》の指導で開削の南堀川（道頓堀川）が、元和元年十一月に平野藤次郎と安井久兵衛の手で完成、同三年に伏見から移住の岡田心斎ら四人の町人が長堀を開削、同八年に完成した。

元和五年（一六一九）に幕府直轄地となり、大坂城代に伏見城代内藤信正が移って、東西の大坂町奉行が置かれ、元締衆が惣年寄と改められ、大坂城の築城が寛永六年まで行なわれた。元和八年に淀屋《よどや》个庵《こあん》・鳥羽屋彦七らを代表とする靫・天満町の塩魚商人が、葭町《よしちょう》の開発を大坂町奉行に申請し、新開地に海部堀町など三町を形成し、荷揚げ用に海部堀川を掘り、惣年寄の宍喰屋《ししくいや》次郎《じろう》右衛門《えもん》による堀川開削もなされ、惣年寄中心の開発は寛永年間までに運河の総延長が十六キロに及んだ。

周辺部でも、寛永元年に香西《かさい》晢雲《せきうん》が河口の砂州を開拓して四貫《しかん》島・九条島を開発し、木津の勘輔《かんすけ》が正保頃に堤を築いて勘輔島を造成した。淀川筋は排水が不十分なため洪水が起きたことから、河《かわ》村《むら》瑞賢《ずいけん》が九条島を掘割り、川水を海に一直線に通す安治川を造成し、諸国の船が市中に入るのを可能とし、この運河の形成で水上交通網が広がり、諸国の貨物輸送船舶が積荷を満載し河口に集まった。元和五年に堺の商人が紀州の富田浦《とんだうら》の廻船を雇って大坂から木綿や油などの日用品を積んで江戸へ回航させる菱垣《ひがき》廻船が始まる。

船腹に菱形の竹垣を組むことで、菱垣廻船の名があり、寛永元年（一六二四）には大坂北浜町の泉屋が江戸・大坂間の菱垣廻船による廻船問屋を始め、寛永四年には毛馬屋、富田屋、大津屋、顕屋、塩屋が開業し、続いて樽《たる》廻船が寛文年間に伝法村の船問屋による伊丹や西宮の酒荷を中心に日用品を江戸に運ぶようになって、菱垣廻船と競合しつつ発展した。

諸藩は領内の年貢米や特産物を大坂で換金して藩財政の運営にあてるため、蔵屋敷を設けるようになった。早くは加賀の前田家が天正年間に設け、慶長年間には諸藩が大名屋敷に蔵米を保管するようになり、大坂の運河の広がりとともに中之島、江戸堀川、堂島周辺に蔵屋敷が建てられていった。日本海を経て瀬戸内海に入り、大坂に至る西回り海運は、鳥取藩が寛永十五年に米一万五千石を、翌年には加賀藩が千石を廻漕し、明暦期には諸藩の大坂蔵屋敷は二十五に及んだ。

こうして形成された大坂の町々は、本町を境界に北部を北組、南部を南組と呼ばれ、伏見から移住した町人による八十余町は伏見組と呼ばれたが、正保二年（一六四五）に伏見組は廃され、北組・南組に編入され、承応年間に大川以北の天満地域が天満組と称されるようになって、大坂三郷が成立する。各組には惣会所が置かれ、惣年寄・惣代以下が三郷の行政実務を担い、町奉行所は市中の治安維持と裁判を担当した。大坂は京・奈良を結ぶ陸運・水運の利もあって繁栄した。

正保の海防と家光の死

大坂は京・奈良を結ぶ陸運・水運の利もあって繁栄し、日本経済の中心となって、文化の中心京都、政治の中心江戸とともに「三都」と称されるが、この三都をはじめ、国絵図・郷帳・城絵図などの地図が制作されたのは、国内の体制整備と関わっていたが、海防政策とも関連していた。

国絵図などの作成責任者の井上政重・宮城《みやぎ》和甫《まさよし》のうち、井上は対外関係の責任者であったから、海岸や港湾の状態や風向き、潮と舟入の関係など沿岸警備に資するための情報を書くように求めた。

寛永十七年以降、異国船来航時には遠見番所《とおみばんしょ》の警備を命じており、その番所も図に記された。

国絵図作成の正保元年（一六四四）に大陸では明が滅亡し、清が北京に遷都した。この年の十二月にポルトガル使節の軍船が来航するとの情報が伝わった。この情報は唐船に便乗してきた宣教師の自白から知ったもので、幕府は寛永十八年に長崎港警備を福岡藩に命じ、翌年から佐賀藩と隔年交代で命じていたが、正保二年正月に本格的な対策に乗り出した。

伊予松山藩主松平定行に、「かれうた船御用」を命じるなど諸藩にポルトガル船来航に備えるように命じたが、四年正月にポルトガル船二艘が通商を求めて長崎に来航した。乗員は三百五十人、大砲二十六挺を装備し長崎湾に入ったので、幕府は湾口を船橋で塞ぎ、周囲を四万八千人、九百弱の船で防備にあたり、通商を拒否、阻止（『徳川実紀』）、その後の長崎来航に備え、慶安二年（一六四九）に長崎警備を福岡藩・佐賀藩・唐津藩の三藩交替で行なうように定め、番手《ばんて》をつけた津浦で油断なく警備するよう老中松平信綱が命じた。

中国南部では明の残党勢力（南明）が興って日本に援軍要請（日本乞師《にほんきっし》）があり、万治二年（一六五九）にも鄭成功《ていせいこう》が台湾に拠って日本乞師があったが、幕府は応じず、寛文二年（一六六二）に南明政権が滅び、東アジア海域は安定化した。このような海防や貿易を通じて長崎の町は発展を見ていた。

町は海岸通りを中心に堀の外に拡大を遂げ、五島町、船津町、豊後町など新たに十八の町が生まれ、それを二の堀で囲み、さらに外側に外町として町が増加し、傾城町（丸山町・寄合町）が設定された寛永十九年までに内町・外町として一定の完成を見た。「寛永長崎港図」は、こうした長崎の内

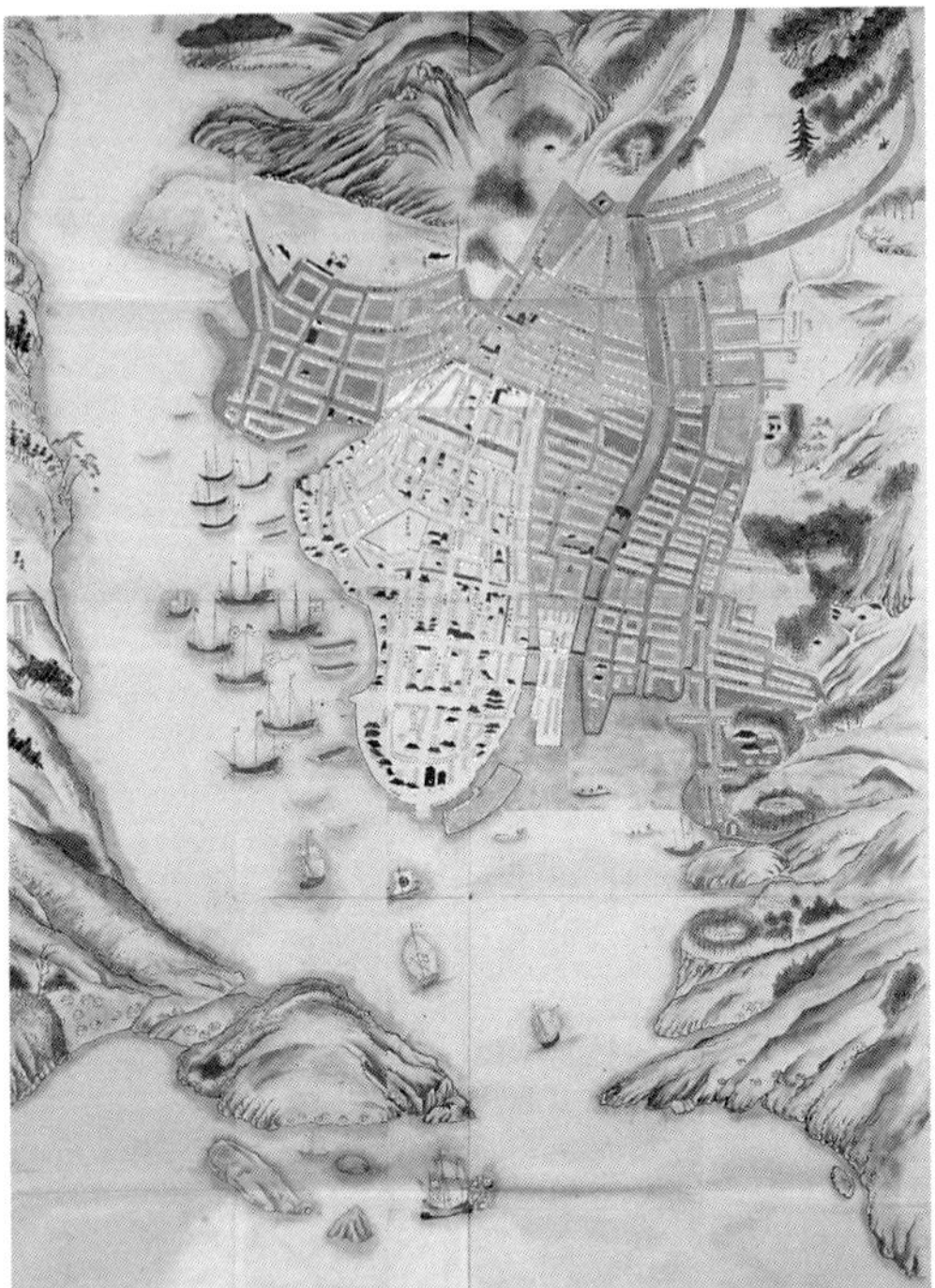

寛永長崎港図（長崎歴史文化博物館蔵）

町と外町を色分けして描く都市復元図で、寛永期になって長崎が安定をみたことを物語っている。

慶安三年（一六五〇）に徳川家光は病気になり、翌年四月二十日に江戸城内で死去した。享年四十八。その死に際し元老中の佐倉城主堀田正盛、老中の岩槻城主阿部重次、小姓番頭の内田正信ら番頭が殉死し、十一歳の徳川家綱が将軍になった。

殉死は戦国時代にほとんど見られないなか、慶長十二年（一六〇七）に家康四男の松平忠吉の死で三人が殉死、寛永十三年の仙台の伊達政宗の死では十五人、十八年の熊本の細川忠利には十九人が殉死と、殉死が流行していた。戦乱が終わり泰平の到来を物語る現象となっていた。

家光の遺骸は遺言により東叡山寛永寺に移された後、日光の輪王寺（日光東照宮）に葬られ、同年五月には正一位・太政大臣が追贈され、法名が大猷院、大猷院廟が造営された。家光は一代で五百万両以上使ったといわれ、家綱に六百万両を残し、各方面に五十二万両の遺産分けをしていた。その家光の長男として生まれた家綱は、正保二年（一六四五）に元服、慶安四年（一六五一）八月に勅使が下向し、江戸で将軍宣下を受ける初めての将軍となった。

牢人問題と対策、兵法者

家綱が年少のため、大老酒井忠勝、老中松平信綱・松平乗寿《のりなが》・阿部忠秋、御三家の紀伊徳川頼宣《よりのぶ》、水戸徳川頼房、尾張徳川光友、後見人の叔父保科正之・井伊直孝らによる集団指導体制となった。その家綱将軍襲位前後に起きたのが、かぶき者や牢人徒党の事件であり、慶安元年（一六四八）二月、幕府は江戸町中での町奴《まちやっこ》を取り締まり、四年正月にかぶき者の摘発を行なった。

「奴」とは身分の低い武家奉公人で、町方において武家奉公人や費用の請負・斡旋を行なうのが町奴、かぶき者は異形・異装、異様な言葉で組をつくり行動する者で、町奴はかぶき者として活動していた。泰平の世に乗り遅れた牢人や、息苦しさを覚えたかぶき者の行動が広がっていた。

慶安四年七月に幕府政策に批判して三河刈谷城主の松平定政が出家遁世する事件が起きると、その直後に軍学者の由比正雪や槍術家丸橋忠弥《まるはしちゅうや》らの倒幕未遂事件（慶安の変）が起きた。正雪は幕府批判と牢人救済を掲げ、丸橋忠弥、金井半兵衛、熊谷直義など各地の牢人を集めて挙兵し、幕府転覆を計画したというが、決起寸前に計画が漏れ、駿府の宿で捕り方に囲まれ自刃した。

幕府は定政を狂人として処分、正雪らを厳罰に処したが、この事件から牢人問題を重視し、十月十一日に旗本の諸士に対し、牢人をかかえておくことを禁じた。旗本も町奴の風俗の影響から旗本《はたもと》奴《やっこ》として組や集団をつくり、時に辻斬りや放火、刃傷沙汰、犬殺し、犬喰いなど放埒な活動に及んでいたので、幕閣の間で牢人を江戸から追放する考えが出されたが、追放すれば逆に何をするかわからない、と反論が出て対策は困難をきわめた。

十二月十一日の末期養子を認めることになった。大名や旗本が養子を幕府に知らせずに亡くなった場合は家を断絶させていたが、筋目正しい養子の場合には、嗣子無く亡くなった場合にも末期養子を認めることとし、大名の改易による牢人の発生を食い止めようとした。ただ、これでは新たな牢人の発生は抑制できても、当面の大量の牢人問題の解決にはならない。

翌慶安五年九月にも別木庄左衛門・林戸右衛門・土岐左衛門らの牢人が増上寺に放火してその混乱に乗じて大乱を起こす計画が発覚、追捕される事件が起きると、幕府は十月二十六日に牢人改め令を出し、府内居住の牢人は居住地が町地であれば町奉行に、寺社領では寺社奉行に届け出て名前を登録するように命じた。牢人に対しては罰したり、追放したりしないので届けるよう、地主には宿を貸すことは自由とし、牢人が定職に就くよう促した。

丸橋忠弥を捕縛した町奉行の石谷貞清《いしがいさだきよ》は、駿河今川氏の旧臣で、島原の乱に上使板倉重昌の副使として従軍したこともあって、牢人対策には心を砕き、牢人の就職の世話をし、万治《まんじ》二年（一六五九）に奉行を退隠するまでに七百人、それから没する間までに三百二人の計千人の世話をしたという（『老士語録』）。

由比正雪は牢人の軍学者、別木らの事件で石橋源左衛門、山本兵部《ひょうぶ》らの兵法家が一味に誘われるなど兵法者になった牢人は多かった。山本兵部は武田信玄に仕えた山本勘助の孫といわれ、その甲州流の軍学者の小幡景憲《おばたかげのり》は武田の牢人で、武者修行をするなか甲州流軍法や兵法を学び、再び徳川家に仕え、蒐集した資料を研究して研鑽をつみ、兵法家として軍学書『甲陽軍鑑』を著し、寛永十九年に熊本の細川光尚《みつなお》、川越の松平輝綱《てるつな》、三次の浅野長治《ながはる》に印可を与えた。

景憲に元和七年に入門した北条氏長《うじなが》は、北条氏の牢人で家康に仕えるなか軍学を学び、将軍の側近として役歴を重ね、正保二年（一六四五）に北条流軍学の『兵法雄鑑《へいほうゆうかん》』を著し、明暦元年（一六五五）に大目付、五千石の禄高を与えられ、オランダ兵学も学び軍学を通じて幕政の推進役になった。

景憲・氏長に寛永十三年に入門した山鹿素行《やまがそこう》は、父が会津の蒲生氏の牢人で、江戸で成長、軍学を修めて『兵法神武雄備集《へいほうしんぶゆうびしゅう》』を著し、和学・漢学・和歌・神道を学び、諸侯に兵法を伝授、承応元年（一六五二）に赤穂城主の浅野長広《あさのながひろ》に仕えて『武教全書』を著して山鹿流軍学を大成し、政道批判に及んだ。宮本武蔵は慶長四年（一五九九）から武者修行に入り、島原の乱で小笠原忠真の下で養子の伊織とともに参戦、十七年に熊本城主細川忠利に仕え『兵法三十五カ条』を献呈、坐禅三昧の生活から正保二年に『五輪書』を完成させて剣禅一致の境地を示した。

明暦の大火とその後の政治

正雪の乱の翌承応二年（一六五三）、老中に酒井忠清がなり、翌年に老中の松平乗寿が亡くなったので、幕府政治を牽引するなか、江戸の町を明暦の大火が襲った。明暦二年（一六五六）十一月から雨が降らず乾燥した状況が続くなか、翌年正月十八日に本郷丸山の本妙寺から出火、神田、京橋方面に燃え広がり、隅田川対岸にまで及び、霊巌寺で炎に追い詰められた一万人近い避難民が死亡、浅草橋では脱獄の誤報から役人が門を閉ざしたために逃げ場を失った二万人以上が死亡した。

翌十九日には新鷹匠町の大番衆与力の宿所から出火、九段一帯に延焼、江戸城は天守を含む大半を焼失、麴町五丁目の在家からも出火、南東方面へ延焼し、新橋の海岸に至って鎮火した。これにより大名屋敷が百六十（全体の四分の三）、旗本屋敷が七百七十、寺社が三百五十、町人居住地が四百以上、江戸の六割が焼失し、四万八千戸・十万人の命が失われた。

幕府は大坂・駿府の蔵の財源で復興に取り組み、御三家や甲府・館林家の屋敷を江戸城外に転出、武家屋敷・大名屋敷、寺社を移転させ、大名屋敷には華美を抑制させ、控え屋敷として中・下屋敷を与え、市街地では火除地や延焼を遮断する防火線として幅百メートル近い広小路を設け、防火のための建築を規制し、土蔵造や瓦葺屋根を奨励した。千住大橋だけの隅田川に両国橋を架橋したので、隅田川東岸の本所・深川に市街地が拡大、吉祥寺や下連雀など郊外への移住が進んだ。

火災後、身元不明の遺体を幕府が本所牛島新田に船で運んで埋葬したが、遺骸供養のため増上寺の遵誉貴屋《じゅんよきおく》に三百両を与え、本所に回向院を建立させた。米倉からの備蓄米を放出し、食糧の配給、材木や米の価格統制、武士・町人を問わぬ復興資金を援助した。諸大名の参勤交代の停止、早期帰国（人口統制）などの施策を行なって災害復旧に力を注いだ。米相場高騰を見越し、幕府の金を旗本らに時価の倍の救済金として渡し、地方商人が米を江戸に送ってきたのを幕府が直接に必要な米を買い付けたので、府内に米が充満して米価も下がった。防火体制は大名火消があったところに翌年に定火消《じょうびけし》役を設置し、持ち場を四地区に分け、水道橋などに火消し屋敷を置いた。

万治二年（一六五九）八月に江戸城本丸が竣工して、西丸で元服した将軍家綱は九月に本丸に移り、殿中の席次を定めるなど、儀礼を整えて親政が始まると、寛文二年（一六六二）二月に老中職に吸収されていた六人衆の職務を若年寄を復活してゆだね、久世広之・土屋数直を任じて旗本の「御用訴訟」にあたらせて、老中と若年寄の職務分掌を定めた。

この年三月には「智恵伊豆」松平信綱、七月に大老酒井忠勝が亡くなったので、酒井忠清・阿部忠秋が中心となって幕政を運営し、保科正之が引き続き将軍後見になった。忠清は十月に林家の二代目鵞峰《がほう》（羅山の子）を城中に召し、将軍の命令として『本朝編年録』を完成させるよう命じた。これの編修は、鵞峰の父羅山が正保元年に命じられ、神武天皇から宇多天皇まではまとめられていたのだが、六国史のなくなった時代の編修は困難をきたし、中断されていたところから、改めて命じたものである。この歴史書編修事業は、幕府の体制が新たな段階に入りつつあることを物語っている。

翌寛文三年四月に家綱は日光に社参して東照宮に参って将軍就任を報告すると、江戸に帰って家康の権威を背景に政治を進めるべく『武家諸法度』改定に入った。五月二十三日、林鵞峰が城中で読み上げた『武家諸法度』二十一か条は、大枠は寛永令と同じだが、「耶蘇宗門」禁止条項と「不孝の輩」を罪科に処す条項を追加し、大名や旗本の婚姻を勝手に結ぶのを禁じる条項に、公家と武家との婚姻には幕府の許可が必要とする附則を加えた。

寛永令以後の事情を踏まえた改訂で、特に宗門改めは元和期以降に諸藩で進められていて、島原の乱後の寛永十七年に幕府は宗門改め役を新設し大目付井上政重を任じて幕領で行なってきていた。それを法度に載せ全国的に行なうようにしたのである。法度とは別に口上として「古より不義無益の事」と、殉死を禁止する旨を申し渡した。殉死せずに後継ぎの主人に仕えること、即ち大名家に仕えるように促したもので、主従制的奉仕から官僚制的奉仕への転換を意味している。

【参考文献】

玉田芳英編『列島文化のはじまり』(史跡で読む日本の歴史1)吉川弘文館　二〇〇九年
白石太一郎編『倭国誕生』(日本の時代史1)吉川弘文館　二〇〇二年
石川日出志『農耕社会の成立』(シリーズ日本古代史1)岩波新書　二〇一〇年
五味文彦『伝統文化』(日本の伝統文化1)山川出版社　二〇一九年
『文学で読む日本の歴史』(全五巻)山川出版社　二〇一五～二〇二〇年
『武士論――古代中世史から見直す』講談社選書メチエ　二〇二一年
『絵巻で歩む宮廷世界の歴史』山川出版社　二〇二一年
『学校史に見る日本――足利学校・寺子屋・私塾から現代まで』みすず書房　二〇二一年
河竹繁俊『日本演劇全史』岩波書店　一九五九年
石井進・大三輪龍彦編『よみがえる中世3　武士の都 鎌倉』平凡社　一九八九年
佐藤信・吉田伸之編『都市社会史』(新 体系日本史6)山川出版社　二〇〇一年
角田文衛監修／古代学協会・古代学研究所編集『平安京提要』角川学芸出版　二〇一一年
吉田伸之・高橋康夫ほか編『図集日本都市史』東京大学出版会　一九九三年
東京大学史料編纂所データベース
石井寛治『開国と維新』(大系日本の歴史12)小学館　一九八九年

坂野潤治『近代日本の出発』（大系日本の歴史13）小学館　一九八九年
鈴木　淳『維新の構想と展開』（日本の歴史20）講談社　二〇〇二年
辻　惟雄『日本美術の歴史』東京大学出版会　二〇〇五年
徳丸吉彦『ものがたり日本音楽史』岩波ジュニア新書　二〇一九年
牧原憲夫『文明国をめざして』（全集 日本の歴史13）小学館　二〇〇九年
江口圭一『二つの大戦』（大系日本の歴史14）小学館　一九八九年
吉田裕編『戦後改革と逆コース』（日本の時代史26）吉川弘文館　二〇〇四年
佐藤信・五味文彦・高埜利彦・鳥海靖編『詳説日本史研究』山川出版社　二〇一七年
『日本史広辞典』山川出版社　一九九七年
『岩波日本史辞典』岩波書店　一九九七年

五味文彦（ごみ・ふみひこ）

一九四六年生まれ。東京大学文学部教授を経て、現在は東京大学名誉教授。放送大学名誉教授。『中世のことばと絵』（中公新書）でサントリー学芸賞を、『書物の中世史』（みすず書房）で角川源義賞を受賞するなど、常に日本中世史研究をリードしてきた。近年の著作に『絵巻で歩む宮廷世界の歴史』（山川出版社）、『文学で読む日本の歴史』五部作（古典文学篇、中世社会篇、戦国社会篇、近世社会篇、近代的世界篇。山川出版社）、四部作となる『後白河院—王の歌』（山川出版社）、『西行と清盛—時代を拓いた二人』（新潮社）、『後鳥羽上皇—新古今集はなにを語るか』（角川書店）、『鴨長明伝』（山川出版社）のほか、『日本の中世を歩く—遺跡を訪ね、史料を読む』（岩波書店）、『躍動する中世』（小学館）、『『枕草子』の歴史学』（朝日新聞出版）、『伝統文化』（山川出版社）、『『一遍聖絵』の世界』（吉川弘文館）、『武士論』（講談社）、『学校史に見る日本』（みすず書房）、『疫病の社会史』（ＫＡＤＯＫＡＷＡ）など多数。共編に毎日出版文化賞を受賞した『現代語訳 吾妻鏡』（吉川弘文館）など。

明日《あした》への日本歴史《にほんれきし》2 戦国《せんごく》の社会《しゃかい》と天下人《てんかびと》の国家《こっか》

二〇二三年六月 十五日 第一版第一刷印刷
二〇二三年六月二十五日 第一版第一刷発行

著者 五味文彦
発行者 野澤武史
発行所 株式会社 山川出版社
東京都千代田区内神田一—一三—一三
〒一〇一—〇〇四七
https://www.yamakawa.co.jp/
電話 〇三(三二九三)八一三一(営業)
〇三(三二九三)一八〇二(編集)
印刷所 半七写真印刷工業株式会社
製本所 株式会社ブロケード

ISBN 978-4-634-15222-9

明日への日本歴史【全巻目次】

1 古代国家と中世社会

4　近代社会と近現代国家